KB143499

易學,
더 이상의 학문은 없다

[입문편]

21세기 新개념의 역학!

역학, 더 이상의 학문은 없다

-입문편-

녹현 이세진 지음

관음출판사

목 차

易學(역학) 컨설팅의 入門(입문)

부 록

머리말

지금까지 필자가 주창했던 녹현역의 모든 것을 두 권의 책에 담아 세상에 공개하려고 하는데, 그 첫 번째의 책이 바로 이 책이다.

필자가 그동안 녹현역의 이론을 공개했던 책이던, 그 이론을 활용해 나온 책이 총 다섯 권인데, 그 중에 세 권은 시중 서점에 나와 있으며, 두 권은 녹현역원에서 강의교재로 사용하고 있다. 그러나 다섯 권 책 중에서 필자가 녹현역을 창안하게 된 동기나 철학 그리고 사상 등이 담긴 책은 없었다.

녹현방정식을 창안한 동기와 음기와 양기뿐 아니라 중성이 존재한다는 주장과 신강과 신약의 정확한 해석은 물론 용신과 희신의 쓰임새와 현실에 맞는 격국을 창조한 과정 그리고 누구도 상상하지 못했던 운의 순위를 정하여 좋고 나쁨을 한 눈에 파악할 수 있게 하였다.

그리고 사주의 종류를 네 종류로 나누어 그 특징들을 삶에 맞추어 구분해 놓았으며, 나아가 운에 맞추어 어떻게 풀이를 하는가와 지금까지 개념이 모호했던 육친의 복과 덕의 정의까지 완벽하게 내렸다.

몇 천년간 내려온 명리의 수많은 이론들을 총 집합하여 한치의 빈틈도 없이 누구나 쉽게 공부할 수 있도록 단계적이면서도 체계적으로 집대성한 이론이 바로 녹현역의 이론이기 때문이다. 그 누구도 감히 생각하지 못했던 것을 필자는 창안해 공부만을 위한 명리이론이 아닌 실생활에 적응할 수 있는 이론으로 재탄생 시켰다.

역학, 더 이상의 학문은 없다는 책의 제목처럼 녹현역의 이론은 절대로 변하지 않지만, 자신이 살고 있는 시대상황에 맞추어 추론이나 해석하는데 변화만 있을 뿐이다. 이 책을 본 독자나 역학자들은 넘쳐흐르는 역학 서적들을 더 이상 볼 필요가 없음을 만천하에 알리는 바이다.

이 책에 이어 녹현역의 연구편이 출판되면 녹현역의 모든 것을 알 수 있게 된다.

녹현 이세진

四柱八子(사주팔자)란

사주나 오행에 대해서 물으면 많은 사람들의 의견은 지구의 자연현상(물상론)을 설명한 것이라 하기도 하고 다른 의견으로는 태양계의 달과 해 그리고 목성이니 화성이니 하는 태양계내의 혹성들의 작용력(기운)을 표현한 것이라 하기도 하나 이는 절대 그렇지 않다.

그렇지 않음을 단적으로 알 수 있는 것은 오행이 지구의 자연현상(물상)이라고 한다면 더운 나라와 추운 나라에 사는 사람과 사계절이 다 있는 나라에 사는 사람과의 운명을 감정할 때 다 달리 해석해야 하나 실제상으로는 같은 마음과 성격을 지녔고 인생의 흐름도 큰 차이가 없는 것을 직접 경험하였다. 단지 주위와 생활습관에 따라 직업이나 가족관 등 추구하는 것이 조금 다를 뿐이다.

가령 같은 시간대 즉 한국이 낮 12시면 반대쪽의 나라 (남미나 페루)는 밤 12시가 된다. 우리나라는 태양이 강하게 내려쬐는 시간이므로 아무래도 양의 기운이 많이 들어가 있고 같은 시간대지만 반대쪽의 사람은 태양 대신 달의 기운을 많이 받으므로 음의 영향을 받을 수밖에는 없다. 그러므로 사주상 판단할 때는 子시와 午시로 판이하게 운명의 흐름이 달라져야 한다.

그런데 이상하게도 한국에서 태어난 사람의 운명은 사주공식에 의해 들어맞으나 반대쪽 나라의 사람은 그 나라 시간으로 운명을 감정해 보았자 전혀 들어 맞지가 않으니 무슨 조화 속인가! 그러나 그 나라의 시간 즉 子시를 우리나라 시간 즉 午시로 변경해서 감정을 해보면 그 사람의 삶과 거의 동일하게 감정결과가 나오니 이는 필시 태양계의 어떠한 기운을 보고 오행을 일컬은 것이 아님이 확연하게 알 수 있다.

그렇다면 사주(오행)라는 것은 무엇을 근거로 해서 나온 것인가? 지구의 현상도 태양계의 기운도 아니며 더 광활한 우주의 기운을 표현한 것이라 할 수 있다. 단 옛 성현들이 우주의 오행(목성, 화성, 토성, 금성, 수성)을 글이나 말로 표현하여 남기고자 했을 때 알기 쉽고 이해하기 쉽도록 지구의 자연현상을 빗대어 설명했을 것이라고 필자는 생각한다.

그래서 더운 지방이든 추운 지방이든 낮이든 밤이든 모두가 같은 시간대에 태어나면 그들의 삶이 대동소이하게 나오는 것이고 또한 우주의 시각으로 지구를 보았을 때 기준이 되는 위치는 서양이 아닌 동양 특히 우리나라의 위치(만주와 백두산 근방)에 맞추어 돌아가고 있으므로 어느 나라의 사람이든 운명을 추론할 때는 우리의 시각으로 돌려 보아야만 정확하게 판별이 되는 것이다.

따라서 우주의 입장에서는 아마 지구의 중심이 우리나라라고 필자는 보고 있다.

음양의 기운에 의해 탄생한 사람. 음양의 조화가 맞았는지 치우쳤는지 등을 알아볼 수 있는 창이 바로 사주라는 명식이다. 몇 년도 몇 월 몇 일 몇 시에 태어났을 때 우주의 기운들이 어떠한 상황에 있었는지 밝혀주는 중요한 구실을 한다.

우연히 태어난 그 시간대에 우주의 음양은 물론 오행의 기운들의 분포도를 보고 삶의 모든 것을 밝혀낼 수 있는 나침반 역할을 하는 것이다. 그러한 작업은 몇 천년 전부터 한반도를 비롯한 만주 지방에 사는 사람들의 의해서 진행되어 왔다. 출생한 날 하늘(우주)의 모양(기운)을 보고 일생에 미치는 영향을 파악하고자 노력을 했던 것이다.

즉, 우연히 태어난 그 출생시간을 가지고 필연적인 인생 행로를 끊임없이 찾아나가는 작업을 지금까지 하고 있는 것이며 지금 우리도 명리를 공부하므로 그 같은 작업에 참여하고 있다. 따라서 우연은 필연이라는 등식으로 성립되는 학문이 바로 역학이라는 것이다.

사주라는 명식을 통해 자신을 중심으로 부모형제는 물론 친척간의 호 불호를 알 수 있으며 배우자는 어떠한 사람이 어울리며 만난 사람이 천생의 배필인가 아니면 악연인가 또는 몇 번의 결혼을 해야만 되는가 자식의 복이나 덕은 어떠할까, 더 나아가 직업이나 질병 또는 수명과 나의 성격까지 모든 것이 나타나고 성공여부나 재물의 풍족함이나 부족함 여부 등을 알 수 있게 만든 것이 사주이다.

그럼 사주라는 것은 겉으로 나타내는 기운과 안에서 이루어진 기운들이 썩이면서 만들어지는데 이를 천간(겉으로 나타내는 기운)과 지지(안에서 이루어진 기운)라는 용어로 표시한다. 그 천간과 지지가 각각 4글자씩 짝을 이루어 네 기둥이 생겨난 것이 사주이며 글자의 수가 여덟개가 되므로 팔자라고 하여 사주팔자라는 용어가 생겼다.

陰陽(음양)이란

누구에게나 음양(陰陽)이 무엇이냐고 물으면 남자와 여자, 하늘과 땅, 양지와 음지, 기쁨과 슬픔, 강함과 약함 등 정반대의 사물이나 의미를 지칭하는 것으로 대답하는 경우가 많다. 그렇게 표현할 수밖에 없었던 것은 예전부터 그렇게 교육시켰기 때문이다.

그러나 본래 음양의 뜻은 그러한 것하고는 거리가 멀었다. 즉 생명체(태양, 달, 별, 우주, 인간, 동물, 식물 등)를 탄생시키고 소멸시키는 반복되는 어떠한 기운을 의미했던 것이었다.

따라서 음기와 양기 중에서 어느 하나의 기운이 사라지거나 작아진다면 우주에 커다란 변화가 생기고 지구까지 그 파장이 퍼지며 결국에는 인간에게까지 그 힘이 미쳐 생존에 커다란 영향력을 준다는 것이다.

한 예로 지구의 빙하기 시기가 있었지 않았던가? 생명체는 존재할 수 없었던 시대가 아니었던가? 그런 빙하기 시기가 몇 차례인가 지나갔고 앞으로도 올 수 있다고 과학자들은 예측하고 있다. 그 때는 분명 음기와 양기 중에서 양기의 기운이 사라졌거나 작아진 경우에 해당한 시기라고 말할 수 있다.

그럼 도대체 음양이 무엇이기에 그렇게 큰 파장을 우리에게 미치는가를 알아보기 전에 우리들의 고향이 어디인가를 먼저 묻고 싶다. 흔히 서울, 원주, 개성, 제주도 또는 대한민국, 아시아, 더 크게는 지구촌이라 할 것이다. 틀린 말은 아니다.

그러나 시각을 조금만 넓혀보면 우리의 고향은 별인 것이다. 왜 별인가를 알자면 지구의 탄생과정을 먼저 알 필요가 있고 그 과정을 알아야만 음양의 실체를 명확하게 밝혀낼 수가 있기 때문이다.

애초에는 아무 것도 볼 수 없었던 어둠의 세계(음기의 극치) 흔히들 혼돈의 세계라고 한다. 그 세계에 어떠한 기운(음양의 결합)으로 인하여 작은 별들이 하나 둘 생겨나기 시작했고 그 별들이 커가는 과정(양기의 발전)에서 서로 끌어당기어 뭉쳐지며 커다란 별이 작은 별들이 흡수되면서 더욱 커져 드디어는 태양계(양기의 성숙)를 형성하게 되었고 그 안에 지구도 탄생하게 된 것이다.

지구가 탄생했을 때 모습은 불덩어리의 모습이었다고 한다. 별들이 서로 부딪히면서 흡수되는 과정에 엄청난 마찰열이 발생했기에 아무 것도 남아 있지 못하고 모든 것을 불 속에 녹아버렸고 단지 무수한 작은 별들의 내부에 조금이나마 남아 있던 물은 당연히 수증기가 되어 하늘로 올라갔다.

다른 행성(수성, 금성, 화성, 목성, 토성, 천왕성, 해왕성, 명왕성)들도 지구와 마찬가지의 과정을 거치면서 탄생했다. 그러나 태양과 가까운 수성이나 금성에는 강한 태양열에 의해 수증기들이 남아 있지 못하고 우주 밖으로 증발되었으나 태양에서 세 번째로 위치한 지구는 뜨겁지도 차갑지도 않은 알맞은 거리에 있었기에 대기권 안에 수증기들이 남아 있을 수 있었다.

그리고 얼마의 시간이 지나 지구의 열이 식어가면서 대기권 안에 무겁게 자리를 잡았던 수증기들이 지상으로 떨어지기 시작했다. 엄청난 비가 왔었다는 과학적인 증거가 있는 것은 다 아는 사실이다. 마치 큰 대야에 물을 채워놓고 그 안에 공을 띄워놓은 것처럼 말이다.

그리하여 육지와 바다가 생겼으나 육지의 겉만 식었지 속까지는 식지 않았고 오히려 더욱 강렬하게 열(용암)을 발산하는 과정에서 거대한 육지가 갈라지면서 골짜기와 산, 강 등이 형성되었다.

그리고 땅 속에 녹아 있던 모든 성분들이 비에 의해 씻어지면서 땅의 표면에 영향력을 미쳤고 강렬한 태양빛(양)과 습기(음)의 조화 속에 태초의 생명체인 이끼들이 서서히 물 속에서 자라기 시작했고 간만의 차(썰물과 밀물)에 이끼들이 물 밖으로 나왔다.

결국에는 하나의 땅이었던 지구가 현재의 모습(아메리카, 아시아, 유럽, 오세아니아, 아프리카)으로 나누어졌고 이끼들이 성장하면서 나무가 되었고 시간이 지나면서 수많은 생명체가 탄생하게 되었으며 훗날 만물의 영장인 인간이 탄생하게 되었던 것이었다.

지금까지의 모든 과정은 바로 음양의 기운에 의해 질서있게 진행되었다. 음양의 작용이 아니고서는 아무 것도 탄생할 수 없었으며 사람의 고향이 별일 수밖에 없는 이유도 위와 같은 이유가 있었기 때문이다.

이상으로 음양의 기운을 형이상학적으로 풀어보았으며 형이하학적인 풀이는 다음으로 넘긴다.

형이하학적인 음양의 의미는 바로 인간의 삶과 죽음을 뜻한다. 양적인 기운으로 인하여 우리는 태어나고 자라며 성숙해지면서 결혼하여 왕성한 활동을 하다가 후손까지 낳고 삶을 맘껏 영위하다가 음적인 기운에 의하여 활동력이 떨어지고 쇠약해지면서 늙고 끝내는 삶을 마감하는 즉 죽음에 이르게 하는 것이다. 흔히 생로병사라고 말하는 것이 바로 음양순환의 법칙이다.

따라서 양적인 기운은 생명체를 탄생시켜 자라게 하는 역할이기에 포근하고 따스하며 정열적으로 활동할 수 있도록 아주 뜨거운 기운을 내뿜으며 반대로 음적인 기운은 생명체의 움직임이 활발치 못하도록 음산하고 싸늘하며 작은 움직임마저 정지시킬 수 있는 아주 냉혹하고 극도로 차가운 기운을 내뿜고 있다.

또 다른 차원의 음양을 보자. 세상에는 선과 악이 공존하고 있고 주관적인 시각과 객관적인 시각이 공존하고 있지 않은가? 현대처럼 복잡하고 다양한 시대에 어느 하나만을 알고 살기에는 적응하기 어려운 것이 사실이다.

그렇기에 전문가는 못 될지라도 다방면으로 알아야 현명하게 대처하며 살 수 있다. 그러려면 음(한 쪽의 세상=사고)과 양(다른 한 쪽의 세상=사고)의 조화가 이루어져야 변화무쌍한 현대 사회구조에 잘 적응할 수 있다.

밝음의 세계와 어둠의 세계도 알아야 하고 무엇이 선이고 악인가도 알아야 하며 앞선 사람과 뒤쳐진 사람의 마음도 이해할 수 있어야 하고 가진 자와 못 가진 자의 마음도 헤아릴 줄 알아야만 어느 누구에게도 피해주지 않는 삶을 살 수 있는 것이다.

그런데 어느 한 쪽의 기운만 강하면 당사자가 성공하여 재벌이 되고 출세하여 권력을 잡고 연구하여 업적을 남겨도 보편타당한 사고를 지니지 못하여 반대 쪽의 반발을 살 수 있으며 자기만의 세계를 고집하여 자칫 외눈박이 인생이 될 수 있다. 그러한 예를 히틀러나 스탈린, 돈키호테 같은 사람에게서 찾아볼 수 있는 것이다.

따라서 음양의 조화가 잘된 사람의 사고는 순수하지 않으나 적응을 잘하고 음기나 양기로만 치우친 사람의 사고는 순수하지만 적응에 문제가 있다.

五行(오행)이란

흔히 오행이라 하면 태양계의 목성이나 화성 그리고 토성 또는 금성과 수성의 별들을 일컫는 것이 아닌가(?)라고 생각하는 분들이 많고 또는 목성이라 하면 나무 수성이라면 물 화성이라고 하면 불 금성이라고 하면 돌이나 쇠붙이 등으로 알고 있는 분들도 많은 것이 사실이다.

왜 그러한 상황이 벌어져야 했었는가? 그것은 오행이라는 실체를 정확하게 알 수가 없었기 때문이었다. 그래서 계절론이나 물상론 그리고 자연론에 빗대어 오행을 설명했기에 가르치는 사람이나 배우는 사람들 모두가 그렇게 생각하고 말았던 것이다.

그럼 진정한 오행의 실체는 무엇인가? 바로 다섯 가지의 각각 다른 기운들이 순환적으로 돌아가면서 우주의 모든 것들을 탄생시키고 성장시키며 정렬하였다가 완전히 소멸시키는 기능을 가진 가장 원초적인 기운인 것이다.

따라서 정확한 표현을 하기에는 너무 광범위하고 난해했기에 옛분들이 비유법을 써 오행의 실체를 알기 쉽게 설명했다고 볼 수 있다.

따라서 우리 역시 우주의 일원으로써 당연히 오행의 기운에 의해 생로병사를 겪고 있으며 나아가 일생의 모든 것들을 경험하고 있다고 하여도 절대 과장은 아닐 것이다.

자 그러면 오행들의 각각 다른 기운들이 어떠한지를 알아보기로 하자.

木星(목성)

목성의 기운을 한 마디로 요약한다면 '무에서 유를 창조하는 과정'이다.

우주의 깜깜하고 아득한 곳에서 무엇인가 하나 둘씩 서서히 보이기 시작하며 별(생명체, 사람)들이 탄생하는 기운이라고 보면 된다.

블랙홀이 모든 것을 사라지게 했다면 다시 생성하도록 만드는 기운을 지닌 것이 목성이다.

이런 식으로 강의를 하면 의아해하는 수강생들이 많은 것이 사실이다.

그러나 이러한 현상은 우리주위에서 많이 발견할 수 있다. 지금까지는 무심히 넘어갔기 때문에 느끼지 못했을 뿐이다.

부엌에서 나오는 음식찌꺼기를 버리기 위해 비닐봉지 안에 넣어두었다가 어느 정도의 시간이 경과하면 비닐봉지 안에서 작은 벌레가 날아다니거나 기어다니는 광경을 볼 수 있다. 물도 마찬가지다. 오래도록 놓아두면 그 안에서 물벌레가 생긴다.

왜 그런 일들이 발생하는 것일까? 애초에 벌레들의 알이 그것들의 안에 있었단 말인가? 밖에서 벌레들이 들어갔단 말인가? 이도 저도 아니면 어떻게 그런 벌레들이 생겨나는 것일까? 음식찌꺼기나 물 안에 알이 존재하지도 않았고 밖에서 벌레가 들어가 새끼를 친 것도 아니었다.

그렇다면 왜 그런 벌레(생명체)들이 탄생했을까? 그것은 간단한 이치이다.

생명체가 탄생할 수 있는 알맞은 온도와 습도, 그리고 각종의 영양분들이 공기 중에 있는 바이러스를 키워 마침내는 우리의 눈에 보이는 크기(벌레)까지 자라게 했기 때문이다.

이와 같은 이치로 우주에서도 생명체(별)가 탄생하는 것이다.

진정 생명체를 탄생시키는 기운이라면 그 기운은 아주 차거나 뜨겁지는 않을 것이다.

틀림없이 포근하고 따스한 환경일 것이다. 밀봉된 음식찌꺼기나 물 안이 뜨겁거나 차갑다면 공기 중의 바이러스가 자라겠는가? 전혀 자라날 상황이 조성되지 않을 것이다.

옛 선현들은 목성의 역할이 생명체를 탄생시키는 기운이라고 여겼다. 그들이 살았던 지방은 만주지방과 한반도 일대로 사계절이 뚜렷

한 곳이었다.

그래서 선현들은 봄의 기운이 목성의 기운과 아주 흡사했기에 목성을 말할 땐 흔히 봄에 비유했다고 할 수 있다.

만물을 소생시키고 탄생시키기에 마치 어머니가 자식을 키우는 모습처럼 자상하고 포근하며 부드러운 성질을 지닌 것이 진정한 목성의 기운이다.

또한 생명체를 발산하고 성장시키려는 기운도 함께 지녔기 때문에 지구에서는 주로 나무가 자라는 것에 빗댈 수 있고 사람은 세상에 태어나 사춘기까지의 시절로 순수한 마음을 가장 많이 간직하는 시기로 설명할 수 있다.

목성(木星)의 천간은 갑(甲)과 을(乙)이며 지지로는 인(寅)과 묘(卯)이다. 기운으로 말하면 따뜻함을 나타내기에 계절로는 봄을 뜻하고 봄에는 새싹들이 자라기에 흔히 나무로 비유했다. 색깔로는 푸르름의 상징인 청색(靑色)을 나타냈고 방향은 해 뜨는 동쪽이라고 했으며 오장육부 쪽으로 본다면 간장(肝臟)과 담(膽)을 그리고 신경계를 뜻하고 음성으로는 각(角)을 맛으로는 신(辛) 맛을 숫자로는 3과 8를 나타내며 심성적으로는 어질다는 뜻에서 仁(인)을 나타낸다.

火星(화성)

생명체(별, 사람)를 탄생시킨 것이 목성의 역할이라면 화성은 생명체에게 성장할 수 있는 기운을 불어 넣어주는 역할을 담당한다. 그러자면 따스하고 포근한 기운만 가지고는 생명체의 성장을 촉진시킬 수 없으니 활발하게 움직일 수 있는 다른 기운이 필요할 것이다.

그렇다면 그 기운은 어떠한 것일까? 차가울까 포근할까 싸늘할까 그렇지는 않을 것이며 오히려 목성의 기운보다 더 강렬한 기운을 지녀야 한다고 본다. 폭발적이며 열정적인 기운과 뜨겁고 화끈한 기운을 뜻한다.

예를 들어보겠다. 우리나라에 살고 있는 모기나 파리, 바퀴벌레 같은 작은 곤충들도 이상하게 뜨거운 나라인 열대지방에 살고 있는 것들이 훨씬 강하고 독하며 크기에서도 큼을 알 수 있으며 나무나 풀을 생각해 보아도 굵기나 크기면에서 적도부근의 나무나 풀이 여타 지역의 그것보다 훨씬 크고 굵음을 많은 매체를 통해서 우리는 알 수 있다.

더구나 열대 지방에서는 다른 지역에서보다 더 많고 다양한 생명체들이 존재하고 있다고 하는데 지금도 아마존 지역의 나무나 풀 또 곤충들의 종류가 얼마나 되는지 정확하게 알 수 없다고 한다. 이 말은 그 지역이 열대성 기후로 항상 무덥고 습기가 많아 생명체들이 빨리 성숙시킬 수 있는 조건들을 갖추고 있는 최적의 장소이기 때문이다.

이처럼 화성의 기운은 생명체들을 성숙시키는 역할을 담당하였는데 한반도나 만주 지방에 살고 있었던 옛 선현들은 여름의 기운에다가 화성을 비유하였다. 왜냐하면 봄이 지나고 여름이 오자 기온이 올라가 무더워지면서 나무나 풀들이 무성하게 자라기 시작했고 온갖 벌레들이 활기차게 활동하며 하루가 다르게 쑥쑥 커감을 보았기 때문이었다. 그것이 점차 발전되어 불이나 태양에까지 비유하기에 이르렀다.

화성의 역할이 사람에게 있어서는 어린시절에 꿈을 꾸던 시기에서 벗어나 어른이 된 상황인지라 사회에 뛰어들어 적극적으로 참여하고 혈기왕성한 활동을 하며 정열적으로 도전적으로 삶을 대처하면서 자신의 2세를 남기려는 시기라고 할 수 있다. 그렇기에 사람에게 있어 화성의 시기라는 것은 인생에 있어 가장 화려하고 분주한 나날이라고 보면 된다.

그리고 화성을 폭 넓게 해석하면 아래와 같이 나타낼 수 있다. 사주에서는 천간 병(丙)과 정(丁)을 뜻하고 지지로는 사(巳)와 오(午)이며 기운이 뜨거운지라 계절로는 여름을 의미하고 색깔로는 아주 붉은 색인 적색(赤色)을 나타내며 방향 역시 뜨거운 곳은 남쪽을 가리킨다. 사람의 몸에 대입하면 심장(心臟)과 소장(小腸) 그리고 순환계를 나타내며 음향으로 분류하면 치음(徵音)을 뜻하고 마음으로 나타내면 분노와 격정을 맛은 쓴 맛이며 숫자로는 2와 7을 나타내고 심성적으로는 예의가 바르다는 뜻에서 예(禮)로 나타낸다.

土星(토성)

목성과 화성의 기운이 생명체(별, 사람)를 탄생시키고 성장시켜 활발하게 활동하게 하였다면 그들의 힘을 누그러뜨리는 역할을 담당하는 것이 토성이다. 그러한 역할을 한다면 과연 어떠한 기운을 지니고 있는 것일까? 따뜻하거나 포근하지 않으며 차갑거나 싸늘하지도 않을 것이다. 화성의 끝에서 토성이 생성되어지기에 뜨거움이 극에 달한 다음 서서히 식어가는 기운이다. 마치 지구가 탄생할 때 지구보다

작은 수많은 별들을 잡아당겨서 합쳐진 다음 거대한 불덩어리를 이룬 뒤 어느 정도의 시간이 경과되자 겉이 점차적으로 식어가는 과정을 토성의 역할이라고 생각하면 쉽게 이해가 될 것이다.

그래서 토성은 양기(목성, 화성)도 아니고 음기(금성, 수성)도 아닌 중성의 기운을 지녔다고 부른다. 지금까지 명리학에서는 음기와 양기로 양분하였지 중성이라는 것은 언급하지 않았다. 그러나 모든 생명체들을 분해하면 반드시 양기를 띤 전자와 음기를 띤 전자 그리고 얼마되지는 않지만 중성의 기운을 띤 전자구조로 이루어졌다. 따라서 명리학에서도 음양으로만 나눌 것이 아니라 중성의 실체를 인정해야 한다. 그리고 또 하나의 역할이 있는데 그것은 오행들의 기운이 변할 때마다 중간에 끼어 완충역할을 담당하고 있다.

예를 들면 목성(따뜻함 … 섭씨 15도)의 시기에서 화성(뜨거움 … 섭씨 30도)의 시기로 옮겨갈 때 어느 날 갑자기 기온의 변화가 오면 어느 생물체든 적응하기 힘들어진다. 그러한 변화를 막기 위해서 토성은 그들의 중간에 끼어 기온을 서서히 올려주거나 내려주는 역할까지 한다. 그래서 토성은 자신만의 고유 기운 즉 뜨겁거나 차거나 하는 것이 없고 목성의 토성(辰) 화성의 토성(未) 금성의 토성(戌) 수성의 토성(丑)으로 나타내고 있다.

그래서 옛 선현들은 무색 무취한 기운이라고 했으며 어디에도 치우치지 않는 중용이라는 의미를 주었고 사람에 대입하면 자상함도 열정적인 면도 엄숙함도 냉정한 면도 아닌 흔들리지 않는 중심을 지닌 완고한 성질을 지녔다고 한다. 따라서 자신의 얼굴에 책임지려는 40

대 이상의 나이로 개성보다는 주위와의 관계 등을 고려하면서 맞추어 살아가려는 시기라서 중용의 마음을 가질 수밖에 없다.

토성은 천간 무(戊)와 기(己)로 지지는 진(辰) 술(戌) 축(丑) 미(未)를 그리고 각 오행들을 포용하기에 만물의 어머니인 땅(흙)에 비유했고 색깔은 황색(黃色)으로 방향도 중앙을 오장육부로는 소화기 계통인 비장(脾臟)과 위장(胃腸)을 그리고 근육계를 나타낸다. 음성은 궁(宮)을 맛으로는 단 맛을 숫자로는 5와 0을 나타내고 심성적으로는 믿음직하다는 의미에서 신(信)을 뜻한다.

金星(금성)

활발히 움직이는 생명체들을 중성인 토성에 의해 움직임을 둔하게 만들었다. 그렇게 한 가장 큰 이유는 바로 금성의 역할을 원활히 해주기 위해서다. 왜냐하면 수많은 생명체(별, 사람)들 중에서 가장 튼튼한 것들은 남겨두고 약하고 못난 것들은 없애버리려는 작용을 금성이 하기 때문이다. 그런데 토성의 통로를 거치지 않고 곧바로 화성에서 금성의 영역으로 넘어오면 화성의 기운을 받은 생명체들이 왕성하게 움직이며 활발하게 활동하기에 그들을 제어하기란 금성으로선 무리이기 때문이다.

그렇다면 금성의 역할은 생명체들을 어느 정도는 소멸시킨다는 것인데 그러한 기운은 과연 어떤 기운일까? 따뜻하거나 뜨거운 기운이라면 그들을 억제하기란 너무 힘들 것이고 아주 차가운 기운이라 한다면 아무 것도 남아 있지 않을 것이다. 따라서 금성의 기운은 반드시 써늘하거나 싸늘한 그러면서도 엄숙한 분위기가 풍겨야 하며 공과 사를 잘 가릴 줄 아는 능력을 지닌 기운이라야 한다. 그래야만 생명체들을 자신의 영역 안에서 용이하게 다룰 수 있기 때문이다. 그래서 옛 선현들은 금성을 한반도나 만주지방의 가을에 비유하여 설명하기도 했다. 가을이 오면 곡식이 무르익고 나무들도 잎이 떨어지고 열매만 남는 즉 추수하는 계절이었으며 그 중에서도 토실토실하고 큰 열매나 씨앗은 종자로 쓰기 위해서 보관하고 나머지 대다수의 열매나 씨앗들은 음식물로 사용하여 없애버렸기 때문이다.

금성은 숙살지기의 기운을 가졌다고 한다. 그것은 생명체를 꼼짝 못하게 만드는 기운이 있기에 하는 말이다. 그러한 기운을 지녔다는 것은 어쩌면 살기마저 느껴지나 무조건이 아닌 옳고 그름을 판단할 줄 아는 공평성을 가졌기에 금성의 역할은 정당한 것이다. 그리고 금성의 역할을 사람에게 비유한다면 열정적인 정렬이 가라앉고 차분해지며 침착한 시기라서 자신의 판단 아래 공과 사를 엄격하게 가릴 줄 아는 장년층과 노년층의 중간 정도라고 보면 된다.

금성을 천간으로 경(庚)과 신(辛)을 뜻하고 지지로는 신(申)과 유(酉)를 나타낸다. 기운은 써늘한 지라 가을을 의미하고 가을은 수확의 계절인지라 단단함과 응축된 바위나 금속물질에 해당한다. 색깔로는 하얗다는 의미로 백색(白色). 방향은 해가 지는 서쪽을 뜻하며 오장육부로 본다면 폐(肺)와 대장(大腸)을 그리고 뼈 조직계를 말한다. 음성으로는 상(商)을 맛으로는 매운 맛을 숫자로는 4와 9을 나타내고 심성적으로는 옳고 그른 것을 잘 가린다는 뜻에서 의(義)라고 일컫는다.

水星(수성)

목성의 기운이 무(無)에서 유(有)를 창조했다고 한다면 수성은 유(有=밝음)에서 무(無=어둠)로 돌아가게 하는 역할을 담당한다. 즉 모든 생명체들을 태초의 그곳으로 되돌리는 힘이 수성에게는 있는 것이다. 태초의 우주는 아득하고 까마득할 정도로 어두웠다고 한다. 아무 것도 볼 수 없고 만져지지도 않는 아니 존재가 불가능한 완전 암흑의 시기였다. 묘하게도 영국의 천문학자인 호킹 박사가 주창하는 블랙홀 이론. 참으로 기가 막히다. 모든 물체가 블랙홀이란 검은 구멍으로 들어가면 완전히 사라져버린다는 이론이니 말이다. 실은 수성의 역할이 그러하기 때문이다. 그리고 서양 과학자들은 블랙홀과 반대되는 가칭 화이트홀이 있을 것이다 라고 주장한다. 블랙홀에 들어간 물체는 반드시 들어간 상태 그대로의 모습으로 나오는 구멍이 있다는 이론을 제기하나 그것은 틀린 이론이다. 왜냐하면 분해된 작은 미립자들이 목성의 기운에 의해 아주 미세하게 다시 생성되어지는 것이기 때문이다.

따라서 금성에 의해 그나마 남겨진 생명체들을 모두 사라져버린다거나 분해해버린다면 과연 어떠한 기운이어야 하는가? 따뜻하지도 싸늘하지도 않고 완전 차갑고 냉정한 기운이어야만 된다. 그래야만 모든 것을 없애버릴 수 있는 능력이 생기는 것이다. 그래서 한반도와 만주지방 근처에 살고 있었던 옛 선현들은 수성을 차가운 계절인 겨울에 비유하기도 했다. 겨울이 오자 만물이 얼어붙어 나무들이 앙상한 가지만 남고 온갖 벌레들도 사라져버리고 사람들의 활동도 눈에 띄게 뜸해지기에 마치 수성이 활동하는 시기와 거의 같기 때문이었다. 그러나 수성의 활동이 모든 생명체들을 죽이거나 분해하는 일만 하는 것은 정녕 아니다. 누구도 모르는 사이에 아주 미세한 생명체들을 살려내는 일도 하고 있다. 북극이나 남극의 얼음 바다 속에 왜 크릴 새우가 많음은 아는가? 바로 얼음 속에 그들의 먹이인 플랑크톤이 태어나고 있기 때문이다.

수성의 역할을 사람에게 비유한다면 어떠한 경우에도 전혀 미동하지 않는 냉정함을 유지하며 신중하게 일을 처리하는 장년층 이상이라 할 수 있다. 그리고 수성의 천간은 임(壬)과 계(癸)로 나타내며 지지로는 해(亥)와 자(子)로 기운은 차가운지라 겨울을 뜻하며 차가움의 대표적인 것은 물을 나타낸다. 또한 색깔로는 어둠의 상징인 흑색(黑色)으로 나타내고 방향으론 가장 추운 곳인 북쪽을 뜻한다. 오장육부로 본다면 신장(腎臟)과 방광(膀胱)을 그리고 혈액계를 말하며 음성으로는 우(羽)를 맛으로는 짠 맛을 숫자로는 1와 6을 나타내고 심성적으로는 모든 것을 수용할 수 있다고 의미에서 지혜롭다는 지(智)를 나타낸다.

五行(오행)의 적용표

	木星	火星	土星	金星	水星
十干	甲 乙	丙 丁	戊 己	庚 辛	壬 癸
十二支	寅 卯	巳 午	辰戌 丑未	申 酉	亥 子
氣運	따뜻함	뜨거움	중성	써늘함	차거움
자연	나무	불	흙	바위	물
五常	仁	禮	信	義	智
계절	봄	여름	계절 끝	가을	겨울
方向	東	南	中央	西	北
五色	青	赤	黃	白	黑
五臟	肝	心	脾	肺	腎
육부	담	소장	위	대장	방광
身體	신경계	순환계	근육계	뼈조직계	혈액계
오음	각	치	궁	상	우
오기	바람	열	포용	습	냉
오정	怒(노)	喜(희)	思(사)	悲(비)	恐(공)
오미	신맛	쓴맛	단맛	매운 맛	짠맛
숫자	3, 8	2, 7	5, 0	4, 9	1, 6

五行(오행)의 相生(상생)

한자 그대로 해석해 보자. 상(相)의 뜻은 [서로]라는 것이며 생(生)은 [낳는다, 돕는다]라는 뜻이 있어 종합하면 [서로 낳고 돕는다]라는 뜻이 된다. 이 말은 서로가 서로를 돕는다는 의미가 내포되어 있음을 알 수 있다. 요즘 정치계에서 여야가 부르짖는 말이 있지 않았는가? 상생의 정치를 하자고 말이다. 반목하지 말고 서로 살 수 있고 서로 잘 되자는 뜻에서 주창하는 것이다. 이렇듯 상생이라는 의미는 서로 도와준다는 뜻이 담겨 있다.

상생하는 오행(목생화, 금생수 등)끼리는 다른 어떤 오행보다도 친하기에 그 누구보다 우선적으로 도움을 주고 받을 수 있다고 한다. 그러나 우주의 기운은 일방적인 생이지 절대로 상생한다는 보지 않는다. 그 이유로는 목성(따뜻한 기운)이 왕성해지면 자연스럽게 화성(뜨거운 기운) 쪽으로 옮겨가기에 목성의 기운은 사라져버리기 때문이다. 화성이 강해서 목성을 도와준다는 것은 우주에선 통하지 않는 법칙이다. 그럼에도 불구하고 생이 아닌 상생이라는 단어를 사용한 까닭은 바로 인간이 사는 세상이었기에 가능했다는 말이다.

그 이유론 목성이 왕성해지면 화성이 자연스럽게 생성되기에 마치 남녀가 만나 살게 되면 아이가 생기는 것에 비유되어 목성은 화성의 부모가 되며 화성은 목성의 자식이 된다고 한다. 자식이 어릴 때는 부모의 보호를 받다가 자식이 성장하여 어른이 되면 부모는 늙어 병약해지면서 자식의 보호를 받아야 하기 때문이다. 그렇기에 목성과 화성은 서로 돕고 보호한다는 뜻이 담겨 있어 상생이라는 단어를 사용해도 통할 수 있는 것이다. 그래서 상생이 되면 무조건적으로 좋다고 알고 있는데 이는 아주 잘못된 생각이라 아니할 수 없다. 지금까지의 역서가 다 그런 식으로 되어 있는데 이를 바로 시정할 필요가 있다.

자식(화성)이 약할 때 적당하게 부모(목성)가 도와주는 것이 순리인데 자식은 튼튼하고 왕성한데도 부모가 가진 것이 많아 일방적으로 도움을 계속 주면 그 자식의 삶은 남들에 비해 의지력과 자립심이 떨어지며 자식의 의사와는 관계없이 부모에게 무조건적으로 끌려 다닐 가능성이 많아 삶이 행복하지 못할 수도 있고 반대로 부모가 가진 것이 없는데 자식들은 계속해서 많은 것을 요구하면 부모의 등골만 빼내는 삶이 이루어질 가능성이 있어 서로간에 불편부당한 관계가 형성되기도 한다. 이럴 땐 상생의 관계가 서로에게 껄끄럽게 작용되어 서로의 삶에 도움이 되지 못하는 경우가 발생하니 오히려 상생이라는 것이 운명에 있어 아주 나쁘게 작용할 수도 있다는 것이다.

따라서 적당한 선에서의 상생관계는 서로에게 도움을 주고 받는 삶이 되어 아주 행복한 관계를 형성할 수 있지만 지나친 상생관계는 한 쪽의 피해나 쌍방의 피해를 줄 수 있음을 우리는 알아야 한다.

[木生火(목생화)]

이해하기 쉽도록 물상론으로 설명하겠다.

예전에 프랑스령의 무인도 있었는데 그곳에는 몇 백년간 아무도 살지 않았기에 나무가 무척 무성했다고 한다. 그런데 어느 날 불이 나서 7년 동안 나무를 태웠다고 한다. 그리고 원시인들이 불씨를 만들 때 마른 나무를 마찰시켜 열을 나게 하여 불을 붙인 것은 누구나 다 아는 사실이다.

그렇다. 나무에서 불의 인자가 생기는 것으로 당연하다. 자연발생적으로 아프리카에서는 일년에 한두 번의 산 불이 난다는 것도 우리는 뉴스를 통해 접할 수 있다. 이것이 목생화가 되는 간단한 이치이다.

또는 포근한 날씨가 봄(목성)이라면 서서히 더운 날씨인 여름(화성)쪽으로 기온이 상승되므로 당연히 목성은 화성을 생한다고 할 수 있는 것이다.

그러나 진정한 목생화라는 의미는 이와 같지 않다. 목성의 기운은 앞서 얘기한대로 포근한 기운을 지녔다고 했으므로 그들의 기운이 점차 강해진다면 따뜻하다가 뜨거운 기운쪽으로 변해감을 뜻하는 것으로 우주의 팽창을 알리려는 변화라는 것이다.

火生土(화생토)

나무의 왕성한 기운에 의해 불이 붙였다면 훨훨 탈 것이라 보인다. 그리고 타고난 자리에는 어김없이 잿더미가 남아 있을 것이다. 그 잿더미가 결국은 흙이 되는 것이 아닌가? 더구나 불이 났을 때 물로만 불을 끄는 것이 아니라 흙으로도 불을 끄기에 능히 토성은 화성의 열기를 흡수할 수 있다는 것을 알 수 있으므로 화생토라고 하는 것이다.

그러나 우주에 있어서는 뜨거운 기운이 화성의 성질인 것은 틀림

없지만 한편으로는 양기의 기운이 가득 차 있는 것이라 곧 음기로의 전환이 이루어지는 시기이기도 하다.

필자가 주장하는 논리 즉 토성들은 중성의 기운을 지녔다는 이론에 근거하여 양기가 가득한 상태에서 곧바로 음기로 전환된다면 엄청난 혼란이 올 수 있으므로 중성의 기운 토성에게 화성의 열기를 식히는 역할을 맡기는 것이다.

따라서 화성은 토성을 생한다는 이론이 성립된다.

土生金(토생금)

지구의 현상으로 본다면 아주 단순하게 흙(토성)이 자꾸만 쌓이면 굳어지게 되고 그것이 더 단단해지면 강한 화석(금성)이 되는 셈인데 그런 모습을 우리는 지구의 지층에서 발견할 수 있는 거다.

아주 연약한 물체인데도 계속해서 건조하고 위에 흙이 쌓이면 그것이 단단해지는 것을 우리 주변에서 많이 볼 수 있다.

한 예로 물고기 화석이니 나뭇잎 화석 등이 암석으로 변하는 것이 바로 토성이 금성을 생하는 것이라 할 수 있다.

그러나 우주의 원리는 그렇지가 않다. 강력한 화성의 기운인 뜨거운 열기를 얼마만큼 누그러뜨린 다음 음기의 시작인 금성으로의 전환 역할을 토성이 하고 있는 거다.

즉 토성은 양기에서 음기로의 전환을 위해서 필요한 것인 만큼 음양의 기운이 아닌 그것을 다 포함한 중성의 기운으로서 금성을 돕는 기운으로 능히 토생금 할 수 있다는 것이다.

金生水(금생수)

지구의 자연현상에 빗댄다면 가을(금성)이 시작되면 곧 겨울(수성)이 온다는 것을 느끼게 되는 것과 같다. 다른 하나의 예로는 물은 맑고 차가와야만 되는 것인데 어느 물체를 통과한 물보다는 돌들을 통과한 물들이 가장 맑고 차갑다는 경험에 의해서도 우리는 금이 수를 생한다는 논리를 믿을 수가 있다.

또한 아무리 커다란 강물도 그 원천을 찾아 올라가면 믿기 어렵겠지만 조그마한 돌 틈에서부터 한 방울 두 방울씩 모아져서 큰 강을 이룬다는 사실에서도 금생수의 원리를 느낄 수 있는 것이다.

그러나 우주의 원리는 금성의 기운은 써늘한 것이고 음기의 시작으로서 서서히 기운들이 모아지면서 강해지면 차가워지기에 능히 금성은 수성을 생할 수 있다. 목성에서 화성으로의 전환하는 방식과 하나도 다를 바가 없는 것이다.

水生木(수생목)

지구의 자연현상에서는 너무나 많이 발견할 수 있는데 나무(목성)들이 자라기 위해서는 반드시 물(수성)이 필요한 것은 말할 필요도 없고 모든 생명체(목성)들이 물(수성)이 없이는 존재할 수 없으므로 수성은 목성을 생한다는 데에는 이론의 여지가 없는 것이다.

그러나 우주의 진실한 원리는 이렇다. 차가운 기운(수성)이 포근한 기운(목성)을 생할 수 있는 것인가(?)라고 의아해할지 모르겠지만 이

것을 이런 논리로 바꾸어 생각한다면 아주 쉽게 이해할 수 있다.

수성의 기운은 모든 물체들을 사라지거나 없애는 역할을 한다. 그런데 왜 그런 역할을 하는가(?)를 생각해보자. 젊고 건강한 물체들을 탄생시키기 위해 노화되고 힘이 없는 물체들을 사라지게 했다는 말이 된다.

젊고 건강한 물체란 무엇을 뜻하는가(?) 바로 목성을 말함이다. 그래서 수성은 목성을 생한다는 진리가 지금까지 변함없이 이어지고 있다.

五行(오행)의 相剋(상극)

말 그대로 서로 견제하고 있다는 뜻이다. 목성이 토성을 견제하고 토성은 수성을 견제하고 있는 것인데 항상 토성이 당하거나 수성이 당하는 것이 아니라 어느 때에는 토성에 의해 목성이 당할 수도 있고 수성에 의해 토성이 당할 수도 있기에 서로 극한다고 해서 상극이라는 단어를 썼으나 우주의 기운은 절대로 토성이 강하다고 해서 목성을 이길 수는 없는 것이 진리이다.

그러나 수극화지만 화가 강하면 수의 침범을 두려워하지는 않으나 다른 오행보다는 한 점의 수일지라도 그 수와 친하거나 무관심할 수는 없는 것이고 항상 수를 두려워하고 무서워하고 있다는 점이다.

그러나 상생과 마찬가지로 상극도 좋은 작용을 할 때와 나쁜 작용을 할 때가 있다는 거다.

가령 사주상에 나쁜 오행(기, 구신)들이 좋은 오행(용, 희신)들을 너무 많이 극한다면 살아가는데 있어 좋은 일보다는 나쁜 일들이 더 많이 발생하며 좋은 오행들이 나쁜 오행들을 극하고 있다면 이는 환영할만한 징조이니 나쁜 일보다는 좋은 일들이 많이 발생하므로 상극도 잘 살펴보아 판단을 하여야 한다.

木剋土(목극토)

목성의 기운은 토성의 기운을 억제할 수 있다는 말인데 이는 우주의 진리이다. 그 이유가 토성의 역할은 화성의 기운을 받아 왕성해진 뒤 금성쪽으로 향하는 임무이다.

그런데 양기가 삶이라면 음기는 그 반대로 죽음을 뜻하는 것으로 토성은 결국은 삶(양기)의 힘을 빠지게 한다는 것으로 목성(삶의 시작)으로서는 토성의 역할을 반가워 할 리가 없을 것이다.

그래서 결과적으로는 목성(양기=삶)이 토성(중성=음기와 친함)을 미워할 수 밖에는 없다.

이해를 돕도록 지구의 물상론에 비유하겠다. 나무(목성)와 흙(토성)은 어떤 관계인가? 나무는 항상 위만 바라보고 뻗어 올라가는 성질이 있다. 그러기 위해서는 밑이 튼튼해야 한다. 밑이라는 무엇인가? 바로 흙인 것이다.

그 흙에다가 강력한 뿌리를 내려야 하는데 흙이라는 성질은 단단하게 굳고 싶은 것이다. 굳고 싶은데 뿌리들이 파고 들어온다면 흙들은 갈라지게 되며 양분들도 빼앗기게 되기 때문에 목성은 토성을 극한다고 한다.

이와 같은 이치로써 목극토를 이해해야 하며 그러한 원리를 지구의 자연현상에서 찾아보면 곡식(목성)을 계속해서 심은 밭(토성)에서 거둔 수확량보다 휴식년을 두면서 가꾸어온 밭에서 거둔 수확량이 더 많고 질도 좋다는 이론에서 우리는 느낄 수가 있다.

그것은 흙 속에 포함되어 있는 양분을 다 써버리면 황량한 흙으로 변하여 다시는 사용할 수 없는 것과 같은 것으로 목극토의 위력을 십분 알 수 있는 거다.

土剋水(토극수)

토성의 기운이 수성의 기운을 억제할 수 있다는 것인데 이 역시 우주의 진리인 것이다. 수성은 완전한 음기로서 수성이 강해지면 생명체(별, 사람)는 아무 것도 남지 않는다.

그렇다면 앞서 말한 것과 같이 토성도 삶(양기)의 기운을 빼내어 죽음(음기)으로 인도하는 것과 같으므로 어찌 보면 토성과 수성의 역할이 같을 수가 있다고 볼 수 있다.

그러나 현격한 차이가 있다. 그것은 수성의 기능이 무엇인지만 알면 금방 이해할 수 있다. 즉 모든 것을 분해하고 사라지게만 하는 것이 아니고 아무도 모르게 생명체(양기)를 잉태하는 기운도 있는 것이다.

그래야만 목성으로의 전환이 이루어지는 것이지 갑자기 생명체(양기)가 나타나는 것이 아니기 때문이다.

따라서 토성은 수성의 그러한 행위가 미운 것이다. 자기(토성)는 생명체(양기)들을 은근히 죽음(음기)으로 이끌고 가는데 수성은 암암리에 생명체(양기)를 탄생시키려고 하기 때문에 싫어하는 것이다.

지구의 자연현상에서 찾아보면 물(수성)의 흐름을 바꾸고 막고 터주고 하는 역할은 오로지 흙(토성)만이 할 수 있으며 또는 물을 흡수해서 말라버리게도 하지 않는가? 더러는 갇혀서 물이 썩는 경우도 있지 않은가? 그래서 토극수라는 위력을 충분히 알 수 있는 것이다.

水剋火(수극화)

수성의 기운은 화성의 기운을 억제할 수 있다는 말이 된다. 이도 변할 수 없는 진리이다. 화성의 기운은 생명체를 풍성하게 성장시켜 클 수 있는 만큼 자라게 하는 역할을 하는데 비해 수성의 기운은 성숙된 생명체들을 완전히 사라지게 하는 즉 분해해 버리려는 역할을 하기에 화성이 싫어하는 것이다.

생명체를 크게 만들려면 폭발적인 기운이 필요한 것이며 그 기운은 화끈하고 정열적일 수밖에는 없다. 즉 들뜬 기운이란 것이다.

그러나 수성의 기운은 어떠한가? 모든 것을 사라지게 한다면 그 기운은 냉정하고 침착하기 짝이 없을 것이다. 그 둘이 맞붙는다면 누가 이길 것인가 당연히 알 수 있다.

그러한 관계를 지구의 자연현상에서 찾아보면 무수히 발견할 수가 있는데 한 예로 활발하게 타 들어가던 불길(화성)도 물(수성)을 뿌리면 꺼져버리는 것과 더운 것을 식히는 것은 당연히 차가운 기운임은 누구나 알고 있다.

따라서 우리는 수극화의 작용을 느낄 수 있는 것이다.

火剋金(화극금)

화성의 기운이 금성의 기운을 억제할 수 있다는 것인데 금성의 역할을 먼저 떠올리면 쉽게 납득이 가지 않을까 한다. 이 역시 우주의 진리임에는 말할 필요가 없다.

금성의 역할을 알기 전에 화성의 기운에 의해 폭발적으로 자라난 생명체들은 아마 정신없이 떠돌면서 서로 부딪히고 여기저기를 다닌다고 할 수 있다. 그 중에서 완전히 성숙되고 다른 것보다 건강한 것들을 정렬시키는 역할을 하는 것이 금성의 역할인데 만약 화성의 기운이 들어온다면 어찌 되겠는가? 아마 힘이 빠졌거나 거의 죽어가던 생명체들이 다시 힘을 얻지 않겠는가? 따라서 금성은 화성을 무서워할 수밖에는 없다.

그 이론에 맞는 것을 지구에서 찾으려면 날씨가 계속해서 더워지면(화성) 쇳덩어리(금성)들이 쭉 쳐지는 것을 많이 보는데 금성의 기운은 예리하고 날카로운 것인데 그 예리함을 발할 수가 없기 때문에 화극금이라 한다.

金剋木(금극목)

금성의 기운은 목성의 기운을 억제할 수 있다는 뜻인데 이 역시 우주의 진리이다. 우선 목성의 역할을 먼저 생각해보자.

목성의 기운은 생명체들을 탄생시켜 서서히 활동하게 만드는 기운이다. 그런데 금성의 기운이란 토성에게서 받은 생명체들을 엄숙하고 공정하게 가려서 남길 것만 추리는 역할이다.

그러니 생명체를 탄생시키는 기운은 자상하고 인자할텐데 어찌 엄숙하고 공과 사를 가리는 금성의 기운을 두려워하지 않겠는가? 그래서 금성은 능히 목성을 이길 수 있다고 보는 것이다.

그러한 이치를 지구의 자연현상에서 본다면 나무(목성)들이 막 자라나는 시기에 돌(금성)들이 방해한다면 자연히 나무들은 성장에 방해가 되고 더러는 피지도 못하고 사라지는 경우도 있으며 우람한 거목도 도끼 한 자루에 쓰러지지 않는가? 따라서 우리는 금극목이라 한 것이다.

四柱 構成法(사주 구성법)

운명을 보는 방법에 있어서는 다양한 방법이 있다. 서양에서는 별자리를 이용한 점성술과 타로카드를 활용하는 방법이 많으며 동양에서는 대대로 대나무를 활용하여 미래를 점치는 방법과 자기의 생년월일시를 이용하여 학문적으로 접근해 길흉화복을 예견했다.

우리가 지금 공부하고 있는 명리는 바로 사주팔자를 보는 것으로 누구나 다 알고 있는데 왜 그러한 명칭이 붙여졌는지 알아보자.

四柱(사주)와 八字(팔자)를 해석해 보면 네 가지의 기둥과 여덟 자의 글자라는 의미가 담겨져 있다. 네 기둥이라는 것은 생년, 생월, 생일, 생시를 의미하는 것으로 마치 집을 짓을 때 네 기둥이 서로 균등하게 세워져야만 지붕을 덮을 수 있지만 그 중에 한 기둥이라도 빠진다면 四柱(사주)를 세울 수 없다.

그리고 글자가 여덟 자라고 한 것은 한 기둥마다 글자가 두 글자로 이루어져 있어 네 기둥의 글자를 다 합치면 여덟 자가 되기에 八字(팔자)라고 했다.

따라서 사주팔자라고 하면 곧 자신이 태어난 생년월일시를 말하며 그것을 세우는 방법은 한 기둥마다 다르며 그 방법을 아래에 자세히 밝힌다.

[年柱(년주)]

사람이라면 누구나 나이가 있듯이 자기가 태어난 해의 기둥을 뜻한다. 년주의 해석은 조상의 길 흉 유무를 알 수 있다.

그러면 년주는 어떻게 뽑는 것인가를 알아보자.

인간이라면 자신이 몇 년도에 태어났는가는 다 알 수 있으므로 간단히 자신의 년주가 무엇인지를 알아낼 수 있다.

1972년이라면 책력(달력)을 찾아보면 壬子년이라고 나와 있으며 1958년이라면 戊戌년이라고 나와 있다. 대부분의 사람들은 이렇듯 쉽게 년주가 무엇인지 알 수 있지만 생월에 따라 년주가 달라지는 경우도 있음을 알아야 한다.

그 기준은 입춘절기(1월)와 소한절기(12월)사이에 태어난 사람으로 예를 들면 1971년 1월 7일(음력)이라고 하자. 1971년에 태어났으므로 당연히 辛亥년이라고 해야 하나, 사주팔자를 세울 때는 반드시 절기를 기준으로 경계를 정하지 생일날짜로 세우는 것이 아니기에 자신의 생월과 생일이 1월 7일이라고 해도 1월 절기인 入春(입춘)이 지나서 태어났는지 아닌지를 먼저 살펴야 한다.

달력을 찾아보면 1971년의 입춘은 1월 9일 20시 25분에 들어 있다. 그렇다면 자신의 생일이 1971년 1월 1일부터 1월 9일 20시 24분까지 태어난 사람들은 1971년의 해인 돼지띠가 되는 것이 아니다.

이유는 入春(입춘)절기를 지나지 않았기 때문이다. 틀림없이 생일은 1971년의 돼지띠 출생이라고 우겨도 사주팔자를 세울 때는 辛亥라고 쓰지 않고 그 전의 해인 庚戌 즉 개띠가 된다.

하나 더 예를 들자.

생일이 1960년 12월 22일(음력)의 사람이다. 그렇다면 당연히 庚子년이 되고 띠로는 쥐띠가 된다. 날짜로는 한치의 오차가 없다. 그런데 달력을 찾아보면 1961년의 入春(입춘)절기는 양력으로는 당해년 2월 4일이지만 음력으로는 1960년 12월 19일의 10시 22분이라고 적혀 있다.

그렇다면 자신의 생일이 1960년 12월 22일이지만 12월 19일의 入春(입춘)절기를 지나 태어났기에 庚子년이 되는 것이 아니라 그 다음에 다가오는 辛丑년이 되고 띠로는 소띠가 된다.

이렇듯 년주를 세우는 것도 태어난 생년으로 무조건적으로 잡는 것이 아니고 절기에 따라 다름을 알아야 한다. 따라서 入春(입춘)절기이 넘어가면 12월생일지라도 그 다음의 해로 년주가 바뀌고 띠도 바꿔며 1월생이라고 入春(입춘)절기를 넘어서지 못하고 태어나면 그 전의 해로 년주를 세우고 띠도 바뀌는 것이다.

그러므로 음력으로 12월생과 1월생의 생일을 지닌 사람들은 절기를 잘 살펴서 년주를 세워야지 그렇지 않으면 자신과 전혀 맞지 않는 년주를 세우게 된다.

시	일	월	년
丙	己	丙	辛
寅	未	申	丑
			년
			주

月柱(월주)

자신이 태어난 그 당시 월의 기둥을 말한다. 월주의 해석은 부모형제의 길흉 여부를 알 수 있다.

그런데 월주를 세우는 방법은 그리 간단하게 정해지는 것이 아니므로 아래 설명하는 내용을 잘 이해하도록 하자.

명리학에서는 정월이니 이월이니 헤아리는 것보다는 寅월이니 卯월이니 하는 것이 오히려 더 정확하다. 그것은 1월(음력)에 태어났으므로 무조건 寅월. 2월(음력)이면 卯월이라고 보는 것은 커다란 잘못을 저지를 수 있다.

명리학에서는 달이나 날짜로 월주를 세우는 것이 아니라 入春(입춘), 驚蟄(경칩), 淸明(청명)이니 하는 절기로 달을 세우는 방법을 사용한다. 따라서 1월에 태어났다고 해도 寅월이 되는 것이 아니고 寅월 절기인 入春(입춘)을 지나야만 진정한 寅월생이 되며, 2월에 태어났다고 해도 卯월 절기인 驚蟄(경칩)이 지나서 출생해야만 卯월이 된다.

그러므로 역학을 배우려는 분들은 절기로 월주를 구분하는 방법을 알아야 하기에 아래에 월의 절기를 설명을 하겠다.

절기	入春 입춘	驚蟄 경칩	清明 청명	立夏 입하	亡種 망종	小暑 소서	立秋 입추	白露 백로	寒露 한로	立冬 입동	大雪 대설	小寒 소한
월령	寅	卯	辰	巳	午	未	申	酉	戌	亥	子	丑
달	1	2	3	4	5	6	7	8	9	10	11	12

1969년 3월 26일(음력)에 태어났다고 하자. 삼월이니까 삼월을 뜻하는 지지 즉 辰 월일 것이라고 선뜻 결정을 내려 월주를 정하면 오류가 생길 수 있다.

반드시 달력에서 자신이 태어난 날이 어느 절기 중에 있는지를 살펴야 한다. 그랬더니 3월 26일이 양력으로는 5월 12일이라고 나와 있으며 절기는 立夏(입하…양력 5월 6일 11시 50분)를 지나서 태어났음을 알 수 있다.

3월에 태어났지만 절기는 이미 사월 절기인 立夏(입하)를 지났으므로 辰 월이 되는 것이 아니고 巳 월로 월주를 세워야만 맞는다.

또 1957년 5월 7일(음력)이 생일이다. 오월이니까 午 월일 것이라고 짐작하고 월주를 세울 경우 안 맞는 경우도 있으니 반드시 달력을 찾아보자.

그랬더니 5월 7일이 양력으로는 6월 4일이며 오월 절기인 亡種(망종…양력 6월 6일 8시 25분)을 지나지 않았기에 생월은 5월이라고 해도 진정한 午 월주가 되지 못하고 그 전 달인 巳 월로 월주를 삼아야 한다.

문제는 달력을 보면 절기에 맞추어 월주의 지지는 찾을 수 있으나, 월주의 천간은 어느 십간(甲 乙 丙 丁 戊 己 庚 申 壬 癸)이 와야만 하는지 알 수가 없다.

어느 천간이 오는가를 알아보자.

월주의 천간이 무엇인가를 알아보는 방법은 단 하나로 년주의 천간이 무엇인지 먼저 알아야 한다.

년간이 甲이나 己로 즉 甲寅년이니 己巳년이니 하는 것인데 그럴 때는 정월(寅월)이 丙부터 시작하여 丙寅월이며 이월(卯월)은 丁이 자리를 차지하여 丁卯월이 되는 것이고 삼월(辰월)은 戊가 올라와 戊辰월이 되며 사월(巳월)은 己가 올라와 己巳월이 되는 식으로 진행을 하는 것이다. 그러한 것들을 찾기 쉽도록 도표로 꾸몄다.

	寅月	卯月	辰月	巳月	午月	未月	申月	酉月	戌月	亥月	子月	丑月
甲己年	丙寅	丁卯	戊辰	己巳	庚午	辛未	壬申	癸酉	甲戌	乙亥	丙子	丁丑
乙庚年	戊寅	己卯	庚辰	辛巳	壬午	癸未	甲申	乙酉	丙戌	丁亥	戊子	己丑
丙辛年	庚寅	辛卯	壬辰	癸巳	甲午	乙未	丙申	丁酉	戊戌	己亥	庚子	辛丑
丁壬年	壬寅	癸卯	甲辰	乙巳	丙午	丁未	戊申	己酉	庚戌	辛亥	壬子	癸丑
戊癸年	甲寅	乙卯	丙辰	丁巳	戊午	己未	庚申	辛酉	壬戌	癸亥	甲子	乙丑

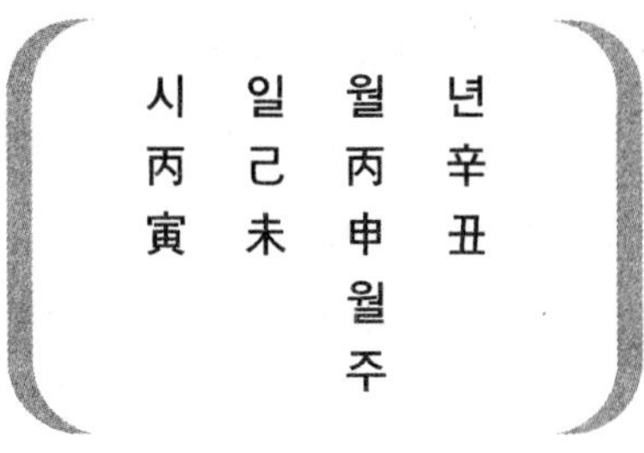

日柱(일주)

자신이 태어난 당시의 일의 간지를 말한다.

일주의 해석은 자신과 배우자의 길 흉 여부를 나타낸다. 일주를 찾는 방법은 책력(달력)만 있으면 간단히 알 수 있는 것이다.

가령 1966년 3월 5일의 일주를 알자면 달력에서 1966년 찾은 다음 3월의 5일이 무슨 일진인가만 찾아보자. 그날은 甲申이라는 글자가 있음을 알 수 있는데 그것이 바로 일주이다.

시	일	월	년
戊	甲	辛	丙
辰	申	卯	午
	일		
	주		

時柱(시주)

자신이 태어난 시의 간지를 말한다.

시주의 해석은 자식의 길 흉 여부를 나타낸다. 시주에서 지지를 알아내는 방법은 밤 11시부터 그 다음날 새벽 1시까지는 子시라고 하여 그 시간안에 태어난 사람들은 시지가 子시가 되는 것이며 새벽 1시부터 새벽 3시까지는 丑시가 되는 것으로 24시간을 12로 나누어 한 지지가 두 시간씩을 포함하여 十二支(십이지)가 하루를 다 나타낸다.

(도표참고)

	子	丑	寅	卯	辰	巳	午	未	申	酉	戌	亥
시간	밤 11~ 새벽 1	새벽 1~ 새벽 3	새벽 3~ 아침 5	아침 5~ 아침 7	아침 7~ 아침 9	오전 9~ 오전 11	오전 11~ 낮 1	낮 1~ 낮 3	오후 3~ 오후 5	저녁 5~ 저녁 7	저녁 7~ 저녁 9	밤 9~ 밤 11

자 이제부터는 시주의 천간을 알고자 한다. 월간을 알고자 했을 때는 년간이 무엇인지를 파악해 알았는데 시주의 천간을 알고자 할 때는 일주의 천간이 무엇인지를 알게 되면 시주의 천간을 쉽게 알 수가 있는 것이다.

즉 甲이나 己일로 시작되는 날에는 子시가 甲子시로 부터 출발하여 丑시는 乙丑시이며 寅시는 丙寅 卯시는 丁卯 이런 순으로 나아가면 戊辰 己巳 庚午 辛未 壬申 癸酉 甲戌 乙亥에서 끝난다.

乙이나 庚일로 시작되는 날에는 子시가 丙子시로 부터 丙이나 辛일로 시작되는 날에는 子시가 戊子시에서 부터 丁이나 壬일로부터 시작되는 날에는 子시가 庚子시로 부터 戊나 癸일로부터 시작되는 날에는 子시가 壬子시로부터 시작을 한다.

아래 도표를 참고하라.

	子시	丑시	寅시	卯시	辰시	巳시	午시	未시	申시	酉시	戌시	亥시
甲,己	甲子	乙丑	丙寅	丁卯	戊辰	己巳	庚午	辛未	壬申	癸酉	甲戌	乙亥
乙,庚	丙子	丁丑	戊寅	己卯	庚辰	辛巳	壬午	癸未	甲申	乙酉	丙戌	丁亥
丙,辛	戊子	己丑	庚寅	辛卯	壬辰	癸巳	甲午	乙未	丙申	丁酉	戊戌	己亥
丁,壬	庚子	辛丑	壬寅	癸卯	甲辰	乙巳	丙午	丁未	戊申	己酉	庚戌	辛亥
戊,癸	壬子	癸丑	甲寅	乙卯	丙辰	丁巳	戊午	己未	庚申	辛酉	壬戌	癸亥

시	일	월	년
丙	癸	壬	己
辰	未	申	酉
시			
주			

大運(대운)과 歲運(세운)

사주팔자가 자신이라면 운은 남을 의미하며, 사주팔자가 자동차라면 운은 길을 의미하고, 사주팔자가 그릇이라면 운은 음식물이라고 보면 된다. 따라서 사주팔자만 좋다고 행복한 것이 아니고, 어떠한 운을 만나 타고난 운명대로 살아가고 있는지 아닌지의 판단을 내린다.

어쩌면 사주팔자보다는 운이 더 중요하다고도 할 수 있다. 아무리 좋은 사주팔자를 타고났다고 해도 운이 불길하면 타고난 능력을 발휘할 수 없으니 얼마나 답답하겠는가? 반대로 사주팔자는 별볼일이 없다고 하더라도 운의 흐름이 좋다면 타고난 능력을 잘 발휘하며 나름대로 만족하면서 살아갈 수 있기 때문이다.

大運 構成法(대운 구성법)

대운이란 자신의 생월 간지에서 출발을 하는데 앞으로 나가는 것과 뒤로 나가는 경우가 있다. 앞으로 나가는 경우와 뒤로 나가는 경우를 알 수 있는 것은 자신의 나이(년간)를 보고 결정을 한다.

남자는 년간이 양(甲 丙 戊 庚 壬)이고 여자는 년간이 음(乙 丁 己 辛 癸)일 때는 자신이 태어난 달에서 그 다음 달로 향해 나가는데 한 달이 10년씩을 차지하고 있으며 대운수를 정하는 것은 순행일 경우에는 자신의 생일에서 그 다음 달의 절기까지의 날짜가 얼마인지를 안 다음 그 수를 3으로 나누어 나눈 몫을 대운수로 정하는 것이다.

예를 든다면,

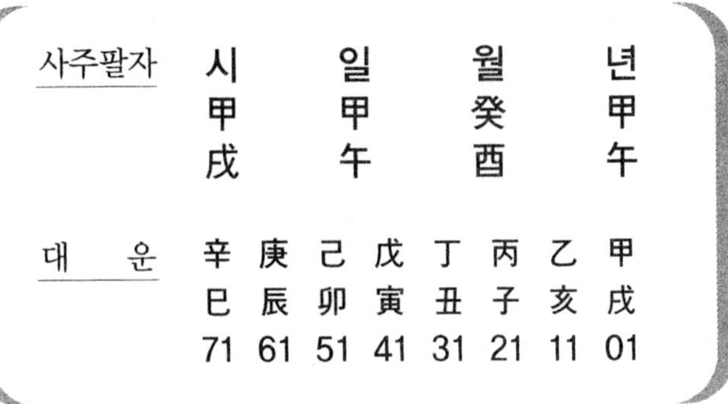

사주팔자	시	일	월	년
	甲	甲	癸	甲
	戌	午	酉	午

대 운								
	辛	庚	己	戊	丁	丙	乙	甲
	巳	辰	卯	寅	丑	子	亥	戌
	71	61	51	41	31	21	11	01

나이의 천간이 양이기에 순행(미래)이며 이 사주는 생월인 癸酉월에서 앞으로 다가올 甲戌월부터 대운이 정해지는 것이다.

대운 밑에 나온 수는 몇 살부터 대운이 들어오는 것을 밝히는 것으로 자신의 생일에서 앞으로의 절기까지가 몇 일인가를 찾아보면 한로까지가 4일밖에 안되기에 그 4일을 3으로 나눈 결과 1이 되며 나머지 1은 사사오입에 따라 버리며 대운수는 1이 된다. 즉 甲戌 대운이 1세부터 10세까지라는 것이다.

사주팔자	시	일	월	년
	丙	庚	丁	己
	子	寅	丑	酉

대 운								
	乙	甲	癸	壬	辛	庚	己	戊
	酉	申	未	午	巳	辰	卯	寅
	78	68	58	48	38	28	18	08

여자이면서 나이의 천간이 음이므로 이 사람의 대운도 순행(미래)을 하는 것이므로 丁丑월에서 그 다음 달인 戊寅월부터가 대운으로 정해지는 것이다.

그리고 대운의 수는 이 사람의 생일에서부터 그 다음 달의 절기까지 날을 세어보면 25일이 된다. 그것을 3으로 나누면 8이 되고 나머지 1은 버리는 것이다. 따라서 戊寅대운에 들어가는 것은 8세부터 17세까지인 것이다.

또 남자가 년간이 음(乙 丁 己 辛 癸)이고 여자가 양(甲 丙 戊 庚 壬)일 때는 순행이 아닌 이미 지나온 절기로 돌아가야 하므로 역행이라고 한다. 대운수 역시 이미 지나온 절기까지의 수를 세워 3으로 나누어 정하는 것이다.

예를 들어보자.

(남자) 1971년 08월 26일 02시 30분

사주팔자	시	일	월	년
	辛	壬	戊	辛
	丑	申	戌	亥

대 운								
	庚	辛	壬	癸	甲	乙	丙	丁
	寅	卯	辰	巳	午	未	申	酉
	72	62	52	42	32	22	12	02

남자지만 나이의 천간이 음이므로 이는 순행이 아닌 이미 지나온 절기부터가 대운이 시작되는 것이므로 생월이 戊戌월이니 그 다음인 己亥가 아니고 역행(과거)하여 시작되는 것이니 丁酉로부터 대운이 정해지는 것이다. 대운수 역시 자신의 생일에서 지나온 절기까지의 수가 5일이 되니 3으로 나누면 1이 되고 2가 나머지가 되나 사사오입을 하여 2부터 대운의 수가 시작되는 것이다.

따라서 丁酉 대운은 2세부터 시작하여 11세까지 차지하는 거다.

(여자) 1974년 06월 14일 22시

사주팔자	시	일	월	년
	乙	甲	辛	甲
	亥	戌	未	寅

대 운								
	癸	甲	乙	丙	丁	戊	己	庚
	亥	子	丑	寅	卯	辰	巳	午
	78	68	58	48	38	28	18	08

여자로서 나이의 천간이 양이므로 대운은 순행이 아닌 역행(과거)으로 가는 것이다. 그렇다면 辛未월에서 이미 지나온 庚午월부터가 대운이 시작된다. 대운의 수는 자신의 생일에서 과거의 절기까지가 25일이 되므로 3으로 나누면 8이 되며 1이 남으나 사사오입으로 버리면 8세부터 庚午대운이 시작되며 17세까지이다.

歲運 構成法(세운 구성법)

세운은 일년 일년을 말하는 것으로 대운과는 관계없이 현재 맞이하고 있는 해를 뜻한다. 올해가 甲申년이므로 대운이 역행을 하든 순행을 하든 누구나 세운은 甲申년이라고 하는 것이다.

여기까지 착실하게 공부를 하신 분들은 자신의 생년월일시만 정확히 알고 만세력 보는 방법만 안다면 누구나 자신의 사주를 세울 수 있으며 대운마저 뽑을 수 있는 것이다. 그러면 여기서 잠시 자신의 사주를 뽑아보자.

天干과 地支(천간과 지지)

우주의 음양오행에서 파생된 기운이 지구로 내려와 생명이 있는 모든 생물체들에게 어떠한 영향을 미치고 있는가를 알고자 인간 스스로가 만든 오행들의 모양이다.

그것에는 두 가지의 종류가 있는데, 하나는 겉의 모습이 어떠한가를 나타내는 천간의 10 글자와 하나는 내면의 모습을 나타낸 지지의 12 글자를 뜻한다.

겉의 모습을 나타내는 천간은 어딘가 가벼운 듯한 느낌을 주지만, 내면의 모습을 나타내는 지지의 무게는 어딘가 무거운 듯한 느낌을 준다.

흔히 빙산의 일각이란 말이 있듯이, 겉으로 드러나는 부분은 드러나지 않는 부분에 비하면 보잘 것 없다고 하지 않던가? 사람의 삶도 이와 같아 천간보다는 지지에 무게를 더 주고 살고 있다. 그렇다고 천간을 무시하는 것은 아니다. 단지 무게의 중심이 지지에 더 실려 있다는 것을 강조한 것이다.

그래서 천간들은 지지에 뿌리를 내리고 활동하고자 하며, 지지는 자기와 같은 기운을 지닌 천간들로 하여금 활동함에 있어 힘을 실어 주고자 한다.

天干(천간)

하늘에 떠 있는 오행을 말한다.

천간은 열 개만 있기에 흔히 "十干(십간)"이라고도 하며 그 순서를 나열하자면 이렇다. 甲, 乙, 丙, 丁, 戊, 己, 庚, 辛, 壬, 癸로 끝난다. 이런 배열의 순서는 오행의 흐름과 같은 것이니 꼭 알아 두어야 한다.

천간에도 음양의 기운이 있어 甲, 丙, 戊, 庚, 壬은 陽이라 하고, 乙, 丁, 己, 辛, 癸는 陰이라 한다.

천간들의 특징을 알아보기로 하자.

[甲 論]

甲은 양기 중에 양이며 목성으로 천간에서 1번 타자로 올라 있는 것은 생명체를 탄생시키기 위해서다. 그러기 위해서는 뚫고 나오려는 힘이 강한 것이라 흔히 나무로 비유한다.

단단한 껍질을 뚫고 나와 또 흙을 비집고 나오려는 그 기세는 가히 하늘을 찌를만하다. 그래서 곧고 강직하며 순수하며 인정이 많음을 나타낸다.

[乙 論]

乙은 양기 중에서 음이라고 하며 목성을 나타낸다. 천간에서 2번 타자에 올라 있는 것은 생명체들의 미미한 활동을 뜻함이다.

활동하려면 움직임이 많아지므로 땅을 뚫고 나온 줄기들이 이쪽 저쪽으로 굳어짐을 의미하고 있다. 그래서 생명력이 강하며 남의 주장에 잘 이끌리며 의지력이 많다고 한다.

[丙 論]

丙는 양기 중에서 가장 강력한 양기이며 화성을 뜻하고 3번 타자로 올라와 있다. 이는 생명체들에게 가장 왕성한 활동을 하라는 의미에서 가장 뜨거운 기운을 뿜고 있기 때문이다.

그래서 주로 태양에 비유되며 활동적이고 명랑하고 밝고 빠르며 뒷끝이 없는 사람들이라고 한다.

[丁 論]

丁은 양기 중에서 음이라고 하며 화성에 속한다. 그리고 4번 타자에 있는 것은 생명체들에게 성숙되어지는 과정을 말함이다. 그래서 빛나기는 하나 열기는 식은 별이나 달 또는 촛불에 비유하기도 한다.

그러므로 맹렬하지는 않지만 은근한 정렬이 있으며 완숙한 노련미도 보이며 인내심도 있는 것이다.

[戊 論]

戊는 음기도 아니고 양기도 아닌 중성이지만 굳이 구분하자면 중성 중에서도 양이라고 하며 토성에 속한다. 5번 타자에 있는 것은 성숙한 생명체들을 서서히 정리하려는 과정을 밟으려고 있는 것이다.

그러기 위해서는 온 생명체가 의지할 수밖에 없는 흙에 비유하며 만물을 폭넓게 포용하고 진실함을 많이 간직하고 있고 남들을 끌어 모으려는 기운이 강하다.

[己 論]

己도 음기도 양기도 아닌 중성이지만 음에 가까워 중성 중에서도 음이며 토성이다. 6번 타자에 있는 것은 생명체들을 눈에 띄게 정리하려는 모습을 보이기 시작하기 때문인데 戊가 건조한 흙이라면 己는 질퍽한 흙이라는 표현을 쓴다. 따라서 소극적이며 어떠한 환경이든 잘 적응하려는 면도 많고 이기적인 성향도 있다.

[庚 論]

庚은 음기지만 양에 속하며 금성이라 하며 7번 타자에 자리를 차지하고 있다. 이는 본격적으로 생명체들을 솎아내려는 작업을 하기 위해서이다.

그래서 돌이나 쇠붙이에 비유하며 공과 사를 정확하게 하려는 마음이 강하고 쉽사리 인정에 넘어가지 않고 의지가 굳고 엄숙한 편이다.

[辛 論]

辛은 음기 중에서도 음기이며 금성에 속하고 8번 타자에 위치해 있다. 이는 솟아낸 생명체마저 움직이지 못하고 꽁꽁 묶어버리는 기운인 것이다.

어쩌면 생명체들이 눈에 보일 수 있는 마지막 단계라고 할 수 있다. 그래서 물보다는 차지 않지만 그 못지않은 수정이나 옥에 비유하여 신중하면서도 섬세하고 예민하며 자신의 주장이 강한 편이다.

[壬 論]

壬은 철저한 음기이면서도 양에 속하며 수성이라고 한다. 9번 타자에 위치해 있는 것은 생명체들을 완전히 사라지게 만드는 기운을 지녔다. 볼 수 있는 상황이 아니기에 아마 블랙홀 같은 역할을 한다면 이해가 빠를 것이다.

그래서 차갑고 냉정한 물에 비유되어 경거망동하지 않으나 신중함이 극에 달해 마치 망부석과 같으며 침착하기 그지 없고 모든 것을 포용하려는 자세를 견지한다.

[癸 論]

癸는 음기 중에서도 음기에 속하고 수성이면서 천간의 마지막 자리를 차지하여 10번 타자라고 한다. 아무 것도 보이지 않고 없는 것에서 도대체 무엇을 한단 말인가? 바로 1번 타자로 연결시켜주기 위해서 암암리에 물밑 작업을 하고 있는 기운이다.

그래서 물 중에서도 이슬비나 서리 등에 비유하여 조용하면서도 온화하고 약하면서도 포근한 면이 있는 것이 사실이다.

地支(지지)

땅에 있는 오행을 말한다.

지지의 기운은 천간보다는 더 기운이 강한 것은 사실이다. 예전의 이론대로라면 천간의 세 개가 지지의 하나를 능가한다고 했지만 녹현 이론으로 수치화하면서 발견된 것은 지지가 천간의 다섯 배의 힘이 있음을 알았다.

따라서 변화가 된다면 일생이 좌우될 정도로 엄청난 힘을 내포하고 있는 것이다.

지지의 배열은 子, 丑, 寅, 卯, 辰, 巳, 午, 未, 申, 酉, 戌, 亥의 순이며 지지에도 음양이 나누어진다. 양은 子, 寅, 辰, 午, 申, 戌이며 음은 丑, 卯, 巳, 未, 酉, 亥이다.

자 지금부터 지지들의 특성을 알아보자.

子 論

子는 12지지 중 가장 처음인 1번 타자이다. 수성이라 음기지만 그 중에서도 양을 뜻하고 가장 추운 겨울인 11월을 의미한다.

그런데 왜 1번 타자인가? 추운 곳이라면 생명체들이 사라지는 기운인데 말이다. 우리가 수성의 역할을 다시 생각해 볼 필요가 있다. 생명체를 사라지게 하는 것은 끝나는 것이 아니고 새로운 생명체를 잉태하려는 역할도 하기에 지지에서 1번 타자로 나선 것이라 할 수 있다.

그러기에 子에서 양이 시작된다는 옛 이론도 있으나 틀린 말은 전혀 아닌 것이다. 그래서 음기이면서도 양으로 표시하는 것도 그와 같은 이치가 있었기 때문이다.

또 하루의 시작이 子시(밤 11시~새벽 1시)부터 시작되는 것도 그와 같은 까닭이며 짐승으로 표시할 때는 쥐를 뜻하며 방향으로는 정북을 말한다.

丑 論

丑은 12지지 중에서 2번 타자로 있다. 그리고 수성도 아니고 목성도 아닌 토성이며 계절로는 12월을 뜻하며 음기 중에 음인 것이다.

그런데 왜 2번 타자에 있는가? 그것은 생명체가 子에서 잉태되어 寅에 넘겨주기 위한 과정이라 子보다는 덜 차가운 기운이기 때문이다.

하루의 시간으로는 새벽 1시부터 새벽 3시를 의미하고 소라는 짐승으로 나타내며 방향으로는 북북동이라고 할 수 있다.

寅 論

寅은 3번 타자로 목성을 뜻하고 계절로는 봄의 시작은 정월을 나타내며 양기 중에서도 양을 의미한다. 丑에서 자라난 생명체들이 처음으로 밖으로 나오는 시기라서 기운은 포근해야 한다.

마치 싹이 나오듯 차가우면서도 포근함을 지니고 있는 것처럼…

하루로는 새벽 3시부터 새벽 5시까지를 뜻하며 호랑이라는 동물로 대표하며 방향으로는 동동북이라 한다.

[卯 論]

卯는 12지지 중 4번 타자로 무르익는 봄의 기운을 나타내므로 2월을 뜻하고 양기 중에서 음이며 목성이다.

무럭무럭 자라는 느낌을 받는 기운이므로 포근한 것보다 한 단계 높은 따뜻한 기운을 지녔기에 생명체들은 왕성한 활동을 할 수 있는 것이다.

동물로는 토끼를 뜻하며 새벽 5시부터 아침 7시까지를 나타내며 방향으로는 정동을 가리킨다.

[辰 論]

辰은 5번 타자에 위치하여 완숙함의 경지에 이루는 기운을 지니고 있다. 목성의 기운을 지닌 토성이며 양기 중에서도 양을 뜻한다.

따뜻하고 뜨거움의 중간이라고 하면 이해가 빠를 것이다. 그래서 3월을 뜻하고 생명체들이 거의 다 자란 느낌을 받는다. 동물로는 용을 나타내고 하루로는 아침 7시부터 아침 9시까지를 나타낸다. 방향으로 본다면 동동남을 가리키고 있는 것이다.

[巳 論]

巳는 6번 타자에 위치하며 양기 중에서 음을 나타내며 오행으로는 화성이라고 한다. 생명체들이 다 자란 상태를 뜻하므로 그 기운은 더운 상태라고 보며 계절로는 여름의 처음인 4월을 대표한다.

마치 꽃이 활짝 피는 그런 시기를 말하니 강건한 기운을 지니고 있다고 본다. 하루에서도 아침 9시부터 오전 11시를 의미하고 동물로는 뱀을 뜻하고 방향으로는 남남동을 가리킨다.

[午 論]

午는 12지지 중에서 7번 타자의 위치에 있으며 양기이면서도 양을 나타내어 여름의 중간인 5월을 뜻하니 그 기운은 뜨겁기 짝이 없어 화성이라고 한다.

이 시기에는 생명체들이 가장 왕성하게 보이나 이미 내면적으로는 서서히 힘이 빠지는 상태이다. 이는 달이 차면 곧 기울듯이 말이다. 이는 양기라고 하면서 음으로의 시작을 알리는 기운이기 때문이다.

그래서 하루에서도 오전 11시부터 해가 기우는 낮 1시를 가리키고 있으며 동물로는 말로 나타내며 방향으로는 정남을 뜻한다.

[未 論]

未는 8번 타자에 위치하며 화성의 기운을 지닌 체 겉으로는 토성이라고 한다. 양기이면서도 음을 나타내며 계절로는 6월을 뜻한다.

뜨거운 기운보다 조금 식은 듯한 기운이기에 이 시기가 되면 생명체들은 눈에 띄게 위축 되어감을 알 수 있다. 동물로는 양을 뜻하고 하루 중에서도 오후 1시부터 오후 3시를 나타내며 방향으로는 남남서를 의미한다.

申 論

申은 12지지 중에서도 9번 타자에 있다. 음기면서도 양을 뜻하고 오행으로는 금성이며 계절로는 가을의 시작은 7월을 나타낸다.

뜨거운 기운은 거의 남아 있지 않고 이제는 서늘한 기운이 지배하는 그런 시기라서 생명체들은 이미 숨이 끊어진 상태라고 보면 된다.

하루 중에서도 해가 무척 기우는 오후 3시부터 오후 5시를 나타내며 동물로는 원숭이로 방향으로는 서서남을 뜻한다.

酉 論

酉는 10번 타자에 있으면서 금성이며 음기이면서 음을 나타낸다. 가을의 중추월인 8월을 뜻하니 그 기운은 완전무결하게 싸늘한 기운인지라 생명체들이 완전히 숨이 끊기어 정리되어가고 있는 시기라고 한다.

아마 흔적이 없는 상태라고 보면 된다. 그래서 하루에서도 해가 지는 오후 5시부터 저녁 7시를 뜻하고 동물로는 닭을 나타내고 방향으로는 정서를 가리킨다.

戌 論

戌은 12지지 중에서 11번 타자에 위치하고 음기이면서 양을 나타내며 금성의 기운을 지닌 토성이라고 한다. 계절로는 깊은 가을인 9월을 나타내고 기운은 싸늘하다 못해 차가운 기운이 감도는 그런 기운인 것이다.

생명체들은 아예 흔적도 없고 암흑의 세계로 이끄는 중간단계라고 보면 된다. 그래서 저녁 7시부터 밤 9시를 나타내며 개라는 동물로 방향은 서서북을 말한다.

[亥論]

亥는 지지 중 맨 끝인 12번 타자이다. 음기이면서 음을 나타내며 계절로는 겨울의 시작은 10월을 뜻하여 오행으로는 차가운 수성이다.

차갑기 시작하는 시기인지라 생명체들은 완전히 분해되어 어디에 있는지 조차 모를 정도가 된 것이며 제각각 형성이 안된 상태로 떠돌고 있다고 생각하면 된다.

하루 중에서도 밤 9시부터 밤 11시까지를 나타내고 동물로는 돼지로 방향은 북북서를 나타낸다.

六十甲子(육십갑자)

천간의 오행 십간과 지지의 오행 십이지지가 서로 짝을 이루어 맞추는 과정인데, 천간 甲과 지지의 子부터 짝을 맞추어 시작된다. 그리고 천간의 마지막인 癸하고 지지의 마지막인 亥가 짝을 이룰 때까지 돌리다 보면 천간은 6번을 지지는 5번을 돌려야 한다.

그러한 과정을 거치면 천간과 지지가 60개가 생긴다. 이를 육십갑자라고 하며 인생 사에 있어서는 환갑 또는 회갑이라 한다. 한바퀴를 다 돌면 다시 시작되는 것으로 끝이 없이 이어지는 것이다.

육십갑자표(六十甲子表)

甲子	乙丑	丙寅	丁卯	戊辰	己巳	庚午	辛未	壬申	癸酉
甲戌	乙亥	丙子	丁丑	戊寅	己卯	庚辰	辛巳	壬午	癸未
甲申	乙酉	丙戌	丁亥	戊子	己丑	庚寅	辛卯	壬辰	癸巳
甲午	乙未	丙申	丁酉	戊戌	己亥	庚子	辛丑	壬寅	癸卯
甲辰	乙巳	丙午	丁未	戊申	己酉	庚戌	辛亥	壬子	癸丑
甲寅	乙卯	丙辰	丁巳	戊午	己未	庚申	辛酉	壬戌	癸亥

合(합)

먼저 합이란 글자를 풀이하면 친하다는 의미가 있다. 친하다는 것을 단지 글자와 글자끼리의 관계를 나타냈지만, 실은 사람과 사람과의 관계, 특히 남녀간의 친함을 뜻한다.

또한, 합이 생겨난 이유는 인간 사회가 형성되면서부터 나타난 자연스러운 현상이다. 서로가 서로를 의지해야 하는 사회적인 동물이라서 마음에 드는 이성에게 친밀하게 접근하려는 본능 때문에 생겨나기도 했다.

한편으로는 어쩌면 살아 남기 위한 본능적인 생존경쟁에서 무의식중에 형성된 것이라 할 수 있다.

합에는 세 가지가 있는데, 지지의 합은 삼합과 육합이며, 천간의 합도 한 종류가 있다. 합을 하게 되면 그들은 친하게 지내느라고 본연의 임무에 소홀할 수밖에 없다.

따라서 합이 되면 "무조건 좋다"라는 개념이 아니라 용 · 희신을 합하게 되면, 오히려 그 힘을 발휘할 수 없으니 좋은 영향이 감퇴되어 자신에게는 이롭지가 않으며, 기 · 구신을 합하면 그 힘을 감소시키니 나쁜 영향이 줄어들어 오히려 자신에게는 이롭게 된다.

따라서 합은 무조건적으로 좋다고 할 수는 없고, 때에 따라 좋기도 하고 나쁘기도 하다.

六合(육합)

천간보다 무거운 지지끼리의 합을 뜻하는데, 이 육합은 동성간에 친함을 나타내는 것이 아니고, 이성간에 친함을 의미한다. 그래서 삼합(세 명이 뜻을 합친다)보다도 오히려 작용면에서 강한 끌림을 나타낸다.

즉 합하여 나타난 결과가 삼합보다는 육합의 작용이 훨씬 큼을 알 수 있다.

오행에는 목화금성의 기운들이 본류를 이루는데, 우주적인 입장에서 보면 화성과 수성의 기운이 중요하지만, 사람이 살아감에 있어서는 무엇보다 목성과 금성의 역할이 다른 어느 오행보다 중요하다는 것이 필자의 생각이다.

그것은 낳고(목성) 죽는다(금성)는 단순한 논리에서 비롯된 것이며, 조후(화성과 수성의 역할)라는 역할은 사람의 생사와는 전혀 관련이 없기 때문이다.

목성(寅卯辰)과 금성(申酉戌)은 반대의 기운을 지닌 오행들이다. 우주적인 관점에서는 금성이 목성을 억제하기에 목성이 꼼짝 못하지만 우리의 생활에서는 서로 다투기도 하고 친하게 지내기도 한다.

목성 중에서 가장 막강한 기운을 지닌 것은 당연히 卯이며 금성 중에서도 酉이다. 달리 표현하면 목성 중에서 卯가 왕이라면 酉도 금성 중에서 왕인 것이다.

즉 서로 다투고 있는 형상인데 서로의 힘이 비등하다면 왕들은 어떠한 생각을 하겠는가? 속으로는 목성의 기운을 가진 辰이지만 겉으로는 토성. 또 속으로는 금성의 기운을 지닌 戌이지만 겉으로는 토성. 申이나 寅은 속이나 겉이 다 금성이고 목성.

따라서 목성의 왕인 卯가 적군인 금성의 진지에 첩자를 하나 심어두고자 하고 금성의 왕인 酉도 적군인 목성의 진지에 첩자를 두겠다고 생각할 것이다.

그러기 위해서는 본 기운과는 다르게 보이는 辰이나 戌에게 마음이 가지 않겠는가? 그래서 집중적으로 공략한 결과 목성의 왕인 卯는 적군이면서도 색깔이 戌과 그나마 친하게 지낼 수 있었고 금성의 왕인 酉도 목성의 기운을 내심으로는 있지만 겉보기에 토성인 辰하고 친할 수 있었다는 말이 된다.

그러자 寅이나 申은 가만이 있겠는가? 그래서 할 수 없이 寅은 금성과 가까운 수성 그 중에서도 亥에게 접근하여 비상시 정보를 빼내고자 가까이 하며 申은 목성과 친한 화성 그 중에서도 巳에게 접근하여 친하게 지내자고 한 것이다.

그러자 나머지는 子하고 丑 午하고 未인데 그들은 철저하게 음기이며 양기이기에 자신들의 색깔이 뚜렷하기에 반대의 기운들과 합을 못하고 자기끼리 합을 하기로 했다.

그래서 子丑, 寅亥, 卯戌, 辰酉, 巳申, 午未의 합이 탄생했다.

三合(삼합)

삼합은 이성간의 결속이 아니라 동성간에 결속이라서 육합보다도 영향력이 떨어진다. 그래서 둘이 모여 힘을 합친 것보다도 우리에게 미치는 영향은 현저히 약하다는 것이다.

기존의 이론은 申子辰이 모이면 무조건 수성이 되고 寅午戌이 모이면 화성이 된다는 식으로 우리는 알고 있는데 이는 큰 잘못이다.

세 지지가 모여 자신들의 기운은 다 사라지고 오로지 변환하는 오행으로 바뀌는 것이 아니라, 申 금성이 辰 토성과 만나고 子 수성을 만나면 申이나 辰이 뜻을 모아서 子 수성을 도와준다는 말이다.

도움을 줄지라도 그들의 기운이 바뀌는 것은 아니다. 언제든 헤어지면 각자의 기운은 고스란히 지니고 있기 때문이다. 다만 셋이서 만나게 되면 중심이 되는 오행을 극하든 생하든 무조건적으로 도와준다는 뜻이 담겨져 있다.

절대로 申이나 辰이 사라지는 것이 아님을 알아야 한다.

삼합에는 寅午戌 火局, 巳酉丑 金局, 申子辰 水局, 亥卯未 木局이 있다.

干合(간합)

천간은 지지보다 가벼우므로 지지의 합보다 더 쉽게 자신의 색깔을 잊어버리기가 쉽다. 여기서도 변환되는 것은 아니고 단지 친하다는 것만 강조한다.

천간의 합은 甲己 乙庚 丙辛 丁壬 戊癸 이다. 그리고 천간의 충이라는 이론도 있으나 너무 많아 차라리 극이라는 표현이 더 잘 어울리므로 다루지 않겠다.

충(沖)

합과는 반대되는 의미로 서로 미워해 싸운다는 것이다. 반대되는 지지 중에서 합도 되지만 충도 되는 것이 우주의 이치와는 맞지 않지만 사람이 살고 있는 세상에서는 능히 일어날 수 있다.

합에서 예를 든 卯라는 목성의 왕은 금성의 왕인 酉하고는 영원히 친할 수가 없으며, 목성의 기운을 지녔으면서 토성이라는 辰과 금성의 기운인 戌이라는 토성과도 영원히 싸운다.

寅하고 申도 이와 같으며 寅과 친한 亥와 申과 친한 巳하고도 영원히 미워한다. 그리고 子하고 반대인 午, 丑하고 반대인 未도 역시 정반대 되는 기운이 되므로 서로 치고 받고 싸운다는 의미를 지니고 있다.

충이 되어버리면 말릴 사이도 없이 서로 다투므로 무척 다루기가 쉽지 않다. 우주의 이치는 금극목이라 목성이 꼼짝 못하나 사람이 사는 세상에서는 목성이지만 충이 되면 자신이 죽는지도 모르고 대들고 영원히 싸우고 있다.

지지의 충은 子午, 丑未, 寅申, 卯酉, 辰戌, 巳亥이다.

녹현 방정식이 탄생된 경위와 배경

우선 기존의 역학이론을 송두리째 부정하고, 그와는 전혀 다른 역학 이론인 녹현방정식이 출현하게 되었을까 독자들은 무척 궁금할 것이다.

몇 천년간 내려온 정통이론을 역학의 대가도 학자도 아닌 평범한 역학인이 기존의 학설을 완전히 뒤집는 새로운 이론을 내세울까? 그렇게 어려운 것은 아니었다. 처음으로 역학서적을 접한 시기는 23세가 되는 1976년이었는데, 역학쪽으로는 문외한인 내가 동료나 스승의 도움 없이 홀로 공부하는 과정에서 많은 의문들이 끝없이 이어졌기 때문이다.

어느 역학책이든지 신강 신약의 기준이 모호했고, 정격이 아닌 외격에 대한 것이나 육친 또는 각종 살과 십이운성의 논리 오행의 합충들에 대한 해설이나 해석이 책마다 같지 않아 옛 이론들이 논리적으로 합당하지 않다고 느꼈기에 무척 고민하게 되었고 어느 때는 역학에 대한 회의마저 들었으나 의문에 대한 궁금증으로 인해 역학원서까지 찾아보게 되었다.

그러나 결과는 마찬가지로 실망을 줄 뿐 해법은 얻을 수가 없었다. 그래서 나온 결론은 많은 사람들의 사주를 보면서 맞추어 볼 수밖에는 없다는 결론에 도달하였고, 그 자료들을 하나하나 살펴보는 과정에서 의문이 생기는 사주들을 면밀히 검토한 결과 기존의 이론과 실생활과의 사이에 너무나 큰 차이점들이 있음을 발견하게 되었다. 이러한 차이는 기존 역학의 한계라고 할 수 있다.

그것들을 현실에 맞은 이론으로 발전시키는 단계에서 녹현방정식이라는 새로운 이론이 탄생하게 된 것이며, 더욱 정밀하게 정리를 한 시기는 1997년부터라 할 수 있다.

이러한 작업은 하고자 했던 것은 기존 역학의 심층적인 원리를 체계화하여 누구나 역학을 쉽게 공부하게끔 하자는 의도였다. 녹현방정식은 통하면 인간사를 역학의 포괄적인 원리 속에서 좀 더 심층적으로 보고 정확하게 예측을 할 수 있다고 생각되었다.

이후, 현 시대에 맞는 사주 컴퓨터 통신프로그램을 만들자는 뜻에서 정확한 데이터가 필요했고 수 많은 역학이론을 하나하나 컴퓨터에 입력시키는 과정에서 아주 정밀하고 미세한 수치가 필요로 했다.

그러한 작업을 하는 사이에 확실한 녹현만의 역학이론을 탄생시킬 수 있었으며, 또한 그 이론이 실생활과 너무나 잘 어울린다는 많은 역학인들의 말씀이 있었기에 자신있게 발표하게 된 것이다.

역학 초보나 일반인들도 쉽게 이해할 수 있는 이론이기에 더 이상은 용신이 무엇일까 하는 의구심이 해소되며 적게는 몇 개월에서 많게는 이십년 이상씩을 소비하지 않아도 된다는 장점이 있다.

그러나 누군가는 깊이가 없지 않느냐고 하지만 어떠한 이론보다도 상당한 깊이와 오묘함을 지닌 절제된 단순 이론으로 해석할 수 있다. 기존의 이론과 녹현이론과의 차이점은 다른 장에서 상세히 밝히기로 한다.

녹현이론과 기존이론의 차이점

기존의 이론으로 인간의 문제점들을 파악하여 해결해가는 과정을 살펴보면 역학자의 성품이나 학문적인 정도의 차이에 따라 해결해가는 방식이나 방법에 큰 차이가 있음을 알 수 있다.

가령 한 사람의 사주를 가지고 누구에게 가면 용신이 木이니 어떻게 해야 한다. 누구는 용신이 金이니 이렇게 하라는 등 역학자마다 하는 말이 다르므로 의뢰인은 누구의 말을 믿을지 종잡기 어려운 것이 역학계의 현실이다.

그러한 오류를 바로 잡고자 녹현 이론을 개발하였고, 세월이 흘러 몇 백년 아니 몇 천년이 지나도 기본적인 방식에서는 전혀 변하지 않을 이론이 필요했다.

그러기 위해서는 정밀한 수치와 정형화된 공식, 그리고 과학화된 체계를 세워 기존의 두리뭉실한 방식이나 또는 소가 뒷걸음치다가 쥐를 잡는듯한 방식에서 탈피한 초과학적인 이론을 내놓게 된 것이다.

예를 들어보자.

사주팔자	시		일		월		년	
	甲		癸		癸		辛	
	寅		亥		巳		卯	

대 운								
	乙	丙	丁	戊	己	庚	辛	壬
	酉	戌	亥	子	丑	寅	卯	辰
	76	66	56	46	36	26	16	06

위의 분은 1995년에 부인과 함께 오셨는데 그 당시 가장 큰 이유로는 경기도 화성부근에다 공장부지를 사서 공장건물을 올리는 중 부인의 친구가 필자에게 한 번 물어보고 하는 것이 좋지 않겠느냐고 권해서 왔다.

1998년 4월에 다시 왔는데, 부인은 3년 전에 필자에게 상담을 하러 오기 전에 이미 여러 곳의 운명상담소를 다녔는데, 다른 곳에서는 너무 운이 좋아지니 무엇이든 하면 다 된다고 했기 때문에 필자의 말을 듣지 않고 감행을 했다고 한다.

왜 3년이 지난 지금에서야 그런 말을 하는 것일까?

자, 위의 사주를 기존의 이론으로 먼저 풀어보자. 태어난 시기가 여름철이라 癸(水) 일간은 무척 허약하다. 癸를 이슬로 보기 때문에 더욱 그렇다.

일지에 亥라는 수성이 있을지라도 巳라는 화성이 충을 하여 수성의 힘이 약해졌고 시지의 寅하고 년지의 卯가 그 약한 亥를 합하고 있으므로 물이라지만 그 기운을 전부 빼앗겼다고 한다.

그러므로 천간에서 癸와 辛이 도와준다고 해도 도저히 목성과 화성의 기운을 대항할 수 없다고 보아 "신약"이라고 본다.

그래서 용신은 금성하고 수성이라고 판단해서 대운이 수성쪽으로 흐르고 있는 1995년이 乙亥년 수성의 해에 그들에게 자신있게 무엇이든 하라고 했던 것이다.

그렇게 판단을 한 역학인들을 잘못 보았다고 할 수는 없다. 왜냐하면 누구나 다 그렇게 공부를 했기 때문이며, 모든 책들의 내용도 그런 식으로 구성되어 있기 때문이다.

그런데 필자만은 유독 아무 일도 하지 말고, 차라리 쉬고 있으라고 했을까? 왜 그런 말을 했을까? 그것은 오행의 판단기준부터 달랐기 때문이다.

오행을 나무니 불이니 물로 보지않고 일찌감치 "오행은 기의 흐름이다."라고 파악하고 있었기에 "목성의 강한 기운을 빼내주는 화성이 용신이다."라고 파악하였다.

나이가 들수록 이 사람의 운이 나빠진다는 운명 해석을 한 것이기에 그토록 말렸건만, 필자 혼자만 우기니 누가 필자의 말을 따르겠는가? 다섯 분의 그것도 유명한 역학인들이 찬성을 했다니 말이다.

그렇다면 이 사주를 녹현방정식에 대입하면 어떠한 것이 용신으로 나오는지 알아보자.

목성의 기운이 2.2, 화성의 기운은 1.2, 수성의 기운은 1.2, 금성의 기운은 0.2, 일주가 수성이니 도와주는 오행(금성+수성)의 합이 1.4가 되어 이미 신약의 기준인 1.21을 넘었으니 "신강"이다.

가장 강한 오행이 목성이므로 피해를 보고 있는 오행은 토성(사주 안에는 없지만, 토성의 기운은 존재하고 있고 단지 눈에 보이지만 않을 뿐.)이므로 그 토성을 구제하기 위해서는 금성과 화성이 필요하다.

금성도 있고 화성도 있으니 무엇으로 구제를 해야 할 지가 고민인데, 아까 신강이라고 했으므로 금성을 사용하지는 않고 화성에게 부탁하면 신강도 걱정을 않고 토성을 구제할 수가 있으니 일석이조의 효과를 볼 것이다.

만약에 수성이 화성을 억제하지 않았다면 일차공식에서 끝나므로 용신은 화성이고 희신은 토성이 되는 것인데, 수성이 위와 옆에서 화성의 자유로운 활동을 방해하고 있으므로 이차공식까지 대입하지 않을 수가 없게 되었다.

수성이 화성을 억제할 때의 구제의 오행으로는 토성과 목성이 필요하다. 그런데 토성은 표면상 나타나 있지 않으므로 마땅히 일주는 목성에게 부탁하게 된다. 수성의 방해를 막고 화성을 도와주라고 말이다.

여기까지 이차공식이 끝나면서 용신은 목성이고 희신은 화성이 된다. 그런데 천간의 미약한 금성일지라도 능히 목성의 활동을 방해할 수 있으므로 그 마저 피하고 싶은 것이 인간의 마음이다.

따라서 삼차 공식까지 풀어야 하는 사주이다. 금성이 목성을 억제할 때에는 화성과 수성이 있어야 한다. 그 둘이 다 사주 안에 있으나 신강이므로 수성을 쓰지는 않고 당연히 화성에게 금성을 억제하고 목성을 구제하라고 일주는 명령을 내리는 것이다.

그러므로 삼차에서의 용신은 화성이고 희신은 목성이 되어 이 사람의 격국은 재성이 식상을 보호하는 재성보식상격의 운명이 된 것이며, 그러한 격국의 성격은 "자기만을 생각하는 이기심과 아집으로 인해 주위에 많은 사람들에게 피해를 입힐 수 있다. 외향적이고 사교적인 사회활동을 함으로써 그것을 극복할 수 있으나 그 마음의 처음과 끝이 같아야만 좋은 방향으로 이끌 수 있다.

그런데 초지일관하려는 자세가 자주 흐트러지므로 다른 괴리감이 생긴다. 그럴 때마다 미래지향적이며 진취적인 자세로 자신을 다스려 나가야 하는데 실천력이 뒷받침되지 못하고 생각만 많아지기 때문에 실패한 삶을 살 가능성이 많다.

결국에는 자신에게 이득이 되는 삶이 무엇인지 판단할 수 있는 능력을 기른다면 큰 문제는 없다"는 식의 내용으로 되어 있으므로 조직 속에 머물기보다는 독립된 업을 하는 것이 이 분에게는 좋을 것이나 대운의 흐름도 감안해서 총체적으로 감정해야 한다.

이 분의 대운은 화성이 일등 운이고 목성이 이등 운이 되는 것이며, 삼등 운은 수성이 되며 사등 운은 금성이고, 오등 운은 토성인 것을 알게 된다. 그렇다면 이 사람은 태어나기 전부터 좋았다가 점차 좋지 않은 운쪽으로 흐르고 있음을 알 수 있다.

부인의 말에 의하면 집안이 무척 좋았으며, 재산도 상당히 많이 물려 받았으나 사업을 하면서 건물들을 하나 둘씩 팔면서 야금야금 말아 먹다가 급기야는 한번 크게 벌어 보겠다고 1995년에 자동차부속 하청공장을 있는 것 없는 것 다 끌어다가 시작을 했으나 결국은 부도

위기까지 몰리고 1998년 7월에 살던 집은 물론 친척들의 돈까지 다 날리고 부도를 당하고 말았던 것이다.

부인의 말에 의하면 차라리 물려받은 것이나 간수했으면 시흥에서 지금도 떵떵거리면서 살 수가 있었고 최소한 필자의 말이라도 따랐으면 이 지경까지는 몰리지 않았을 것이라고 하면서 한탄을 하였고, 현재 부인이 조그마한 맥주 집을 운영하면서 생계를 유지하고 있다.

이렇듯 현실과 맞지 않는 기존의 이론 때문에 본의 아니게 운명을 잘못 판단하여 한 사람의 인생을 망치는 결과를 초래하였으니 어찌 분개하지 않을 수 있겠는가? 기존의 역학이론과 현재의 생활과 너무나 맞지 않는 것은 무엇 때문일까? 그것은 오행의 실체를 모르고 있었기 때문이며 또한 잘못되었다면 바로 개선하려는 마음들이 없었기 때문이다.

天干 地支(천간 지지)의 相關關係(상관관계)

우주의 기운을 받고 태어난 것이 인간이라서 우리의 몸을 소우주라고 불리어진다. 또한, 우주가 아무리 광활하다고 해도 한치의 오차 없이 서로 밀접하게 연관되어 있다고 한다.

우리의 몸의 구조도 마찬가지다. 온 신경이 맞물려 있으며, 미세혈관이 몸의 어느 구석이든 있지 않은 곳이 없다. 그래서 심장에서 가장 먼 발가락이 다쳐도 아픔을 느끼며, 털 하나를 뽑아도 미세한 통증을 느끼는 것이다.

사주팔자 안에 있는 오행들 역시 위치에 관계없이 즉 천간에 있든지 지지에 있든지 상관하지 않고 상생하고 상극하고 있다. 다만 여기서 말하고자 하는 것은 녹현방정식(1차에서 4차까지)을 대입함에 있어서는 일반적인 이론이 통하지도 않을 수 있다는 점이다.

어느 때는 통하고 통하지 않음을 잘 알지 못하면 공식을 대입함에 있어 오류를 범할 수 있기 때문이다.

天干(천간)

녹현방정식을 대입함에 있어 억제하는 오행과 피해를 보는 오행, 그리고 구제할 수 있는 오행이 있는데, 피해를 보거나 구제할 때는 천간이나 지지 관계없이 모든 오행이 서로 연관성을 지녔기에 언제든 사용할 수 있지만, 억제의 오행이 되었을 때는 그렇지가 않다.

특히, 지지에는 억제의 오행이 없고, 천간에만 있을 때 더욱 조심하지 않으면 안 된다. 이유로는 천간 하나의 힘이 지지 하나의 힘보다 다섯 배나 적기 때문이나, 천간과 천간끼리는 능히 억제가 가능하다.

따라서 구제의 오행이 지지에만 있고, 억제의 오행이 천간에만 있을 때, 반드시 천간 바로 밑에 구제의 오행이 있어야만 그 약한 천간이 억제의 역할을 할 수 있어 공식이 더 진행된다.

그러나 공식에 대입하지 않을 때는 천간의 오행일지라도 사주 전체에 그 힘이 미친다는 것을 잊지 말길 바란다.

아래의 예는 억제할 수 있는 상황과 그렇지 못한 상황을 알기 위해서 예문을 들었다.

사주팔자	시	일	월	년
	壬	乙	己	庚
	午	未	卯	寅

년간의 庚이 금성이므로 당연히 목성은 억제할 수 있으나, 바로 밑에 있는 寅을 억제하는 것이지 월지의 卯는 억제할 수가 없다. 시간의 壬 역시 수성이므로 바로 밑에 있는 午 화성은 억제할 수가 있다. 乙은 목성이지만 일간이기에 월간의 己나 일지의 未 즉, 토성을 억제할 수 없다.(일간은 전혀 활동을 할 수 없기 때문이다.)

사주팔자	시	일	월	년
	壬	丁	丙	辛
	戌	卯	申	巳

년간의 辛금성은 卯목성이 바로 밑에 없기에 억제할 수가 없으며, 시간의 壬수성도 바로 밑에 巳화성이 없으므로 억제할 수는 없다.

월간의 丙화성은 바로 밑에 申금성이 있기에 0.2의 힘밖에는 없지만, 능히 억제할 수 있다. 그러나 시간의 壬수성은 월간의 丙화성을 능히 억제할 수 있으며, 월간의 丙 역시 년간의 辛을 억제할 수 있는 것이다.

地支(지지)

녹현방정식을 대입함에 있어 천간처럼 복잡한 단계를 걸치지 않아도 된다. 천간보다 다섯 배의 힘이 있으므로 하나의 지지가 억제할 수 있는 영향력은 사주 전체에 미친다.

따라서 지지가 억제의 오행이 되면 녹현방정식은 무조건 더 진행된다. 예문을 보자.

사주팔자	시	일	월	년
	壬	乙	己	庚
	午	未	卯	寅

년지의 寅이나 월지의 卯는 목성이므로 같은 지지인 未는 물론 천간의 己 토성마저 억제할 수 있고 시지의 午화성은 년간의 庚금성도 능히 억제할 수 있다. 일지의 未 역시 토성이므로 시간의 壬수성 역시 억제할 수 있다.

한번 더 예를 들자.

사주팔자	시	일	월	년
	壬	丁	丙	乙
	子	巳	戌	酉

년지의 酉금성은 년간의 乙목성을 능히 억제하며, 월지의 戌토성도 시지의 子나 시간의 壬 수성마저 억제할 수 있으며, 시지의 子수성은 일지의 巳는 물론 월간의 丙화성마저 극할 수 있다.

五行(오행)의 數値(수치)

녹현방정식를 대입하자면 기본적으로 오행들의 수치를 정확하게 산출해 낼 수 있어야 한다. 기존 역학처럼 두리뭉실한 이론이 아니라 수학이나 과학처럼 딱 떨어지는 답을 제시하고 있기 때문이다.

아래의 표에서 제시한 위치와 수치를 꼭 알고 있어야만 녹현방정식을 활용할 수 있다.

시간	일간	월간	년간
0.2		0.2	0.2
庚	戊	丙	甲
申	戌	寅	子
1	1	1.2	1
시지	일지	월지	년지

위와 같은 수치가 어떻게 나왔는가? 수많은 자료를 가지고 많은 수치들을 넣어 본 결과, 실패를 반복하면서 얻어진 즉, 20여년간의 임상을 통해서 검증하고 또 검증한 결과 위와 같은 수치를 얻었다.

위와 같이 천간은 어느 자리에 있던 공평하게 0.2씩의 비중을 지니고 있으며, 지지는 월지만 빼고 1의 비중을 차지하고 있으므로 천간보다 5배의 힘이 강함을 알 수 있다.

월지만은 다른 지지들보다 조금 더 강하다는 것이 실험결과 얻어진 것인데, 기존의 이론에서는 월지가 다른 지지보다 2~3배의 힘이 있으며, 천간은 지지의 약 3분의 1에서 2분의 1의 힘이 있다고 해서 천간 3개의 힘이 지지 하나와 같은 비중으로 다루었으나, 필자가 임상을 통하고 검증을 거친 결과, 그 같은 이론이 전혀 맞지 않음을 확인하여 위와 같이 정확한 수치들을 산출하였다.

토성(土星)의 수치(數値)

다른 오행들은 사주상에 나타나 있는 그대로를 수치로 계산하면 되나, 지지의 토성(辰 戌 丑 未)들은 있는 그대로를 수치로 계산했다가는 큰 오류를 범할 수 있다. 녹현방정식에서 가장 중요한 대목이라고도 할 수 있다.

辰과 戌, 丑과 未가 그것인데, 그들은 다 토성이나 100% 토성의 기운이 있다고 볼 수 없다.

辰은 목성의 기운을 지니고 있으며, 未는 화성의 기운을 지니고 있고, 戌은 금성의 기운을 지니고 있으며, 丑은 수성의 기운을 지니고 있다는 것은 누구나 납득할 수 있을 것이다.

그 이유를 설명하자면 각 오행의 시기가 바뀌는 곳마다 토성들을 배치하여 충격을 완화시켰기 때문이다. 따라서 토성들은 자기만의 순수한 기운이 없이 각 오행의 기운을 지닌 채, 맡은 바 임무를 처리하고 있기에 100% 순수한 토성들은 없다는 말과 통한다.

그렇다고 어느 시기에 있던지 토성들의 기운과 본 오행(목, 화, 금, 수성)의 기운의 힘이 다 똑같다고 본다면 이는 큰 잘못을 저지르게 된다.

辰은 목성의 기운을 지니고 있으므로 틀림없이 목성이 그 안에 있다. 그러나 비율이 얼마인가는 사주에서 가장 힘이 강한 월지에 의해 달라진다.

즉 월지가 목성의 시기(월지가 寅, 卯, 辰월)에 있으면 아무래도 목성의 기운이 강하므로 辰의 70%를 목성에게 주고, 그 나머지인 30%가 진정한 토성의 기운이다.

만약 금성의 시기(월지가 申, 酉, 戌월)라면 목성의 기운이 가장 약할 때이므로 30%만 목성에게 주고 나머지 70%가 토성의 기운이 되는 것이다.

그리고 수성의 시기(월지가 亥, 子, 丑월)나 화성의 시기(월지가 巳, 午, 未월)에 태어나게 되면 목성과 토성의 기운이 반 반씩 있으므로 50%을 목성에게 주고 나머지 50%가 토성의 기운이 된다.

하나만 더 보자.

未는 화성의 토성이므로 틀림없이 화성의 기운을 지니고 있다. 따라서 토성과 화성으로 나누어지는 것인데, 월지가 화성의 시기(巳,

午, 未월)면 당연히 화성의 기운이 강하므로 70%를 화성에게 주고 나머지 30%만 토성의 기운이 되며, 반대로 월지가 수성의 시기(亥, 子, 丑월)이면 화성의 기운이 가장 약할 때이므로 그 속에 화성의 기운은 30%를 차지하고 토성은 70%를 차지하게 된다.

그리고 월지가 금성이나 목성의 시기(申, 酉, 戌, 寅, 卯, 辰월)에 태어나게 되면 반 반씩으로 나누어지므로 50%를 화성에게 주고 나머지 50%가 토성의 기운이 된다.

丑이나 戌 토성도 이와 같은 방식으로 비율을 나누면 되는 것이다. 이렇듯 어느 시기에 있던지 지지의 토성들은 자신의 기운을 100% 차지할 수 없는 것이니, 아무리 토성들이 많다고 해도 정밀하게 나누는 것을 잊지 말아야 한다.

위의 내용을 도표로 나타내면 다음과 같다.

	寅 卯 辰 月	巳 午 未 月	申 酉 戌 月	亥 子 丑 月
辰	70%= 목성 30%= 토성	50%= 목성 50%= 토성	30%= 목성 70%= 토성	50%= 목성 50%= 토성
未	50%= 화성 50%= 토성	70%= 화성 30%= 토성	50%= 화성 50%= 토성	30%= 화성 70%= 토성
戌	30%= 금성 70%= 토성	50%= 금성 50%= 토성	70%= 금성 30%= 토성	50%= 금성 50%= 토성
丑	50%= 수성 50%= 토성	30%= 수성 70%= 토성	50%= 수성 50%= 토성	70%= 수성 30%= 토성

사주팔자	시	일	월	년
	壬	丙	戊	辛
	辰	申	戌	丑

丙은 일간(나)이기에 수치를 논하지 않는다는 것은 이미 밝혔고, 월지가 무엇인지를 알아야만 토성들 속에 숨어있는 본 기운과 토성의 기운들을 정확하게 알 수 있다. 그러기 위해서는 지지의 토성들이 어떤 오행의 기운들을 지니고 있는지 분석해야 한다.

시지의 辰, 월지의 戌, 년지의 丑이다. 천간의 戊는 토성이지만 아무런 기운을 지니고 있지 않으므로 戊는 제외한다.

그렇다면 월지가 戌월이라 금성이 왕성한 기운을 발휘하는 시기인지라 년지의 丑은 수성에게 50%를 시지의 辰은 목성에게 30%를 주도록 되어 있고 월지의 戌 역시 금성에게 70%를 빼주어야 한다.

그래야만 순수한 토성들의 기운을 알 수 있는 것이다. 丑은 수성의 기운을 내포하고 있으므로 수성에게 0.5. 辰은 목성의 기운을 지니고 있으므로 목성에게 0.3. 戌은 금성의 기운을 지니고 있으므로 금성에게 0.84를 준다.

따라서 토성의 기운을 다 합하면 戌의 0.36. 辰의 0.7. 丑의 0.5. 그리고 천간의 戊 0.2를 합해서 모두 1.76이 된다.

하나만 더 보자.

사주팔자	시	일	월	년
	甲	丁	丙	己
	辰	未	子	丑

토성들이 지지에 있으면 우선 월지가 어느 시기인가를 알고 있어야지 그렇지 않으면 방정식을 푸는 기본 데이터가 잘못 입력되어 정답과 다른 답안을 뽑을 수 있다.

위의 사주는 월지가 子월이므로 수성의 시기라서 년지의 丑이나 일지의 未, 그리고 시지의 辰들은 본 기운들에게 얼마만큼 주고난 후에야 진정한 토성의 기운을 갖게 됨을 알 수 있다.

위의 사주에서는 월지가 子월이므로 수성의 시기이다. 그렇다면 丑은 수성의 기운을 지니고 있어 70%를 수성에게 주면 토성의 기운은 0.3이며 0.7은 수성의 기운이다.

未는 화성의 기운을 지니고 있으나 월지가 수성의 시기라서 화성에게 30%를 주고, 토성에게 70%를 주어 0.3은 화성의 기운이며 0.7은 토성의 기운인 된다.

마지막으로 辰은 목성의 기운을 지니고 있다. 월지는 수성의 시기이니 목성에게 50%를 주고 토성의 기운도 50%가 남아 목성의 기운이 0.5이며 토성의 기운도 0.5가 된다.

그렇다면 토성들의 값은 丑의 0.3에다 未의 0.7, 그리고 辰의 0.5를 합하면 1.5에다가 천간에 있는 戊 토성의 0.2를 합하여 전체수치는 1.7이 되는 것이다.

身强(신강) 身弱(신약)의 基準(기준)

기존 이론으로는 아무리 애를 써도 쉽게 알 수 없는 부분이다. 그래서 가장 난해한 장이라고 할 수 있다.

필자도 홀로 공부했기에 누구보다도 고서인 적천수, 연해자평, 명리정종, 궁통보감 등에 나오는 이론을 잘 따랐다고 할 수 있다. 의문이 생기면 혼자 해결할 수밖에 없었기에 오로지 책에만 의지하여 문제점들을 풀었기 때문이다.

그러나, 그렇게 공부한지 4년이 되었을 때부터 현업에 종사하게 되면서부터 그렇게 긴 시간을 투자하면서 열심히 배운 이론들이 얼마나 허무한지를 알게 되었다. 가장 기초적인 부분인 신강과 신약조차 현실과 맞지 않는 부분이 너무 많았으니 말이다.

그래서 처음에는 최소한 "신강의 사주라면 지지에서 일간을 도와주는 오행(비겁과 인성)이 두개가 있고, 천간에는 없어도 그리 신약하지는 않다. 그리고 두개가 있으면서 만약 월지를 비겁이나 인성이 차지했다면 틀림없이 신강이다."라고 나름대로 임상을 하면서 터득했다.

그런데 어떤 사람은 그 이론이 맞을 때도 있었으나, 어느 사람의 사주는 월지를 포함하여 지지에 인성이나 비겁이 두 개가 있어 신강이 되었으면서도 운에서 인성이나 비겁의 운을 만나야만 행복해 하는 경우도 발견하게 되었다.

결국 풀어지지 않는 사주들을 대상으로 신강과 신약의 이론을 버리려고 노력했고, 조후는 물론 물상론까지 활용하기도 했었다.

그러기를 어느덧 20여년! 많은 시행착오를 겪으면서 끝내 신강과 신약의 진정한 의미를 찾았던 것이다.

필자가 어떠한 방식으로 신강과 신약을 생각했는지 밝힌다.

도대체 신강은 무엇을 의미하고 신약은 무엇을 의미하는 것일까? 사람으로 태어났으면 각자가 맡은 바 임무가 있을 것이다. 가만히 앉아서 놀고 먹다가 생을 끝낼 수는 없는 것 아닌가? 그렇다면 주어진 임무에 충실해야만 한다.

그러면 사람이 활동할 수 있는 최소한의 한계는 얼마인가? 그것을 수치가 나타내면 어느 정도일까? 어느 정도 이하가 되면 활동을 할 수 없는 것인가 등을 면밀히 검증을 하였다.

즉 사주 전체의 수치를 위장의 크기로 비유했다. 그렇다면 위장의 크기도 4.8인데, 얼마만큼의 음식물이 남아 있을 때 가장 효과적으로 빠른 시간 안에 최대한의 능률이 오를 수 있을까? 이분의 일이 부른 사람(2.4)과 삼분의 일인 1.6이 부른 사람과 사분의 일인 1.2만이 남아 있는 사람의 경우들을 생각하기 시작했다.

이분의 일인 사람과 삼분의 일인 사람 중에서는 당연히 더 배가 고픈 삼분의 일인 사람이 일의 능률은 물론 빠른 시간 안에 일을 끝내며, 음식물을 먹을 것이며(자료를 분석한 결과 이분의 일인 사람보다 삼분의 일인 사람의 수치를 최소한계수치로 넣었을 때, 현실과 더 잘 맞는 결과를 얻었다.) 또는 삼분의 일인 사람과 사분의 일인 사람을 비교했을 때는 더 배가 고픈 사분의 일인 사람들이 월등하게 능률적으로 빠른 시간 안에 일을 끝내는 것을 알 수 있었다.(자료분석 결과 삼분의 일인 사람과 사분의 일인 사람의 최소한계수치를 적용했을 때, 삼분의 일보다는 사분의 일을 적용시킨 데이터가 당사자의 현실과 너무 흡사하다는 것을 알았기 때문이다)

身强(신강)

태어났을 때부터 튼튼하기에 음식물을 섭취하지 않고 먼저 일을 할 수 있는 상태를 말한다. 즉 일간을 도와주는 오행들의 수치가 1.21을 넘었을 때를 일컬어 신강이라 한다.

녹현방정식을 대입할 때 신강한 상태라면 구제의 오행을 구할 때, 일간의 기운을 빼내거나 억제할 수 있는 오행으로 선택한다는 것을 뜻한다.

사주를 가지고 공부하자.

사주팔자	시	일	월	년
	丙	甲	壬	庚
	寅	午	午	辰

화성의 기운이 2.4, 수성의 기운은 0.2, 금성의 기운은 0.2이나 목성의 기운은 시지의 1.0에다가 辰 속에 숨어있는 목성의 기운 0.5를 더하면 1.5이며, 토성의 기운은 0.5이다.

일간이 목성이므로 같은 목성의 수치와 목성을 생하는 수성의 수치를 합하면 1.7이 되니, 이 사주는 신강의 최소한의 수치인 1.21를 넘었으니 신강한 운명이다.

사주팔자	시	일	월	년
	乙	甲	辛	丙
	丑	午	丑	午

화성의 기운은 2.2, 금성의 기운은 0.2, 목성의 기운은 0.2인데, 丑은 토성이지만 수성의 기운을 같이 지니고 있으므로 수성의 기운을 빼내야만 토성의 진정한 수치를 알 수 있다.

월지가 丑월이니 수성의 시기다. 따라서70%를 수성에게 주어야 하므로 시지에 있는 丑으로부터 0.7과 월지에 있는 丑으로부터 0.84을 가져오므로 수성의 기운은 총 1.54가 되고, 나머지 0.66이 순수한 토성의 기운인 것이다.

그러면 일간이 목성이므로 일간과 같은 목성의 수치와 일간을 생해주는 수성의 수치를 모두 합치면 1.74가 되므로 신강의 최소한의 수치인 1.21를 넘었으므로 이도 신강한 운명이다.

身弱(신약)

태어나면서부터 몸이 튼튼하지 않기에 일을 하기 전, 음식을 먼저 섭취해야 하는 상태를 말한다. 그 상황은 일간을 도와주는 오행들의 수치가 1.21을 넘지 않았어야 한다.

따라서 녹현방정식을 대입할 때, 신약한 상태라서 구제의 오행을 구할 때, 일간의 기운을 생해주거나 의지할 수 있는 오행으로 선택해야 한다. 공부해보자.

사주팔자	시	일	월	년
	庚	庚	丙	癸
	辰	辰	辰	卯

언뜻 보기에는 일간을 생하는 오행이 지지에 셋이 있으니 신강이라고 할 것이나, 이는 주먹구구식의 옛 이론으로 현재 우리의 삶과는 엄청난 차이가 생긴다.

우선, 표면에 나와 있는 수성의 기운은 0.2이고, 화성의 기운도 0.2이며, 금성의 기운 역시 0.2다. 문제는 辰토성이다.

辰이 토성이지만 목성의 기운이 들어 있으므로 얼마만큼은 목성에게 주어야 하는데, 그것을 알기 위해서는 월지를 먼저 보아야 한다.

월지가 목성의 시기이므로 辰토성이 어느 자리에 있던지 관계없이 70%를 목성에게 주어야 한다. 그렇다면 진정한 토성들은 30%밖에는 남아 있지 않으므로 0.96이 되고, 목성의 기운들은 년지의 卯까지 합하여 3.24가 되는 것이다.

그렇다면 일간을 도와주는 토성의 수치나 일간과 같은 금성의 수치를 다 합해도 1.16밖에는 안 되므로 신약의 한계수치 1.20을 넘지 못했다. 그래서 이 사주는 신약한 사주이다. 다음의 예를 보자.

사주팔자	시	일	월	년
	戊	丙	庚	己
	戌	子	午	酉

화성의 수치는 1.2가 되고, 수성의 수치는 1이 되며, 금성의 수치는 酉의 1에다 庚의 0.2, 그리고 戌 중에 숨어 있는 금성의 기운을 빼내어 다 합쳐야만 되는데, 월지가 화성의 시기인지라 戌이라는 토성 속에서 50%를 금성에게 주어야 한다.

그렇다면 0.5까지 합해서 1.7이 되며, 토성의 기운은 천간의 0.4에다 戌 중에 남아 있는 0.5를 합쳐서 0.9가 된다.

일간이 화성이기에 일간과 같은 화성의 수치와 일간을 생해주는 목성의 수치를 다 합치면 1.2이므로 신강의 한계수치인 1.21을 넘지 못했으므로 이 사주도 신약한 운명이다.

抑制(억제) 및 被害(피해) 그리고 救濟(구제)의 五行(오행)

이 장은 녹현방정식에 들어가기에 앞서 꼭 알아 두어야 할 부분이다. 왜 녹현역은 사주 중에서 가장 수치가 센 오행에 의해 피해보고 있는 오행을 구하는 공식으로부터 시작하는가에 의문을 가질 것이다.

우선 필자는 이런 질문을 하고 싶다.

사람으로 태어나면 어떻게 살아가는 것이 가장 인간답게 살아갈 수 있는 것인지를 말이다. 출세하는 것일까? 돈을 많이 버는 것일까? 이름을 남기는 것일까? 멋지게 사는 것일까? 아니면 하고 싶은 것 다 하며 사는 것일까? 다같이 생각해 볼 문제인데, 선진국에서는 사람으로 태어났으면 너나 할 것 없이 모두 공평하면서 행복하게 사는 것이라고 한다.(여유가 있는 나라니까 그렇지라고 말한다면 할 말은 없지만, 사람이라면 누구나 그런 사고를 지녀야 하는 것이 올바른 가치관을 지녔다고 본다.) 그러려면 힘이 없는 사람과 병들은 사람, 그리고 약한 사람과 몸이 성치 않은 사람, 또는 늙은 사람과 가진 것이 아무것도 없는 사람들은 누군가에게 도움을 받아야만 살 수 있을 것이다.

따라서 힘있고 몸이 성한 사람들과 돈 많고 권력을 가진 사람과 이름을 떨친 사람들이 약자를 돌보며 함께 어울릴 수 있도록 도와주며 살아가야만 한다.

그래야만 그들도 사람으로서 누릴 수 있는 기본권리를 맛볼 수 있으며, 만물의 영장인 인간으로서 함께 살아갈 수 있고, 나아가 아름다운 세상을 만들 수 있다.? 힘있는 사람은 힘으로 그들을 돕고, 돈이 많은 사람은 돈으로 그들을 돕고, 권력이 강한 사람은 권력을 이용해서 그들을 돕고, 이름난 사람들은 그 유명세를 이용하여 그들을 돕는 삶이야 진정 인간이 추구해야 할 최선의 가치관이자 봉사이며 삶인 것이다. 그런 깊은 뜻에서 녹현방정식을 착안했다. 즉, 어느 한 편이 너무 커지면 그 이면에는 쪼그라드는 편이 있을 것이고, 그 편을 위해서 모두가 발벗고 나서서 도와주어야 하는 것이 아닌가 말이다.

그러한 삶의 법칙을 역학이론에 적용한 것은 역학이라는 학문 역시 사람을 위해서 탄생한 학문이지 공부를 위한 학문이 아니기 때문이다.? 가령, 사주 여덟 자 중에서 나(일간)를 제외한 나머지 일곱 자에서 어느 한 오행이 강하다면, 반드시 어느 한 오행은 알게 모르게 피해를 받고 있을 것이다. 따라서 피해를 받고 있는 오행을 구제해야만 한다.

이러한 공식의 법칙은 바로 위에서 설명한 강한 사람에 의해 약한 사람이 피해를 보고 있을 때, 그 사람을 구제하기 위해서 어느 한 사람이 강한 사람의 기운을 억제하거나 빼내주는 역할을 해야만 공평해진다는 방식이다.? 그리고 모든 것을 주관하는 사람은 바로 일간 즉 나이기에 내가 선택한다는 거다.

이러한 방식으로 신강과 신약, 그리고 음기와 양기의 차이 등을 따져 공식이 일차에서 끝나기도 하고, 이차, 삼차를 넘어 사차방정식까지 나아갈 수 있다.

가령 어떤 사주에서 목성이 제일 강하다고 하자. 그러면 토성이 피해를 보게 되고, 토성을 구제하기 위한 오행은 화성이나 금성이 필요하다. 이럴 때 목성은 억제의 오행이 되며, 토성은 피해의 오행이 되고, 화성이나 금성은 구제의 오행이 된다.

이처럼 간단한 논리가 몇 천년간 내려온 옛 이론을 완전히 뒤바뀌는 결과를 나았으며, 두리뭉실한 역학이론을 체계화내지 과학화한 계기가 되었다.

공식이 진행되면서 억제의 오행이 구제의 오행이나 피해의 오행이 되기도 하며, 피해본 오행도 억제의 오행이나 구제의 오행이 되기도 하고, 구제의 오행도 피해의 오행이나 억제의 오행으로 변하기도 한다.

그러나, 억제의 오행은 단 한 번밖에 사용할 수 없으며, 구제의 오행은 두 번까지 사용할 수 있음을 꼭 알아 두어야 한다.

그리고 사주 상에서 가장 큰 수치를 가지고 있으면서도 토성 속에 숨어만 있지 밖으로 나타나지 않았을 때, 이 때는 공식에 처음으로 대입할 때만 억제오행으로 사용할 뿐이지, 그 이후의 공식에서는 아무런 역할도 할 수 없는 상황이 된다.

예를 보자.

사주팔자	시	일	월	년
	丙	乙	戊	丙
	戌	未	戌	寅

오행비율 금성:1.54 토성:1.36 목성:1.00
화성:0.90 수성:0.00

금성은 표면적으로는 전혀 나타나 있지 않으나, 戌이라는 토성 속에 숨어서 가장 강한 수치를 지니고 있다. 숨어 있는 오행이 어떻게 억제의 역할을 할 수 있을까 의문이 생긴다.

가령, 이 사주팔자의 기운을 조그마한 항아리에 담았다고 하자. 그렇다면 그 안에는 다른 오행의 기운보다 금성의 기운이 강하므로 써늘하다고 할 것이다.

써늘한 기운이 항아리 안에 퍼지면 반대의 기운 즉, 목성의 포근한 기운이 가장 많은 피해를 보고 있다고 짐작할 수 있다. 다만 숨어 있기에 처음 억제의 역할만 할 뿐, 그 이후 구제나 피해의 역할은 전혀 할 수가 없다.

그렇다면 피해보고 있는 목성을 구제하기 위한 오행으로는 금성의 기운을 빼내는 수성의 기운과 금성의 기운을 억제할 수 있는 화성의 기운이 필요하다.

따라서 이 사주에서는 금성이 억제의 오행이며, 피해보고 있는 오행은 목성이며, 화성이나 수성은 구제의 오행이라고 한다.

이 사주와 같이 수치가 가장 강한 오행이 표면에 나타나 있지 않아도 그로 인해 피해를 보는 오행이 생긴다는 사실을 잊지 말아야 한다.

사주팔자	시	일	월	년
	丙	庚	乙	丁
	戌	申	巳	丑

오행비율 화성:1.60 금성:1.50 토성:1.20 수성:0.30 목성:0.20

오행 비율을 살펴보면 강한 오행이 화성이다. 따라서 화성은 억제의 오행이 되며 그로 인해 피해를 보는 오행은 금성이고, 그것을 구제하기 위한 오행은 수성과 토성이 된다.

사주팔자	시	일	월	년
	庚	丁	己	甲
	戌	酉	巳	申

오행비율 금성:2.70 화성:1.20 토성:0.70 목성:0.20 수성:0.00

금성의 수치가 가장 강하니 목성이 피해보고 있다. 이를 구제하기 위한 오행들은 화성과 수성이 필요한 것인데, 바로 금성의 기운은 억제의 오행이며, 목성의 기운은 피해를 보고 있는 오행이며, 화성이나 수성의 기운은 구제의 역할을 하는 오행이다.

活動(활동)하지 못하는 五行(오행)

활동하지 못한다는 것은 그 힘은 인정하되, 현실적으로 이용할 수 없음을 뜻한다. 그래서 이 장은 녹현역학에서 이해를 잘 못하고 있는 부분이나 그리 어려운 것만은 아니다.

간략하게 말하면 지지의 토성들 즉 辰戌丑未 속에 숨어만 있고, 표면적으로는 전혀 나타나 있지 않는 기운들인 목성, 금성, 수성, 화성들을 말한다.

그러나 사주상에 그 오행이 나타나 있지 않아도 그 기운은 충분히 인정해 주어야 하며 단지 드러나서 활동하지 못하고 있는 것이다.

단, 사주상에서 토성 속에 숨어 있는 오행의 수치가 다른 어떤 오행의 수치보다 강하면, 맨 처음 공식에 들어갈 때 그로 인해 피해보고 있다는 방식으로 공식은 전개되어야 한다.

그러나 토성 속에 숨어 있는 오행의 수치가 다른 오행들의 수치보다 강하지 않다면 공식에 있어서는 전혀 활동할 수 없는 오행이 되고 만다. 다음 사주를 보자.

사주팔자	시	일	월	년
	辛	壬	辛	辛
	丑	戌	丑	卯

오행비율 수성:1.54 토성:1.16 금성:1.10
목성:1.00 화성:0.00

수성의 기운은 토성 속에 숨어 있어 표면에는 전혀 나타나 있지 않다. 그러나 다른 오행들과의 수치를 비교해 보면 토성 속에 숨어 있는 수성의 힘이 가장 강함을 알 수 있다.

그러므로 맨 처음 공식에 들어갈 때는 당연히 수성에 의해 화성이 억제 당하고 있다고 보고 공식에 들어가는 것이다.

여기서 만약 수성의 기운이 다른 오행의 기운보다 강하지 않다면 전혀 활동할 수 없는 오행이 되고 만다. 그 이유는 丑이라는 토성 속에 갇혀 있기 때문이다.

사주팔자	시	일	월	년
	壬	丙	壬	丙
	辰	辰	辰	午

오행비율 목성:2.24 화성:1.20 토성:0.96
수성:0.40 금성:0.00

여기서도 목성은 전혀 나타나 있지 않으나 오행의 수치로는 다른 어떠한 오행들보다 가장 강하므로 맨 처음 공식에 들어갈 때 목성에 의해 토성이 피해보고 있다는 공식으로부터 방정식에 대입한다.

그러나 중간의 공식에서는 이에 목성을 구제의 오행으로 쓸 수는 없다. 辰 속에 갇혀 있기 때문이다.

사주팔자	시	일	월	년
	壬	丙	甲	甲
	辰	戌	戌	子

오행비율 금성:1.54 토성:1.36 수성:1.20
목성:0.70 화성:0.00

이 사주 역시 오행의 수치로 볼 때 금성의 기운은 戌 속에 숨어 있지만 다른 오행보다 강하다. 그러므로 맨 처음 공식에 들어갈 때 그 기운을 인정해 준다. 그리고 금성의 기운에 의해 목성의 기운이 피해보고 있으므로 목성을 구제하는 공식부터 시작해야 한다.

단, 중간의 공식에서는 금성이 구제의 역할은 전혀 할 수 없다.

사주팔자	시	일	월	년
	壬	癸	丙	甲
	戌	未	寅	寅

오행비율 목성:2.40 토성:1.20 화성:0.70
금성:0.30 수성:0.20

오행 비율을 보면 금성의 기운은 나타나 있지만, 그 기운은 戌이라는 토성 속에 갇혀 있으므로 구제의 역할은 물론 억제의 역할도 전혀 할 수 없다.

사주팔자	시	일	월	년
	壬	庚	丁	戊
	午	辰	巳	申

오행비율 화성:2.40 금성:1.00 토성:0.70
목성:0.50 수성:0.20

오행 비율에는 목성의 수치가 0.5로 나와 있지만 그 역시 辰이라는 토성 속에 갇혀 있으므로 구제나 억제의 역할을 전혀 할 수가 없다.

어느 五行(오행)이 강한가

녹현방정식에서는 정확한 수치로 계산하여 소수점 두 자리까지 산출하므로 수치가 같을 경우가 종종 나온다. 그럴 때는 어느 오행이 더 강한가를 몰라 당황할 때가 종종 있다.

그런 혼란을 막기 위해서 이 장에서는 수치가 같을 때 어느 오행이 그래도 조금 더 강한지를 알아보자.

방법은 사주상에서 가장 강한 곳은 월지이다. 그러므로 월지가 어느 오행인가를 보아 강한 순서를 정한다. 순서를 정하는 이론은 아래와 같다.

가령 寅월일 때 오행의 모든 수치가 같다고 하자. 당연히 寅월이니까 목성의 시기이다. 그래서 제일 강한 것은 말할 나위도 없이 목성이다. 그리고 나머지 오행의 순위를 정해야 하는데 그것이 쉽지가 않다.

우선 가장 기운이 약한 오행부터 찾아보자. 목성의 시기라서 그 반대의 기운인 금성이 가장 약한 것이고, 그 다음으로는 토성이다.

그러면 화성과 수성이 남는다. 흔히 寅월이니까 수성보다는 화성이 강하다고 할지 모르겠다. 그러나 그렇지가 않다. 寅월 전이 丑월이고, 丑월은 수성의 기운을 지닌 토성인지라 차가운 기운이 寅월에는 얼마간 남아 있다.

그리고 寅월에서 화성의 시기로 가려면 두 단계를 지나야 하니 당연히 화성보다는 수성의 기운이 더 강함을 알 수 있다. 따라서 화성보다 수성이 더 강하며 두 번째로는 수성이 강하고 세 번째로는 화성이 강하고 네 번째로는 토성이며 가장 약한 것이 금성이 된다.

卯월일 때 한번 더 보자. 이 때에도 오행의 수치가 같다고 하고 풀어보자. 卯월이니까 목성이 가장 강할 것이며, 두 번째로 강한 것이 문제인데 寅월에서는 수성의 시기에서 빠져 나온지 얼마 지나지 않았으므로 수성의 기운이 더 강하다고 했으나, 卯월에서 수성의 시기로 갈려면 한 번의 지지(寅)를 지나야 하고 화성의 시기로 가려 해도 역시 한 번의 지지(辰)를 지나야 하기에 누가 더 강한지는 정하기가 애매하다.

따라서 어느 것이 더 강한지를 선택하는 것이 참으로 애매하나 필자는 오행의 법칙에 따라 순위를 정했다. 즉 지나온 것보다는 앞으로 나아가려는 힘이 더 강하므로 조금이나마 화성이 수성보다는 강한 힘을 지니고 있다.

그래서 두 번째로 강한 오행은 화성이고 세 번째로는 수성이며, 목성과 반대인 기운 금성이 맨 마지막을 차지하므로 당연히 네 번째로는 토성이 된다.

辰월일 때를 한번 더 보자. 물론 오행의 수치는 다 같다는 조건이다. 辰월이니까 목성의 시기라서 목성이 토성보다 강하다고 생각할 수 있다. 그러나 그렇지는 않다. 토성 속에 숨어 있는 목성이 강하다고 인정할지라도 토성과 목성이 수치가 같다면 토성이 더 강하다고 봐야 한다.

이는 겉보기에 토성의 옷을 입었기 때문이다. 누가 보아도 토성이라 목성과 수치가 같다면 마땅히 토성이 강하다고 봐야지, 그렇지 않으면 토성이 강할 때는 영원히 없을 것이다.

그 다음으로는 목성이고 화성과 가까운 시기라서 화성이 세 번째로 강하며 목성과 반대인 기운인 금성이 마지막을 차지하고 나머지 하나 수성이 네 번째를 차지한다.

이러한 방식으로 나머지 월일 경우에도 오행의 강한 순서를 따져 순위를 아래에 도표화하였다.

오행의 강한 순서 도표

	일순위	이순위	삼순위	사순위	오순위
寅 월	목성	수성	화성	토성	금성
卯 월	목성	화성	수성	토성	금성
辰 월	토성	목성	화성	수성	금성
巳 월	화성	토성	목성	금성	수성
午 월	화성	토성	금성	목성	수성
未 월	토성	화성	금성	목성	수성
申 월	금성	화성	토성	수성	목성
酉 월	금성	수성	화성	토성	목성
戌 월	토성	금성	수성	화성	목성
亥 월	수성	금성	목성	토성	화성
子 월	수성	목성	금성	토성	화성
丑 월	토성	수성	목성	금성	화성

상세한 설명은 예를 가지고 하기로 하자.

사주팔자	시	일	월	년
	庚	壬	己	辛
	戌	戌	亥	巳

오행비율 금성:1.40 수성:1.20 토성:1.20
화성:1.00 목성:0.00

금성은 천간에만 있으나 戌 중에 숨어있는 기운까지 합해서 1.4가 되니 가장 강하고 수성과 토성의 비율은 1.2로 같으나 亥월이기에 수성이 더 강한 것이다.

사주팔자	시	일	월	년
	辛	己	乙	庚
	未	未	酉	子

오행비율 금성:1.60 수성:1.00 토성:1.00
화성:1.00 목성:0.20

금성이 가장 강하고 수성과 토성과 화성의 비율이 똑같다. 만약 금성이 강하지 않았다면 셋 중에서 어느 것이 가장 강한가를 따질 때 어려움을 겪나 도표에서 찾아보면 월지가 酉월이기에 수성이 먼저이며 다음으로 화성이며 마지막이 토성의 순으로 약해지는 것이다.

사주팔자	시	일	월	년
	庚	辛	甲	戊
	寅	未	子	申

오행비율 수성:1.20 목성:1.20 금성:1.20
토성:0.90 화성:0.30

수성과 목성과 금성의 수치가 똑 같다. 가장 강한 오행을 찾아야만 녹현방정식에 대입할 수 있으므로 찾아야 한다. 이럴 때는 월령이 무슨 월인가를 보아야 한다.

여기서는 子월이므로 수성이 제일 강하고 목성이 둘째로 강하고 세 번째로는 금성이 강하다.

身强(신강)할 때의 公式(공식)

사주를 녹현방정식에 대입하여 용신과 희신을 뽑을 때 필요하다. 일간을 도와주는 오행의 수치가 1.21을 넘었다면 신강이라고 한다.

이렇게 신강한 상황에서 공식에 들어가 구제오행이 나왔을 땐, 구제의 오행 중 일간을 도와주려는 오행으로 선택하지 않고, 일간의 기운을 빼내거나 억제하려는 오행으로 구제오행을 잡는 것이다.

아래를 보자.

사주팔자	시	일	월	년
	丙	甲	壬	庚
	寅	午	午	辰

오행비율 화성:2.40 목성:1.50 토성:0.50 금성:0.20 수성:0.20

일주강약 1.70 (强)

일간이 甲 목성이므로 같은 목성의 수치(1.5)와 목성을 도와주는 수성의 수치(0.2)를 합치면 1.7이 되니 이 사주는 신강한 상황이다.

그리고 가장 강한 오행은 무엇인지 찾아야만 공식에 들어갈 수가 있다. 화성의 기운이 2.4로 가장 강하여 반대로 금성의 기운이 피해보고 있는데 금성을 구제하기 위한 구제오행으로는 토성과 수성이 나온다.

구제의 오행인 토성과 수성을 다 사용하는 것이 아니고, 어느 하나의 오행만 선택해야 하는데 그 기준이 되는 것이 바로 신강과 신약이 된다.

이 사주에서는 일간이 신강이라서 일간을 도와주는 수성에게 화성을 억제하고 금성을 구하라고 하기에는 합리적이지 못한 느낌이 든다.

그렇다면 또 하나의 구제오행인 토성은 일간을 생하지 않는 오행이므로 화성의 기운을 빼내어 금성을 구한다면 일간 역시 강해지지 않으므로 훨씬 효율적이 되는 것이다.

사주팔자	시	일	월	년
	乙	甲	辛	丙
	丑	午	丑	午

오행비율 화성:2.20 수성:1.54 토성:0.66
목성:0.20 금성:0.20

일주강약 1.74 (强)

여기서도 일간과 같은 오행인 목성의 수치(0.2)와 일간을 생해주는 오행인 수성의 수치(1.54)를 합한 결과 1.74가 되어 이도 신강한 사주가 되었다. 이제는 가장 강한 오행이 무엇인지를 알고 공식에 들어가야 한다. 어느 오행보다 화성의 기운이 가장 강해서 금성이 피해보고 있는 형상이다.

따라서 화성의 공격으로부터 금성을 구제하기 위한 오행으로는 토성과 수성이 필요하다. 이럴 때 기준점은 역시 신강과 신약이 되는 것이다.

구제오행 중에 수성(일간을 도와주는 오행)보다는 토성(일간을 약하게 하는 오행)에게 억제의 오행인 화성의 기운을 약하게 하여 금성을 구제하고, 일간의 기운도 약하게 해 달라고 하는 것이 가장 합리적이며 효율적인 방식이라고 볼 수 있다.

사주팔자	시	일	월	년
	乙	丙	壬	丁
	未	子	寅	酉

오행비율　목성:1.40　수성:1.20　금성:1.00
화성:0.70　토성:0.50

일주강약　2.10 (强)

일간을 도와주는 오행들, 즉 화성과 목성의 수치를 합치면 2.1이 되어 이도 신강한 사주이다. 신강하면 구제오행을 구할 때, 일간을 도와주는 오행으로 구제오행을 선택하지 않는다고 했다. 가장 강한 오행은 목성으로서 토성을 억제하고 있는 형상인데, 토성을 구하기 위한 구제오행으로는 화성과 금성이 필요하다.

역시 이럴 때 기준점은 신강과 신약이다. 이 사주의 일간은 신강이므로 화성(일간을 도와주는 오행)에게 부탁하는 것보다는 금성(일간을 약하게 하는 오행)에게 부탁하는 것이 훨씬 효율적이며 합리적인 방식이다. 따라서 구제오행인 금성에게 목성의 기운을 억제해서 토성을 구하고 일간의 기운도 약화시켜 달라고 한다.

身弱(신약)할 때의 公式(공식)

일간을 도와주는 오행의 수치와 일간과 같은 오행의 수치를 합하여 1.20이하일 때를 신약이라 부른다.

신약할 때의 공식에서 구제오행을 선택할 때, 일간과 싸우는 오행이나 일간의 기운을 약화시키는 오행으로 잡지 않고, 오히려 일간을 도와주는 오행이나 일간과 같은 오행에게 부탁하는 것이 순리이다. 아래를 보자.

사주팔자	시	일	월	년
	庚	庚	丙	癸
	辰	辰	辰	卯

오행비율: 목성:3.24 토성:0.96 화성:0.20
수성:0.20 금성:0.20

일주강약: 1.16 (弱)

일간을 도와주는 오행의 합(토성과 금성)이 1.16이 되어 신강의 최소 한계수치인 1.21에 미치지 않았기에 신약이다. 그렇다면 구제오행을 결정할 때, 일간과 같은 기운을 지닌 오행이거나 일간을 생해주는 오행으로 잡아야 한다는 전제 하에 공식에 들어가자.

가장 강한 오행은 목성으로서 토성이 심하게 피해보고 있다. 피해보고 있는 토성을 구제하기 위한 오행으로는 금성과 화성인데, 일간이 신약하다고 했으니 일간을 도와줄 수 있는 오행으로 구제오행을 잡는다. 그렇다면 일간은 화성보다는 금성에게 목성의 강한 기운을 누그러뜨려 토성을 구하면서 일간을 도와달라고 하는 것이 순리이다. 그러므로 금성을 구제오행으로 선택하게 된다.

사주팔자	시	일	월	년
	戊	丙	庚	己
	戌	子	午	酉

오행비율 금성:1.70 화성:1.20 수성:1.00
토성:0.90 목성:0.00

일주강약 1.2 (弱)

일간을 도와주는 오행의 합(목성과 화성)이 1.2가 되므로 신강의 최소 한계수치인 1.21이 안 넘었으므로 신약한 사주이다.

그렇다면 구제오행을 구할 때, 일간을 도와주는 오행으로 잡아야 한다는 생각을 하면서 공식에 들어가야 한다.

이 사주에서 가장 강한 오행이 금성이므로 그로 인해 피해보고 있는 오행은 목성이다. 목성을 구하기 위한 오행으로는 화성과 수성인데, 어느 것을 사용할 것인가는 일간의 강약을 보면 쉽게 잡을 수 있다.

여기서는 일간이 신약이므로 일간을 도와주는 화성에게 억제의 오행인 금성을 누르고 피해의 오행인 목성을 구하고, 나아가 신약한 일간을 도와달라고 부탁한다.

사주팔자	시	일	월	년
	丁	庚	丁	戊
	亥	申	巳	寅

오행비율 화성:1.60 목성:1.00 금성:1.00
수성:1.00 토성:0.20

일주강약 1.20 (弱)

일간을 도와주는 오행 수치의 합(토성과 금성)이 1.2밖에는 안 되므로 이 사주의 주인공도 신약한 상태이다. 그러므로 구제오행을 구할 때 일간을 도와주는 오행으로 선택하는 것이다.

이 사주에서 가장 강한 오행은 화성으로 금성이 피해보고 있다. 금성을 구하기 위한 오행으로는 수성과 토성이 필요한데, 앞서 말한 바와 같이 일간의 강약을 보고 선택한다.

지금은 일간이 신약하므로 일간의 기운을 빼내는 수성에게 부탁하는 것은 무리이며, 일간을 도와줄 수 있는 오행 즉, 토성에게 화성의 강한 기운을 빼내어 피해의 오행인 금성을 구하고, 약한 일간을 도와준다면 더할 나위 없이 정확한 방정식 산출이 이루어진다.

五神(오신)이란

사람으로 태어나면 최소한의 인적구성을 이루는데, 그것은 조부모, 부모형제, 배우자, 배우자의 부모형제, 자식 등을 일컫는다. 자신과 다 밀접한 관계를 이루고 있는 친인척들이다.

그런데 그 중에서도 누구는 더 좋고, 누구는 만나도 그저 그렇고, 누구는 괜히 싫어지는 친척들이 있다. 그것이 왜 그런가를 오신의 장에서 알 수 있다.

그리고 태어났을 때, 자신의 성격형성이 왜 이처럼 이루어졌는가, 자신에게 잘 맞는 직업은 무엇인지, 어떠한 복이 있는지 없는지, 평생의 꿈은 무엇인지 등도 파악된다.

[用神(용신)]

명리학에서 가장 중요한 의미를 지닌 것이면서도 가장 애매모호하게 설명되어 있어 사주를 해석할 때, 엄청난 오류를 범하기도 한다.

대부분의 역학인들이 이 용신을 잘못 잡아 실생활과는 완전히 다른 해석을 하여 사주가 잘 맞지 않는다는 결과를 초래하였다.

그러한 예들은 주위에서 아주 흔하게 볼 수 있다. 따라서 용신의 중요성이 이리도 큰 것인데도 이를 자세하게 설명해 놓은 역서들이 거의 없는 것이 현실이다.

용신이란 사주팔자 여덟 글자 중에서도 나(일간)에게 없어서는 안

될 매우 중요한 오행이다.

예를 들자. 밭(토성)은 비좁은데, 나무(목성)를 너무 많이 심었다고 하자. 자라면서 뿌리가 뻗어 나갈 곳에 다른 나무의 뿌리가 있으므로 서로 뒤엉킬 것이고, 가지가 자라는 데에도 서로 부딪혀 휘어지기가 일쑤이고, 잎도 양분을 제대로 흡수하지 못하여 완전하게 성장하는데 지장을 주므로 열매가 알차게 맺혀질 리 없다.

균형있게 심어놓은 나무에서 수확한 과실보다는 맛이나 크기에 있어 떨어질 것이고, 수확량도 크게 못 미칠 것이다. 이런 상태를 계속 방치하게 되면 결국 좋은 과실로 인정받기가 어렵다.

따라서, 그런 상태를 그냥 보고만 있을 수 없으므로 무슨 방법을 찾아서 밭이나 나무에게 도움이 될 수 있도록 해야 하는 이 작업이 바로 용신을 찾는 작업이다.

그 많은 나무들을 밭에 어울릴 수 있는 만큼만 남기고 나머지는 없애야 한다. 그것을 할 수 있는 방법으로는 도끼(금성)로 나무를 자르거나 불(화성)을 지펴 나무를 태워버리는 것인데, 어떤 방법이 나(일간)에게 이득인가를 가려 도끼와 불 중에서 하나를 선택하는데, 이것이 바로 '용신'을 잡는 방법이 된다.

이렇듯 어느 것을 써야만 최대한의 이득이 되는가를 고르는 작업이 글처럼 쉽게 나오면 누구나 명리를 어렵지 않다고 보나 만약 불로서 나무를 태우려고 했는데, 밭의 바닥에 물(수성)이 흔건히 고여있거나 비가 온다면 과연 불로서 나무를 태울 수 있겠는가? 또는, 도끼로서 나무를 자르려고 했는데, 날씨가 너무 더워 도끼(쇠)의 예리함이 무뎌졌거나 이빨이 빠져 있다면 그 도끼로 얼마만큼의 일을 할 수 있는가까지 생각한다면 그만큼 용신잡기가 복잡해지므로 한 마디로 '이것이다 저것이다' 라고 단정 지을 수 없는 경우가 더 많아 진정 용신잡기가 그리 만만한 작업이 아니라는 것을 알 수 있다.

그렇다고 용신을 잡지 않고 감정을 한다면 그 사람이 왜 사는지와 무엇을 추구하는지, 어떠한 일을 해야 좋은지, 부모 처 자식간에는 어떠한 관계에 있는지를 전혀 알 수 없게 되므로 용신을 잡지 않고 사주를 본다는 것은 어불성설이 되고 만다.

즉, 용신이라는 것은 그 사람의 정신이며, 성격과 직업까지 더 나아가 인생의 모든 것을 다 포함하고 있으므로 삶의 전부라고 해도 과언이 아니다.

그만큼 중요한 탓에 역학인들도 '용신이 무엇일까? 과연 정확히 잡은 것일까?' 라는 문제를 해결하고자 한 평생을 보내고 있는 것이 역학계의 현실이다.

용신을 알기 쉽게 잡을 수 있도록 오행으로 예를 들었다.

시	일	월	년
木	土	水	金
木	木	土	金

목성은 팔자 중에서 세 군데를 차지하고 있으므로 약하지 않고, 도리어 토성을 억제하고 있는 셈인데, 그 토성을 구제하기 위해서 화성이나 금성이 있어야 한다.

위의 사주에서는 화성이 없으므로 간단하게 금성으로 목성을 억제하여 토성을 구할 수 있으므로 금성이 용신이다.

시	일	월	년
木	土	火	土
木	木	木	金

이번에 경우에도 목성이 토성을 억제하고 있다. 피해보고 있는 토성을 구제하려는 오행으로는 금성과 화성이다. 사주상에 그 둘이 다 나와 있다. 이럴 때는 일간이 신강인지 신약인지를 따져 선택해야 하는데, 이 사주에서는 신약이라서 나(일간)를 생해주는 화성이 용신이 되는 것이다.

시	일	월	년
水	土	火	土
木	木	木	金

그러나 위와 같이 수성이 화성의 활동을 방해하고 있는 것을 지금까지의 이론에서는 심각하게 생각하지 않았다. 그래서 그냥 화성이 용신이라고 했지만 통변을 해보면 실제의 삶과는 다른 결과를 초래하여 인생의 행로를 정확하게 예측하지 못하고 실제와는 다른 해석을 하는 결과를 초래하여 필자는 그 부분을 중점적으로 연구하였다.

그 결과, 일차에서 사차까지의 방정식이 탄생하게 되었다. 위의 사주를 공식에 대입해자.

일차적으로는 목성이 강해서 토성이 피해보고 있다. 금성과 화성이 구제오행이나 신약이기에 화성에게 일차적으로 용신이라는 칭호를 주었다. 그러나 여기서 끝나지 않는다.

시간의 수성이 화성의 자유로운 활동을 방해하고 있으므로 또 한 번의 공식을 대입해야 한다. 그 이유는 나(일간)를 위해 일을 하고 있는 용신이기에 아주 미세한 방해라도 받고 싶지 않기 때문이다.

그래서 수성의 방해가 있어 용신인 화성이 자유롭게 움직이는데 방해를 받으므로 나(일간)는 화성을 구하기 위한 방안을 찾고자 이리저리 연구하고 있을 것이다.

수성이 화성을 억제할 때 구제오행으로는 토성과 목성이 나오는데, 이 때에도 역시 일간의 강약을 따져서 선택을 하는 것은 일차 때와 똑같다.

이 사주는 신약이어서 일간을 도와주는 오행에게 일을 맡기는 것이 현명하므로 목성보다는 토성에게 수성을 억제하고 화성을 구하라고 한다.

따라서 일차의 공식에서는 화성에게 용신의 칭호를 주었으나, 이차의 공식으로 넘어오면서 화성에게서 토성으로 용신의 칭호가 바뀐다.

만의 하나 목성이 토성을 억제하고 있다고 생각해서 삼차공식까지 갈 수도 있으나, 일차 때 이미 목성을 억제오행으로 사용했으므로 다시는 사용할 수 없다. 따라서 이차공식에서 끝나고 용신은 토성이 된다.

시	일	월	년
水	水	木	火
木	火	金	金

금성이 년,월지를 차지하고 있으므로 가장 강한 오행이다. 그 강한 금성에 의해 목성이 피해를 보고 있는 사주이므로 목성을 구제하기 위해 일간은 어느 오행에게 부탁할 것인가를 생각하지 않을 수 없다.

구제오행으로는 수성과 화성이 필요한데, 그 둘이 사주 안에 다 있으므로 선택하기가 어려우나 일간이 신강인지 신약인지만 알면 그리 어려운 것만도 아니다.

여기서는 일간이 신강이므로 일간을 도와주는 오행으로 구제오행으로 사용하지 않고, 일간의 기운도 빼주거나 억제할 수 있는 오행으로 구제오행을 사용하고 싶을 것이다.

그러므로 수성보다는 화성에게 금성을 억제하여 목성을 구하고, 일간의 기운도 빼내라고 하면 일석삼조가 된다. 여기까지가 일차공식의 끝이며, 화성이 용신이 되나, 시간의 수성이 화성의 자유로운 활동을 방해하여 또 한 번의 공식을 사용하지 않을 수 없다.

즉, 화성이 마지막 용신이 될 수 없다는 것을 느끼게 하는 부분이다. 그러므로 화성을 구하기 위한 일간의 고뇌가 시작된다.

수성이 화성을 억제할 때, 구제오행으로는 목성과 토성이 필요한데, 이 사주에서는 토성이 없으므로 목성에게 화성을 구하고 일간의 기운도 빼내라고 하면 매우 효과적이고 합리적인 방법이 되므로 목성이 용신이 된다.

그리고 금성이 또 목성을 억제하려고 하나, 이미 금성은 억제의 오행으로 한 번 사용했으므로 다시는 사용하지 않는다는 것을 알고 있어야 한다.

喜神(희신)

억제오행에 의해 피해보고 있는 오행이 희신인데, 반드시 맨 마지막 공식에서 피해보고 있던 오행을 뜻하지 중간에 피해보고 있었던 오행은 아니다.

따라서 희신은 용신과 항상 상생관계에 있는 것이지, 용신과 서로 억제하고 있는 오행은 나올 수 없게끔 되어 있는 것이다.

그리고 모든 사람들은 희신을 추구하며 한 평생을 살다가 생의 끝을 맞이하고 있다고 해도 과언이 아니라고 본다. 그 이유로는 공식에서 용신이 나온 상황을 의식하면 된다.

용신이 왜 나왔는가? 억제오행에 의해 피해보고 있는 오행을 구하고자 나왔다. 나온 이유가 그렇다면 결국 용신은 희신을 위해서 존재했다는 말이 된다.

즉, 희신을 위해서 용신은 억제의 오행과 싸움을 한 모양으로 마치 주인을 지키기 위해 하인이 나서는 모양이며, 나라(왕)를 지키기 위해 군사(국민)가 나서 맞서 싸우는 모양을 일컫는다.

그렇다. 그래서 희신이 몸이라면 용신은 방패 같은 역할을 하는 것으로 서로간에 매우 밀접한 관계를 유지할 수밖에 없다.

따라서 용신과는 뗄래야 뗄 수 없는 관계를 유지하고 있으며, 만의 하나 희신이 조금이라도 피해를 받는다면 용신이 피해를 당하는 것과 똑같이 커다란 피해를 입는 것이니, 희신의 중요성을 다시 한번 강조하는 바이다.

시	일	월	년
木	土	水	金
木	木	土	金

이 사주에서는 목성이 강하여 토성이 피해보고 있다. 구제오행으로는 화성과 금성인데, 사주상에 화성이 없으니 일간은 금성에게 목성을 억제하여 토성을 구하라고 부탁하게 된다.

그리고 금성의 활동을 방해하려는 화성이 없으므로 공식은 끝난다. 이렇게 공식이 끝났을 때, 마지막 피해보고 있었던, 즉 마지막 용신이 구하고자 했던 오행, 토성이 희신이 되는 것이다.

여기서 알 수 있는 것은 용신인 토성이 나온 이유는 바로 희신인 토성을 구제하기 위한 수단임이 여실히 증명되고 있다.

시	일	월	년
木	土	火	土
木	木	木	金

어느 오행보다 목성이 강하여 토성이 피해보고 있다. 이럴 때 일간은 피해보고 있는 토성을 구하고자 애를 쓴다.

그러자면 화성과 금성이 필요하다. 그 둘이 사주상에 다 있으니 선택할 때 용이하지 않을 수도 있지만, 기준은 일간이 신강인가 신약인가에 있다.

이 사주에서는 일간이 신약이다. 따라서 일간의 기운을 빼내는 금성보다는 일간을 도와줄 수 있는 화성에게 피해보고 있는 토성을 구하라고 부탁하게 된다. 따라서 용신인 화성이 구한 오행이 토성이니 그 토성이 바로 희신이 되는 것이다.

시	일	월	년
水	土	火	土
木	木	木	金

역시 목성이 강해 토성을 피해를 본다. 구제오행으로는 금성과 화성이다. 그 둘이 다 나와 있다. 그러나 신약이라서 일간을 도와줄 수 있는 화성에게 토성을 구하라고 하는 것이 일간에게는 효과적이라 할 수 있다.

그러나 시간의 수성이 화성의 자유로운 활동을 방해하므로 또 한 번의 공식을 대입하게 된다. 그러면서 피해보고 있는 오행은 토성에서 화성으로 바뀌게 된다.

이차 구제의 오행으로는 토성과 목성이 나오는데, 역시 일간이 신약이라서 토성에게 수성을 억제하고 화성을 구하라고 부탁하게 된다.

따라서 맨 마지막의 구제오행인 토성이 용신이 되며, 토성이 구제하려고 했던 화성이 바로 희신이 되는 것이다.

忌神(기신)

일간이 좋아하는 오신은 용신과 희신이다. 그러나 좋아하는 것이 있다면 싫어하는 것이 있어야 공평한 삶이다. 설령 성인군자(일간)라서 싫어하는 것이 없다고 할지라도 그(일간)가 좋아하는 것을 시기하는 것은 생기는 법이다.

그래서 기신이란 바로 용신을 억제하는 오행을 의미한다. 용신이 여기저기를 다니며 자유스럽게 활동하려고 할 때, 기회만 주어진다면 그 용신을 억제하여 활동범위를 위축시키려는 역할을 하는 것이다.

그러한 이유로 일간이 가장 싫어하는 오행이 될 수밖에 없고, 기신에 해당하는 육친(부모, 형제, 배우자, 자식 등)은 아무리 노력해도 자신과 친하게 지내기 어렵다.

또한 기신을 쫓아가다가는 한 평생 불행한 종말을 맞이할 수도 있으므로 될 수 있으면 용신이나 희신의 영향력을 받으며 살아가야지, 기신의 기운이 강하거나 운의 행로가 안 좋으면 기신이 원하는 삶의 방향으로 끌려가는 경우도 많이 있다.

시	일	월	년
木	土	木	金
木	火	土	金

다른 오행보다 목성이 강해 토성이 피해보고 있다. 구제오행은 화성과 금성이다. 선택은 신강,약에 있는데 이 일간은 신강이다. 따라서

일간을 도와주는 오행보다는 기운을 빼내거나 억제하는 오행에게 토성을 구하라고 한다.

그 결과, 금성이 일차 용신으로 나왔다. 그러나 일지의 화성이 금성의 활동을 방해하므로 이차 구제오행을 찾아야 한다. 억제오행 화성의 공격을 무디게 하는 오행은 토성과 수성이다.

사주에 수성은 없으니 일간은 토성에게 금성을 구하라고 하면서 공식은 끝난다. 그래서 용신은 토성이 되고, 희신은 금성이 되고, 기신은 용신을 억제하는 것이라고 했으므로 당연히 목성이 되는 것이다.

仇神(구신)

용신보다 비중이 더 크다고 한 것이 희신인데, 구신이란 바로 희신을 억제하는 오행을 말한다. 그래서 일간이 기신보다도 더 미워할지도 모르며, 기신보다도 더 나쁜 영향을 미칠 수도 있다.

희신이 뜻하는 것은 사람이 마지막까지 추구하고자 했던 것인데, 그것을 방해하고 있는 오행이라면 무척 안 좋은 오신이라는 것은 누구나 짐작할 수 있기 때문이다.

시	일	월	년
火	水	木	金
木	金	土	金

이 사주에서는 금성이 강하여 목성이 피해보고 있다. 구제오행으로는 수성과 화성인데, 사주상에 수성이 없으니 일간은 화성에게 금

성을 억제하여 목성을 구하라고 부탁하게 된다.

그리고 화성의 활동을 방해하려는 수성이 없으므로 공식은 끝난다. 그렇다면 용신은 화성이 되고, 희신은 목성이 된다.

용신인 화성을 억제하는 오행은 수성으로 기신이 되며, 희신인 목성을 억제하는 오행은 금성이 바로 구신이 되는 것이다.

閑神(한신)

오행은 다섯 가지로 이루어지므로 용, 희, 기, 구신을 제외하면 하나의 오행이 남는다. 그 하나의 오행이 바로 한신이다. 그래서 한가하다는 뜻을 지니고 있어, 일간이 극도로 미워하거나 좋아하지 않는다.

그렇기에 한신은 때에 따라 좋은 방향으로 작용하기도 하고, 나쁜 방향으로 작용하기도 하므로 사주구성을 어떠한지를 잘 살펴보아야 한다.

바로 예문으로 들어간다.

사주팔자	시	일	월	년
	壬	庚	丁	己
	午	子	卯	酉

오행비율 목성:1.20 화성:1.20 수성:1.20
금성:1.00 토성:0.20

일주강약 1.20 (弱)

사주 방정식

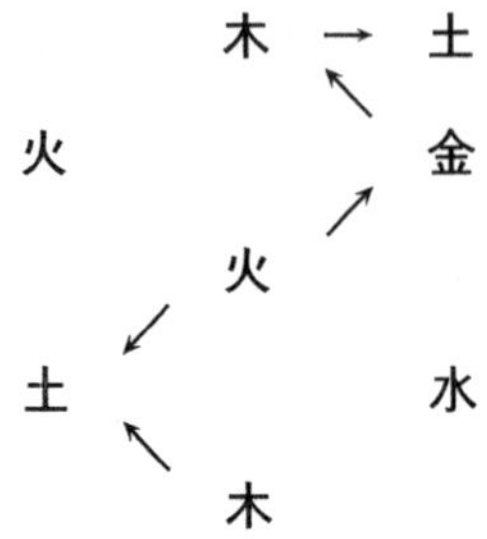

공식 설명

목성이 강해 토성이 피해보고 있다. 토성을 구제하기 위한 오행은 화성과 금성인데, 일간이 신약하므로 일간을 도와주는 금성에게 부탁을 했다.

그러나 시지의 화성이 금성의 활동을 방해하고자 하여 또 한 번의 공식을 대입하여야 한다.

화성이 금성을 억제할 때, 수성과 토성이 구제의 오행이다. 신약하다고 했으므로 수성보다는 토성에게 화성의 방해를 막아 금성을 구제하고 일간을 도와달라는 부탁하면서 공식은 막을 내린다.

따라서 마지막 구제의 오행인 토성이 용신이며, 토성이 구한 금성이 희신이 되며, 토성을 억제하는 목성이 기신이 되고, 희신인 금성을 억제하는 화성이 구신이 되며, 나머지 오행인 수성이 한신이 된다.

용신 : 土星 희신 : 金星 기신 : 木星 구신 : 火星 한신 : 水星

사주팔자	시	일	월	년
	丙	己	壬	甲
	寅	亥	申	午

오행비율 금성:1.20 화성:1.20 수성:1.20
목성:1.20 토성:0.00

일주강약 1.20 (弱)

사주 방정식

공식 설명

금성이 가장 강하여 목성이 피해보고 있다. 목성을 구제하기 위한 오행으로는 수성과 화성이 나오는데, 일간이 약하므로 수성보다는 화성에게 금성을 억제하고 목성을 구하여 일간을 도와달라고 하는 것이 순리이다.

그러나 수성이 화성의 자유로운 활동을 가만히 바라만 보고 있을까? 그러므로 일간은 다음 공식으로 넘어가야 한다.

수성이 화성을 억제할 때의 구제오행으로는 목성과 토성인데, 토성이 사주 안에 없다. 만약 있다면 일간이 신약하므로 토성에게 부탁하고 싶으나 없으므로 어쩔 수 없이 목성에게 부탁할 수밖에 없다.

또 다시 금성이 목성을 억제하나 앞서 이미 억제오행으로 사용했으므로 공식은 끝이 난다.

따라서 오신은 마지막 구제오행인 목성이 용신이고, 목성이 구한 화성이 희신이 되며, 목성을 억제하는 금성이 기신이며, 화성을 억제하는 수성이 구신이 되고, 토성이 한신이 된다.

용신 : 木星　희신 : 火星　기신 : 金星　구신 : 水星　한신 : 土星

六親(육친)의 意味(의미)

앞서 오신을 설명할 때 오행 중에서 무엇이 좋고 나쁨을 알았다. 그래서 일간(나)에게 좋은 작용을 하는 것은 용신과 희신이며, 미운 작용을 하는 것은 기신과 구신이며, 나머지 하나의 오행을 한신이라고 했다.

그렇다면 최소한의 인적구성 중에서도 누구는 싫고, 누구는 더 좋다고도 했으며 성격형성도 되고, 자신에게 맞는 직업도 나온다고 했다.

오신으로 호,불호를 알 수 있었다면, 육친의 장에서는 그들이 누구를 뜻하는지, 삶의 모습이 어떻게 전개되어 가는 것인지, 무엇을 추구하며 사는지 등을 알 수 있다.

사회생활에 있어서도 상사와 부하, 동료와의 관계 그리고 어떠한 부서나 직업에서 일을 해야 하는가와 자신의 특성과 장,단점은 무엇이며, 만족할 수 있는 삶의 목적 등 인생의 전반적인 것들을 알아내는 데 있어 중요한 가름자 역할을 한다.

따라서 우리는 육친의 의미를 하나하나 놓치지 말고 폭넓게 이해할 필요가 있다.

印星(인성)

자신(일간)를 생해주는 오행을 일컬어 인성이라고 부른다.(生我者印星) 금성(인성)의 기운이 왕성해지면 수성(일간)의 기운이 서서히 생기고, 목성(인성)의 기운이 강해지면 화성(일간)의 기운이 발생하는 것이 우주의 이치이다. 그런데 그러한 이치가 사람에게 있어서는 마치 부모가 자식을 낳아 기르는 것과 같다고 할 수 있다.

그래서 인성이라는 육친은 자신을 낳아주신 부모에 비유되며, 부모는 자식을 고생시키지 않으려고 하며, 편안하고 안정되게 살길 바란다. 돈 싫어하는 사람이 없을지언정 부모는 자식이 고생하면서, 남에게 욕까지 들으면서 오로지 돈만 벌라고는 하지 않는다.

따라서 인성이라는 육친에는 현 사회체계 안에서 살면서 될 수 있으면 고상하고 안정적이며, 평화로우면서 지적이며, 이성적인 모습을 많이 담고 있는 것으로 표현하며, 자신의 안정만 깨지지 않는다면 큰 거부감도 없기에 인내심이 무척 강한 것이 특징이고, 독립적이기보다는 의타심이 많다.

포괄적인 인성의 의미: 음식욕, 이성, 안정, 체면, 의무, 도리, 신중, 학문, 평화, 원칙, 현명함, 세련, 동정심, 생산적, 인내심, 내향적, 의존적, 지적, 걱정, 설득

食傷(식상)

자신(일간)이 생해주는 오행을 일컬어 식상이라 부른다.(我生者食傷) 수성(일간)의 기운이 강하면 목성(식상)의 기운은 생하고, 토성(일간)의 기운이 강하면 금성(식상)의 기운이 생하는 것이 우주의 이치다.

사람에게 있어서는 부모의 도움을 받고 성장하여 성인이 된 상황에서 독립해 자신의 배우자를 만나 가정을 이룬 뒤, 자식을 낳는 것에 비유할 수 있다.

그래서 식상을 흔히 아랫사람이라고도 하지만, 여자일 경우에는 자식이 되며, 남자일 경우엔 부하나 제자 또는 장인,장모를 뜻한다. 그렇기에 자신의 삶보다는 좀더 자유롭고 편리한 삶을 살길 바란다.

따라서 식상이라는 육친 안에는 현 사회체제에서의 구태의연한 모든 것들을 대해 개혁적인 성향을 지니며, 사회가 사람에게 이로운 방향으로 다가오도록 개선하려 한다.

무엇이든 있는 그대로를 좋아하지 않으며, 어찌 되었건 새로운 변화를 모색하고자 하므로 개혁정신과 모험정신이 뛰어나며, 자신만이 최고라는 자부심이 강한 것이 특징이다.

포괄적인 식상의 의미: 색욕, 독립적, 이기심, 자존심, 모험심, 혁

신, 기회주의, 지각, 상상력, 호기심, 개방, 감수성, 자율적, 공격적, 비전통, 낙천적, 간교함, 개혁, 관찰, 창조.

財星(재성)

자신(일간)이 억제하는 오행을 일컬어 재성이라 부른다.(我剋者財星) 일간이 이길 수 있는 오행이 바로 재성이다. 일간이 화성이라면 금성이 재성이며, 일간이 토성이라면 수성이 재성으로 이것은 거역할 수 없는 우주의 이치다.

따라서 오행 중에서 일간이 이길 수 있는 유일한 오행이다. 사람에게 비유하면 그것은 바로 재물을 뜻한다. 그래서 매우 현실적인 면이 강하며, 남자에게는 여자나 아내를, 여자에게는 시부모를 뜻한다.

그래서 되도록 많이 가지고자 바쁘게 움직이며, 이익이 있는 곳이면 그곳이 어디가 되었던 가리지 않으므로 물질을 배제한 삶하고는 조금 거리가 있다고 한다.

또한, 물질적으로 풍요로움을 나타내기도 하여 자신만의 즐거운 인생의 방향을 잡고, 그 속에서 물질적으로 최대한 실속을 챙기며, 자신의 인생을 멋있게 보내려는 특히, 이성과의 재미에 몰두하려는 점이 뛰어나다.

그리고 자연 속에 묻혀 살기를 희망하기도 한다.

포괄적인 재성의 의미: 재물욕, 유흥, 자연, 감정적, 가벼움, 낭만적, 열정적, 허영, 사치, 사교적, 외향적, 환락, 도박성, 유혹적, 실질적, 소유욕, 현실성, 즐거움.

官星(관성)

자신(일간)를 억제하는 오행을 일컬어 관성이라고 부른다.(剋我者官星) 수성(관성)이 이길 수 있는 화성(일간)이며, 금성(관성)이 이길 수 있는 오행은 목성(일간)으로 이것은 움직일 수 없는 우주의 이치다.

사람에게 있어서도 자신을 통제하려는 것으로 사회의 규범이나 법, 나아가 국가라 할 수 있으며, 남자에게는 자식이 되며, 여자에게는 남편이나 남자라고 할 수 있다.

따라서 현 사회체계의 모든 것들을 지키면서 살고, 그 안에서 출세를 하고자 남에게는 신뢰감을, 자신에게는 도덕심을 지키려는 마음이니 이도 매우 현실적인 의미를 지니고 있다.

악법도 법이니 지키자는 식으로 살아가므로 상당히 모범적이고 착실하며 책임감도 무척 강하나, 독립심과 과감성이 조금 떨어지는 것이 흠이다.

포괄적인 관성의 의미: 명예욕, 책임감, 조직적, 명분, 관리, 보수적, 신뢰감, 권위주의적, 통제, 규칙, 전통, 도덕적, 획일적, 충실, 절제, 분석적, 수동적, 개관적, 아부.

比劫(비겁)

자신(일간)과 같은 오행을 일컬어 비겁이라고 부른다.(比和者比劫)

일간과 같은 오행을 비겁이라고 한다. 같은 기운끼리는 싸우거나 대립하거나 생하지 않는 것이 우주의 이치다.

사람에게 있어서는 친구나 형제를 의미하며, 거기에는 남자나 여자의 구분이 있을 수 없다. 자신과 같은 사람들이 많다면 함께 어울려 살고자 하는 것이 군중심리다.

따라서 있는 그대로를 거부하지 않으면서 자신에게 유리한 것들만 지키며 불리한 것은 무시해 버리려는 마음이 강하다.

자신의 공간을 깨뜨리지만 않는다면 웬만한 것들은 인정해주고 넘어가려고 하나, 조금이라도 피해가 된다면 강력하게 반발을 하며 충고나 조언을 거부하려는 심리를 지닌 것이 특징이다.

포괄적인 비겁의 의미: 수면욕, 저돌적, 무모함, 끈기부족, 무계획, 게으름, 소심, 자의식, 고집, 비판적, 경계심, 반항적, 강박관념, 개인주의, 아전인수, 자기도취, 부정적, 수동적 공격성.

陰氣(음기)와 陽氣(양기) 그리고 中性(중성)

온 우주에 존재하는 모든 생물체들 즉, 살아 숨쉬고 있는 모든 것들의 구성인자를 살펴보면 반드시 양전자와 음전자, 그리고 중성자라는 작은 원자로 구성되어 있다. 아주 미세한 바이러스 균이라고 해도 구성인자는 99% 같다고 할 수 있다.

그런데 기존 역학의 이론에서는 음과 양만 주장했지, 중성이라는 낱말이나 기운은 인정하지 않고 있는 것이다. 역학이라는 학문이 그저 학문으로만 존재했다면 굳이 따질 필요가 없을지도 모른다.

필자가 주장하는 역학이 '사회학, 인간학'이라고 본다면 학문을 위한 역학이 아니라, 바로 우리들의 삶과 뗄래야 뗄 수 없는 즉, 살아 움직이는 이론이라서 음양으로만 설명하기에는 적절하지 않다.

중성을 배제한 음양이론만을 임상에 적용한 결과와 중성을 포함한 임상결과만 보더라도 실생활과 근접된 이론이 어느 것인지 쉽게 알 수 있다.

거대한 우주에 속한 지구와 지구인도 예외일 수는 없기에 지금까지의 이론과는 상충되는 음양의 이론 및 중성의 이론을 발표하게 되었던 것이다.

현재까지의 이론은 천간 乙, 丁, 己, 辛, 癸와 지지 丑, 亥, 酉, 未, 巳, 卯를 음기라고 하였고, 천간 甲, 丙, 戊, 庚, 壬과 지지 子, 寅, 辰,

午, 申, 戌을 양기라고 했다.

이러한 이론에 그 누구도 이의를 제기하거나 의심해 본 일도 없을 것이다.

오행이 무엇인지를 공부했을 때, 목성의 기운(甲, 乙, 寅, 卯)과 화성의 기운(丙, 丁, 巳, 午)이 양기에 속하여 생명체들이 태어나 살아 움직인다고 했으며, 금성의 기운(庚, 辛, 申, 酉)과 수성의 기운(壬, 癸, 亥, 子)은 음기에 속하여 생명체들이 소멸된다고 했다.

그러한 기운은 움직일 수 없는 우주의 진리이다. 그런데 양기에 금성의 기운인 庚과 申을, 수성의 기운인 壬과 亥를 넣었으며, 음기에 목성의 기운인 乙과 卯를, 화성의 기운인 丁과 午를 넣었다.

어째서 생명체의 삶을 죽음으로 몰아가는 庚, 申, 壬, 亥를 양기로 인정할 수 있으며, 생명체의 탄생을 돕는 乙, 卯, 丁, 午를 음기라고 인정할 수 있겠는가? 십간과 십이지보다 우선인 것이 오행이며, 그 오행을 바탕으로 십간과 십이지가 탄생한 것인데 말이다. 그래서 필자는 오행을 근간으로 해서 새로운 이론을 내놓았던 것이다.

필자가 통신상의 역학동아리에서 가장 많은 질문을 받은 것 중에 하나가 바로 음기와 양기론이었는데, 기존의 음양론하고 너무나 다른 이론을 발표했기 때문이다.

기존의 이론은 목성이나 화성에도 음양이 있다고 하는데, 필자의 이론은 乙이나 丁이 무조건 양기라고 했으며, 금성이나 수성도 음기라서 庚이나 壬 그리고 申도 무조건 음기라고 했으니 당연한 것이었다.

그러면 무엇으로 증명해 볼 수 있는가? 가령 금성하고 수성으로만 이루어진 사주가 있다고 하자. 그러면 우리는 너무 차거나 습하다고 볼 것이다. 물론 庚도 있고 壬도 있다. 즉, 음기 중에 양으로만 이루어졌다고 했을 때에도 우리는 차거나 습하거나 냉하다고 표현한다.

또한 乙이나 卯 그리고 丁과 午로 이루어진 사주가 있다. 틀림없이 음기로 이루어진 것인데, 우리는 무심코 메마르거나 뜨겁다는 표현을 쓴다. 음기로 이루어진 사주인데도 양기의 기운을 나타내는 표현을 하고 있는 것이다.

따라서 굳이 음양을 가려야 한다면 乙이나 丁 그리고 卯나 午는 양기 속의 음기라고 해야 하며, 庚과 申 그리고 壬과 亥는 음기 속의 양기라고 해야만 올바른 표현이라고 할 수 있다.

중성이란 어떠한 것일까? 오행론에서 나타난 음기(금성과 수성)와 양기(목성과 화성)에 속하지 않은 토성을 중성으로 볼 것인가? 그렇지는 않다. 천간의 토성(戊, 己)은 순수한 중성의 기운을 지녔지만, 지지의 토성(辰, 戌. 丑, 未)들은 천간의 토성만큼 순수하지 못하여 그 전부를 중성으로 인정할 수 없다.

양기의 시작이 목성이며, 양기의 끝은 화성이다. 음기의 시작은 금성이며, 음기의 끝은 수성이다. 시작과 끝이라는 것의 구분을 명확히 알고 있어야 한다.

辰과 未는 틀림없이 양기의 토성이다. 辰은 목성의 기운이 있는 토성이며, 未는 화성의 기운이 있는 토성인데, 그 둘에게 양기를 누가 더 많이 지녔는가를 물어 본다면 어떠한 대답을 할까? 당연히 양기가 가득찬 未라는 토성이 앞으로 나설 것이다. 辰도 양기인 목성의 기운이 들어 있지만, 아무래도 양기의 기운이 자기보다 적게 있다고 말이다.

따라서 未는 100% 양기로 인정하지만, 辰은 그 속에 들어 있는 목성의 기운만 양기로 인정하고, 그 나머지 토성의 수치는 중성이 된다.

戌과 丑도 이와 같다. 음기의 끝인 수성의 토성인 丑은 100% 음기가 되나, 음기가 시작하는 금성의 토성인 戌에는 그 속에 들어 있는 금성의 기운만 음기로 인정 받고, 나머지 토성의 수치는 중성으로 포함된다.

종합하면 천간의 戊와 己는 무조건 중성의 기운이며, 지지의 토성 중에서는 辰과 戌만이 중성으로 인정 받되, 그 속에 들어 있는 목성과 금성의 기운을 빼낸 뒤, 나머지 수치가 중성이 되는 것이다.

예를 보자.

사주팔자	시	일	월	년
	癸	壬	壬	辛
	亥	申	辰	酉

壬 일주가 태어난 월지가 3월이므로 절대로 추운 시기는 아니다. 그리고 양기라고 하는 壬, 申, 辰도 있어 절대적으로 음기로만 이루어진 사주는 더욱 아니다.

그러나 우리는 이 사주를 표현할 때 한 마디로 너무 습하고 차다는 표현을 쓰고 있으니 어찌 된 일인가?

그렇다면 壬이나 申 그리고 辰이 양기라고 했지만 좀 더 크게 본다면 음기 속에 양기가 되는 것이지 진정으로 양기가 될 수 없는 것임을 알 수 있다.

따라서 이 사주에서는 음기가 3.6이 되며, 양기는 辰 속에 들어 있는 목성으로 0.84이며, 나머지 0.36이 중성이 된다(일간은 제외).

사주팔자	시	일	월	년
	乙	戊	丁	戊
	卯	午	巳	戌

戊 일간인데 乙, 丁, 卯가 음기이므로 음양의 조화가 이루어졌다고 봐야 한다. 그런데 우리는 이 사주를 보고 한 마디로 평하기를 뜨겁고 메마르다고 한다.

뜨겁고 메마르다는 표현은 양기의 기운을 표현할 때 쓰는 말로써 어찌하여 이 사주에서 그런 표현을 하는가? 이는 이미 乙, 丁, 卯를 음기로 인정하고 있지 않음을 나타낸 것이며, 굳이 의미를 부여한다면 양기 속의 음기이지 진정한 음기가 아니기 때문이다.

이 사주에서의 양기는 3.6이 되며, 음기는 戌 속에 들어 있는 금성의 기운 0.5가 되고, 천간의 戊의 0.2와 戌에 남아 있는 0.5를 합치어 0.7이 중성이 된다(일간은 제외).

사주팔자	시	일	월	년
	丙	庚	戊	己
	戌	午	辰	酉

辰월이기 때문에 戌 중에 숨어 있는 금성의 기운이 30%이므로 그를 뺀 나머지가 중성이고, 辰 중에 숨어 있는 목성의 기운 70%을 빼고 나머지 30%가 중성이며, 천간의 戊와 己도 중성이다.

따라서 중성의 총 기운은 戌에서 0.7과 辰에서 0.36 그리고 천간의 0.4까지 합치면 총 1.46이 된다.

여기선 양기가 2.04가 되고, 음기는 1.3이며, 중성은 1.46이 된다(일간은 제외).

陰氣(음기)와 陽氣(양기)를 적용할 때

녹현역에 있어 어느 때 음기와 양기의 차이를 보아야 하는지 알아보자.

녹현방정식에 있어서 억제오행에 의해 피해보고 있는 오행을 구할 때이다. 녹현공식에서는 구제의 오행으로 (관성:비겁) (비겁:재성) (재성:인성) (인성:식상)으로 나올 땐, 일간이 신강인지 신약인지만 알고 있으면 쉽게 가릴 수 있다고 했다.

그런데 비겁이 재성을 억제할 때 구제오행으로 식상과 관성이 나오는데, 이럴 때는 일간의 강약과 상관하지 않고 구제오행을 선택해야 하는데, 그 기준점이 애매하기 그지 없다.

억제오행인 비겁의 기운을 빼내거나 억제하여 재성을 구해 주어야 하는데, 식상과 관성은 능히 그 일을 하고도 남지만, 과연 누구를 선택하여 재성을 구해야만 최선의 선택을 했다고 말할 수 있을까? 바로 이때 필요한 기준점이 사주 전체의 음양의 차이다.

꼭 알아 두어야 할 점은 구제의 오행인 식상과 관성이 사주상에서 다 활동하고 있어야지, 그 둘 중에 하나라도 없거나 활동하지 못하면 음양의 차이를 따져 볼 필요도 없는 것이다. 그럴 때는 활동할 수 있는 하나에게 무조건적으로 재성을 구하라고 한다.

陰氣(음기)와 陽氣(양기)의 차이가 1.11이상일 때

사주 전체의 음기와 양기의 차이가 1.11 이상의 차이가 난다면 부족한 기운을 우선적으로 선택한다.

이 말은 녹현방정식을 진행함에 있어 비겁이 억제의 오행으로 나와 재성에게 피해를 주고 있을 때, 구제의 오행으로는 식상과 관성으로 나오는 경우를 말함이다. 물론 식상과 관성이 사주상에서 다 활동하고 있어야 한다. 이럴 때는 식상과 관성 중에서 누가 더 강한가를 보는 것이 아니라, 사주 전체에서 부족한 기운을 지닌 육친을 우선적으로 선택한다는 것이다.

예를 든다면 음기가 양기보다 1.11 이상 많은 사주다. 그리고 구제의 오행으로 식상(금성)과 관성(목성)이 나왔고, 그 둘의 수치는 금성이 목성보다 더 강하다고 하자.

이런 상황에서는 금성이 목성보다 더 강하므로 피해오행을 더 많이 구제해 줄 수 있지만, 지금 시급한 문제는 부족한 양기를 보충해 주어야 한다. 그러므로 양기인 목성에게 피해오행을 구하라고 일간은 부탁하게 된다.

또 다른 예를 들자.

음양의 차이는 양기가 음기보다 1.11 이상 더 강하다. 구제오행으로 식상(목성…양기)과 (토성…중성)이 나왔다. 그 둘은 사주상에 활동하고 있다. 그러나 음기를 나타내는 오행이 구제오행에는 들어 있지 않다.

이럴 땐 어떻게 해야 하는가? 아무리 그래도 양기인 목성을 택할 순 없다. 음기와 가까운 중성인 토성을 택하는 것이 순리이다.

사주팔자	시	일	월	년
	丙	庚	丁	己
	子	寅	丑	酉

오행비율 수성:1.84 목성:1.00 금성:1.00
토성:0.56 화성:0.40

음양비율 음기:3.20 양기:1.40 중성:0.2

일주강약 1.56 (强)

공식 설명

금성 일간은 신강이다. 그리고 가장 강한 오행은 수성으로 화성이 피해보고 있다. 화성을 구제하기 위한 오행으로는 목성과 토성이 나오는데 신강하다고 했으므로 토성은 사용하지 않고 목성에게 부탁한다(일차공식의 끝).

그러나 년지의 금성(비겁)이 목성(재성)이 자유로운 활동을 하는데 있어 방해를 하고 있으므로 이차공식까지 대입해야 한다.

금성이 목성을 억제할 때, 구제오행은 수성(식상)과 화성(관성)이 필요한데, 그 둘이 다 사주상에서 활동하고 있으나, 신강약으로 선택할 수 없는 경우가 되었다.

즉, 구제의 오행으로 식상과 관성이 나오는 상황이다. 이러한 상황일 때 사주 전체의 음양차이를 보아 그 차이가 어느 정도가 되는지 먼저 살펴보아야 한다.

여기서는 음기가 양기보다 1.8이 더 많으니 최소한계수치인 1.11을 넘었다. 그렇다면 부족한 양기에게 피해오행을 구하라고 하는 것이 순리이니 수성보다 훨씬 약하지만 양기인 화성에게 일간은 부탁하게 된다(이차공식의 끝).

오신육친			
	용신 :	火星	官星
	희신 :	木星	財星
	기신 :	水星	食傷
	구신 :	金星	比劫
	한신 :	土星	印星

사주팔자	시	일	월	년
	丙	丙	壬	丁
	申	辰	寅	未

오행비율 목성:1.90 금성:1.00 화성:0.90
토성:0.80 수성:0.20

음양비율 음기:1.20 양기:3.30 중성:0.3

일주강약 2.80 (强)

공식 설명

일간은 신강이며 가장 강한 오행은 목성으로 토성이 피해보고 있다. 토성을 구제하기 위한 오행으로는 화성과 금성이 나온다. 일간이 신강이므로 금성에게 토성을 구하라고 부탁을 했다(일차공식의 끝).

그러나 시간의 화성이 시지에 있는 금성을 억제하므로 또 한 번의 공식을 대입해야 한다. 화성이 금성을 억제하고 있을 때의 구제오행은 토성과 수성이다.

그런데 구제의 오행(육친)이 토성은 식상이고, 수성은 관성이므로 신강약을 기준 삼아 선택할 수 없다. 따라서 사주 전체의 음양차이를 따져 식상과 관성 중에서 선택해야지 그렇지 않으면 엉뚱한 결과를 초래하게 된다.

이 사주에서는 음기보다 양기가 2.1이 더 강하므로 최소한계수치인 1.11을 넘었으니 부족한 음기를 채워 주는 것이 급선무이다.

그렇다면 중성인 토성보다는 음기인 수성에게 화성의 방해를 막아 금성을 구하고 일간의 기운도 빼내라고 하는 것이 올바른 방법이 된다(이차공식의 끝).

그러나 수성의 활동을 방해하는 토성이 있으므로 공식은 여기서 끝나지 않고 더 진행이 된다. 토성이 수성을 억제할 때 구제오행은 금성과 목성인데 신강이므로 금성에게 부탁을 하면서 공식은 끝난다(삼차공식의 끝).

오신육친			
	용신 :	金星	財星
	희신 :	水星	官星
	기신 :	火星	比劫
	구신 :	土星	食傷
	한신 :	木星	印星

陰氣(음기)와 陽氣(양기)의 차이가 1.10이하일 때

사주 전체의 음기와 양기의 차이가 1.10 이하가 되었을 때를 말함인데, 이럴 땐 부족한 기운을 메꾸어 주는 것이 아니라, 구제의 오행(식상과 관성) 중에서 조금이나마 수치가 강한 오행에게 부탁한다는 것이다.

예를 들면 양기가 음기보다 많지만 그 차이가 1.10 이하라고 하자. 그리고 구제의 오행으로 식상(금성)과 관성(목성)이 나왔다. 목성의 수치는 1.2이며 금성의 수치는 1.0으로 금성보다는 목성이 조금 더 강하다.

사주 전체로 봤을 때는 음기가 양기보다 부족하므로 구제의 오행으로 음기인 금성을 잡아야 하나, 음양의 차이가 1.10 이하이므로 부족한 기운을 채워 주는 것이 급한 것이 아니다.

사주 전체로 보았을 때, 음양의 차이가 1.10 이하라면 조후가 이루어진 상태이므로 부족한 기운을 메꾸는 것보다 구제의 오행 중에서 누가 더 피해오행을 잘 구할 수 있는가를 살피는 것이다.

그래서 수치가 조금 더 강한 목성에게 구제의 역할을 맡긴다.

사주팔자	시	일	월	년
	丙	癸	戊	乙
	辰	亥	子	巳

오행비율 수성:2.20 화성:1.20 목성:0.70
토성:0.70 금성:0.00

음양비율 음기:2.20 양기:1.90 중성:0.7

일주강약 2.20 (强)

공식 설명

일간은 신강이다. 사주에서 가장 강한 수성으로 인하여 화성이 피해보고 있다. 구제의 오행으로 목성과 토성이 필요한데, 목성은 식상이고 토성은 관성이니 사주 전체의 음양차이를 따져서 구제오행을 결정해야지 그렇지 않으면 큰 오류를 범하게 된다.

이 사주에서는 음기가 양기보다 0.3이 더 많으나, 최소한계수치인 1.10이 안 되었기에 부족한 기운을 채울 필요는 없고, 목성과 토성 중에서 누가 더 수치가 강하여 일을 더 많이 할 수 있는가를 보아서 결정을 한다.

어느 것이 더 강한가를 따져 보았으나 목성이나 토성의 수치가 똑같다. 어느 것이 더 강한지 가리기가 애매하나 앞의 장에서 수치가 같았을 때 이미 목성이 더 강하다고 했다.

따라서 화성을 구제하는데 있어 토성보다는 목성이 유리한 상황에 있으므로 목성에게 화성을 구하라고 일간은 부탁하면서 공식은 끝난다(일차공식의 끝).

오신육친			
	용신 :	木星	食傷
	희신 :	火星	財星
	기신 :	金星	印星
	구신 :	水星	比劫
	한신 :	土星	官星

사주팔자	시	일	월	년
	甲	甲	庚	丁
	子	寅	戌	未

오행비율	목성:1.20 금성:1.04 수성:1.00 토성:0.86 화성:0.70
음양비율	음기:2.04 양기:2.40 중성:0.36
일주강약	2.20 (强)

공식 설명

이 사주도 신강으로 사주에서 목성이 가장 강하다. 그로 인하여 토성이 피해보고 있는 셈인데 구제오행으로는 화성과 금성이 필요하다.

그런데 화성은 식상이고 금성은 관성이므로 신강하고는 아무런 관계가 없으므로 단지 음양의 차이로 구제오행을 결정해야 한다.

양기가 2.4이고 음기가 2.04이니 차이가 0.36으로 최소한계수치인 1.10에 못 미치므로 부족한 기운을 채워줄 의무는 없고, 단지 화성과 금성 중에서 누가 더 기운이 강해서 토성을 효과적으로 구할 수 있을까만 생각한다면 쉽게 구제오행을 가릴 수 있다.

여기서는 화성의 수치보다 금성의 수치가 더 강하므로 일간은 금성에게 토성을 구하라고 부탁을 했다(일차공식의 끝).

그러나 년간의 화성이 금성의 활동을 방해하므로 또 한 번의 공식을 대입해야 한다.

화성이 금성을 억제할 때 토성과 수성이 구제오행이다. 신강이므로 수성에게 부탁은 안 할 것이고 토성에게 부탁하는 것이 훨씬 합리적인 방법으로 이로써 공식은 끝난다 (이차공식의 끝).

오신육친			
	용신 :	土星	財星
	희신 :	金星	官星
	기신 :	木星	比劫
	구신 :	火星	食傷
	한신 :	水星	印星

一般的(일반적)인 四柱(사주)

녹현방정식의 기본적인 구도는 억제하는 오행과 피해 당하고 있는 오행, 그리고 구제해 주는 오행으로 구성되어 있다.

그 기본 방식은 같으나, 피해보고 있는 오행을 구하려는 과정에서 많은 변화가 발생하는데, 필자는 그것을 네 가지 종류로 나누어 놓았다.

그 중 하나가 일반적인 사주인데, 이런 명칭을 사용한 것은 사주의 반 정도가 이와 같이 나오기 때문에 일반적이라는 명칭을 쓴 것이다.

예를 들자. 신강한 사주라고 하자. 그리고 재성이 제일 강하여 인성이 피해보고 있다. 인성을 구제하기 위한 육친으로는 관성과 비겁이

나온다.

그런데 신강이라고 했으니 일간의 기운을 빼내거나 억제할 수 있는 육친을 사용함이 옳다. 따라서 비겁보다는 관성에게 재성의 기운을 빼내어 인성을 구하고 일간의 기운도 억제하라고 하는 것이 맞는다.

신약한 사주라고 하자. 식상이 제일 강하여 관성이 피해보고 있다. 관성을 구제하기 위한 육친은 재성과 인성이 나온다. 이럴 땐 신약한 사주이니 재성보다는 인성에게 관성을 구하라고, 약한 일간의 기운도 도와주라고 함이 맞다.

즉, 방정식을 전개함에 있어 일간이 꼭 필요로 하는 구제육친들을 제 때에 사용할 수 있는 사주를 말한다.

일간이 신강이라면 구제육친으로는 식상이나 재성 그리고 관성이 나오는 것이며, 신약한 일간이라면 구제육친으로 인성과 비겁만을 선택하여 사용할 수 있는 사주라는 것이다.

이렇게 사용하고픈 육친들이 사주상에 다 있는 일반적인 사주의 운명들은 다른 사주의 운명에 비해 당당함을 지니며 갈등이 적고, 자신의 꿈을 숨기고자 무엇인가 이용하려는 자세로 삶을 살아간다.

사주팔자	시	일	월	년
	丙	乙	甲	庚
	戌	酉	申	子

오행비율	금성:3.10 수성:1.00 목성:0.20 토성:0.30 화성:0.20
음양비율	음기:4.10 양기:0.40 중성:0.30
일주강약	1.20 (弱)

공식 설명

우선 일간이 신강인지 신약인지를 살펴보자. 일간이 목성이기에 일간을 도와주는 오행(수성과 목성)의 합을 보자. 그 합이 1.20으로 신강의 최소한계수치인 1.21를 못 넘었으니 이 일간은 신약이다.

그리고 금성이 가장 강해 목성이 피해보고 있다. 목성을 구하기 위해서는 수성과 화성이 필요한데, 일간이 신약이므로 화성보다는 수성에게 금성의 기운을 빼내고 일간을 도와달라고 한다.

그런데 시지의 토성이 수성의 활동을 방해하므로 공식을 한번 더 대입한다. 토성이 수성을 억제할 때는 금성과 목성이 구제오행이 된다.

여기서도 일간은 신약이므로 목성에게 토성을 억제해서 수성을 구하고, 신약한 일간에게 도움을 달라고 한다. 따라서 용신은 목성으로 비겁이 되고, 희신은 수성으로 인성이 된다.

이렇게 일간이 필요로 하는 구제육친이 다 있는 경우에는 어딘가 당당함을 엿볼 수 있다.

오신육친			
	용신 :	水星	印星
	희신 :	木星	比劫
	기신 :	土星	財星
	구신 :	金星	官星
	한신 :	火星	食傷

사주팔자	시	일	월	년
	丙	庚	甲	己
	戌	辰	戌	亥

오행비율 토성:1.56 금성:1.54 수성:1.00 목성:0.50 화성:0.20

음양비율 음기:2.54 양기:0.70 중성:1.56

일주강약 3.10 (强)

공식 설명

먼저 신강인지 신약인지를 파악하자. 일간이 금성이라 토성과 금성의 수치를 보면 되는데, 그들의 합이 3.1이 되니 신강이다.

토성이 강해 수성이 피해보고 있는데, 수성을 구하기 위한 오행은 금성과 목성이다. 일간이 신강하므로 목성에게 토성을 억제하여 수성을 구하고 일간의 기운을 빼내는 방법을 찾았다.

여기서도 목성을 억제하는 금성이 있다면 또 한번의 방정식을 대입해야 하나 없으므로 일차방정식에서 끝난다.

따라서 용신은 목성으로 재성이며, 희신은 수성으로 식상이 된다. 나머지 오신들은 아래와 같다.

오신육친			
	용신 :	木星	財星
	희신 :	水星	食傷
	기신 :	金星	比劫
	구신 :	土星	印星
	한신 :	火星	官星

이차방정식에서 나온 구제의 오행을 사주 어디에선가 또 억제하려는 오행이 있다면 또 한 번의 공식을 사용해야 하는데 이럴 때를 가르쳐 삼차방정식의 사주라고 하는 거다.(단 삼차에서 나온 구제의 오행을 억제하지 않아야만 성립되는 것이다)

사주팔자	시	일	월	년
	丁	癸	乙	丙
	巳	酉	未	子

오행비율	화성:2.24 금성:1.00 수성:1.00 토성:0.36 목성:0.20
음양비율	음기:2.00 양기:2.80
일주강약	2.00 (强)

공식 설명

일간을 도와주는 오행(금성+수성)의 합이 2로 신강이다. 사주에서 화성이 가장 강하여 금성을 억제하고 있는 모습이다. 금성을 구제하기 위한 오행은 수성과 토성인데 일간이 신강이므로 토성에게 부탁한다.(일차공식의 끝)

그러나 목성이 토성을 억제하므로 한 번의 공식을 더 대입시켜야 한다. 이차 구제오행은 금성과 화성이 필요하나, 신강이므로 화성에게 토성을 구하라고 하는 것이 효과적이다.(이차공식의 끝)

이 역시 수성이 화성의 자유로운 활동을 보고만 있지는 않을 것이다. 따라서 또 한 번의 공식을 대입해야 한다.

삼차의 구제오행은 목성과 토성이며 목성을 사용하든 토성을 사용하든 신강하고는 전혀 관련이 없는데 여기서는 토성에게 화성을 구하라고 하면서 공식의 막을 내린다.(삼차공식의 끝)

이로써 용신은 토성이 되며 관성이고 희신은 화성으로 재성이 된다. 나머지 오신은 아래와 같다.

오신육친			
	용신 :	土星	官星
	희신 :	火星	財星
	기신 :	木星	食傷
	구신 :	水星	比劫
	한신 :	金星	印星

사주팔자	시	일	월	년
	庚	丁	壬	丁
	戌	未	寅	酉

오행비율 금성:1.50 목성:1.20 토성:1.20
화성:0.70 수성:0.20

음양비율 음기:1.70 양기:2.40 중성:0.7

일주강약 1.90 (强)

공식 설명

항상 신강인가 신약인가를 먼저 살펴보아야 한다. 일간을 도와주는 오행 (목성+화성)의 합이 1.9로 신강하다. 그리고 가장 강한 오행은 금성으로 목성이 피해보고 있다.

구제오행으로 수성과 화성이 필요한데 일간이 신강이어서 수성에게 목성을 구하라고 했다.(일차공식의 끝)

그러나 지지의 토성들이 수성의 활동을 방해하므로 이차공식까지 진행시켜야 한다. 토성이 수성을 억제할 때의 구제의 오행은 금성과 목성이고 신강이므로 금성에게 부탁하는 것이 순리이다.(이차공식의 끝)

그러나 화성이 금성의 자유로운 활동을 방해하므로 또 한 번의 공식이 필요하다. 삼차 구제의 오행으로 토성과 수성이 있어야 한다.

구제오행이 식상과 관성이나 여기서는 토성에게 금성을 구하라고 일간은 명령을 내린다.(삼차공식의 끝)

토성에게 그런 명령을 내렸으나, 목성이 억제하므로 사차방정식까지 대입해야 한다. 목성이 토성을 억제할 때, 화성과 금성이 구제의 오행이고 신강이므로 금성에게 부탁하면서 공식은 끝난다.(사차공식의 끝)

따라서 이 사주는 사차방정식의 운명이며, 용신은 금성으로 재성이고, 희신은 토성으로 식상이 되고 기, 구, 한신은 아래와 같다.

오신육친			
	용신 :	金星	財星
	희신 :	土星	食傷
	기신 :	火星	比劫
	구신 :	木星	印星
	한신 :	水星	官星

眞用神(진용신) 및 假用神(가용신)의 四柱(사주)

녹현방정식의 기본 구도인 억제오행과 피해오행 그리고 구제오행이 나오는데, 구제오행을 구할 때 일간이 진정 필요치 않지만 피해오행을 구하기 위해서 어쩔 수 없이 선택해야 하는 공식이 나올 때가 바로 이것이다.

예를 들면, 일간이 신강이면 구제육친으로는 반드시 식상이나 관성 그리고 재성 등 일간의 기운을 빼내거나 억제하는 육친이 나와야 한다. 그런데 실제에 있어서는 인성과 비겁이 구제의 육친으로 나오는 경우다.

또, 신약한 일간이라서 구제육친을 구할 때, 반드시 인성이나 비겁으로 나와야 하나, 실제에 있어서는 일간의 기운을 빼내거나 억제하는 식상이나 관성 그리고 재성으로 구제육친으로 나오는 경우이다.

그러한 이유는 일간이 진정으로 사용하고자 했던 육친은 토성 속에 갇혀 있다거나 또는 사주상에 없기 때문이다. 이럴 때를 일컬어 진용신과 가용신의 사주라고 한다.

꼭 알아 두어야 할 것은 녹현방정식이 일차에서 사차까지 있는데, 맨 마지막 공식에서 일간이 진정 사용하고자 했던 육친이 없거나 활동할 수 없어 다른 육친으로 하여금 피해육친을 구할 때를 말함이지, 공식이 다 끝나지 않은 중간의 공식에서는 이를 인정하지 않는다.

여기서 우리가 알 수 있는 것은 일반적인 운명의 사람들과는 아주 다름을 느낀다. 일반적인 사주는 자신이 사용하고픈 육친을 제 때에 사용했으나, 진가용신의 사주들은 어쩔 수 없이 즉 원하지 않았어도 선택했다는 것이다.

이것은 운명의 흐름에 커다란 영향을 미치는데, 진가운명의 사람들은 일반적인 운명의 사람들보다 자신만만하게 자신의 꿈만 이루기 위해서 살아갈 수 없으며, 무엇을 하든지 만족감이 꽉 차지 않아 마음 한구석에 허전함이 남는다.

필자가 주장하는 이론들은 모든 것이 우리가 살아가는 세상에서 일어날 수 있는 일들을 상정하여 창안한 것이다.

인간들의 겉모습과 내면의 세계 즉, 마음이 꼭 같다고 할 수 없는 사람들이 주위에는 너무나도 많다. 그런 사람들의 마음을 파악하기 위해서 무엇인가 다른 방식의 이론이 필요했고, 그 결과 나온 것이 진용신과 가용신의 개념이다.

가령 어떤 친구는 겉으로는 의젓하고 책임감과 의무감도 강하며, 모든 법들을 철저하게 지켜가고 도리에 어긋나지 않는 모습처럼 보이다가 분위기가 자유로워지거나 술이라도 취하면 본성이 추구하는 쪽으로 방향을 선회하기에 "저 친구는 참 이상한 친구야!"라든가 겉으로는 이것저것 부딪히면서 반대와 반발심이 강하게 표출되어 주위로부터 너무 튄다는 소리를 듣다가도 차분한 분위기나 술에 취하면 얌전하고 내성적이 되는 사람들을 우리 주위에서 흔하게 볼 수 있다.

어찌보면 이중 성격의 소유자 같은 모습으로 비치는 사람들에게서 진용신과 가용신의 운명임을 많이 볼 수 있는데, 그런 사주를 어떻게 가리는가를 알아보자.

억제의 오행에 의해 피해를 보고 있는 오행을 구제할 때, 구제의 오행으로 두 오행이 나오는데 반드시 (재성 대 비겁) (재성 대 인성) (비겁 대 관성) (인성 대 식상) (관성 대 식상)으로 나온다.

그런데 (관성 대 식상)만 빼고는 모두 신강인가 신약인가에 따라 선택을 하면 되는 것들이다.

예를 들어 일간이 신강일 경우 마지막 공식의 구제오행으로 (재성 대 비겁)이 나왔다고 하자. 그러면 신강이므로 당연히 재성을 선택하여 용신으로 잡으면 되나, 만약 재성이라는 오행이 사주상에 나타나 있지 않거나, 혹은 토성 속에 숨어서 활동을 못하고 있을 때는 어쩔 수 없이 겉으로 나타나 있는 비겁에게 피해보고 있는 오행을 구하라고 일간은 명령을 내릴 수밖에 없는 상황이 발생한다.

그러나 일간의 진정한 마음은 틀림없이 비겁보다 재성에게 마음이 끌리고 있을 것이다. 이럴 때 겉으로 사용하는 비겁이 가용신이 되고 마음으로 원했던 재성은 진용신이 되는 것이다.

한 마디로 요약한다면 마지막 공식에서 일간이 사용하고자 했던 오행이 활동할 수 없는 상황이거나 없거나 했을 때 하나 남은 구제오행을 어쩔 수 없이 사용했을 때를 일컬어 "진용신과 가용신의 운명"이라고 한다.

진용신과 가용신의 사주에서는 신강일 때와 신약할 때가 다른데 그 기준은 다음과 같다.

身弱(신약)할 때

일간을 도와주는 오행의 합이 1.20이하일 때의 공식

신약할 때는 반드시 일간을 도와주는 인성이나 비겁으로 구제육친으로 잡아야 한다. 그런데 맨 마지막 공식에서 구제육친으로 인성이나 비겁이 나왔으나, 사주상에 사용할 수 없는 상황이거나 혹은 없다면 어쩔 수 없이 나와 있는 나머지 한 오행 즉, 식상이나 관성 혹은 재성에게 피해보고 있는 육친을 구하라고 할 수밖에 없다.

따라서 재성이나 관성 식상 등이 가용신이며 사용할 수 없는 인성이나 비겁들이 진용신이다. 가용신이 일간을 극하거나 누설할지라도 우선은 피해를 보고 있는 오행을 구해야 하기 때문이다.

그러나 녹현방정식을 푸는 과정에서 이 부분에서 논리의 오류를 지적할 것이나, 조금 더 깊이 들어가 보자.

신약을 굳이 배고프고 힘이 없고 가진 것이 없는 사람들이라고 비유하고 신강을 힘 있고 재산도 많으며 권력도 있는 사람들이라고 하자.

신강이든 신약이든 어느 한 쪽이 일방적으로 억압을 당하고 있다면 그들도 사람이기에 억압을 당하고 있는 사람들을 구원해주고 싶은 마음이 들 것이다.

힘이 없거나 권력이 없어도 인간적인 양심이 발동하여 억압당하고 있는 사람들을 무슨 수를 써서라도 구해주고 싶은 것이며, 힘이 있고 권력을 가진 자는 양심에 의해 억압당하고 있는 사람들을 구해주고 싶은 것은 인지상정이다. 비록 자신이 어떠한 고통을 당할지라도 말이다.

즉, 내가 먼저가 아니라 공생공존하려는 사회이기에 위와 같은 논리가 성립되는 것이다.

이렇듯 역학을 학문으로만 생각한다면 전혀 상상할 수 없는 이론이지만 필자가 누차 얘기했듯이 역학의 이론을 인간학 · 사회학이라고 본다면 많은 논리들이 가능하다.

이 세상에는 상식적으로는 이해하기 곤란한 경우가 수도 없이 발생하고 있기 때문이다.

이에 관한 얘기는 앞으로도 여러 장에서 다룰 것이며, 여러분들도 사고의 전환이 있기를 바란다. 예를 들어 설명하겠다.

사주팔자	시	일	월	년
	辛	乙	壬	丙
	巳	巳	辰	申

오행비율 화성:2.20 금성:1.20 목성:0.84
토성:0.36 수성:0.20

일주강약 1.04 (弱)

공식 설명

일간을 도와주는 오행(목성과 수성)의 합이 1.04이므로 신약이다.

가장 강한 것은 화성이며 피해보는 오행은 금성이다. 금성을 구하기 위한 구제오행은 토성과 수성이다.

일간이 신약하므로 수성에게 화성을 억제하여 금성을 구하고 일간을 생해달라고 부탁을 하였다(일차공식의 끝).

그런데 토성이 다시 수성의 자유로운 활동을 방해하므로 또 한 번의 공식을 대입하지 않을 수 없게 되었다.

토성이 수성을 억제할 때 구제의 오행으로는 목성과 금성이 필요하다. 신약이므로 목성에게 토성을 억제하여 수성을 구하고 일간을 도와달라고 하고 싶은데 목성의 기운은 존재하나 토성 속에 갇혀있어 활동을 못하고 있다.

따라서 일간은 결단을 내려야만 한다. 비록 일간을 억제하는 금성일지라도 토성에게 억제당하고 있는 수성을 구하기 위해서는 금성을 사용할 수밖에는 없다는 것을 말이다(이차공식의 끝).

그렇다면 공식은 끝난 것인데 끝났을 때에 일간이 사용하고 싶은 구제오행이 있었지만, 그것을 사용하지 못하고 다른 구제오행을 용신으로 삼았다면 이는 가용신이고 진짜로 사용하고자 했던 구제오행이 진용신이다.

그러므로 사주상의 용신은 금성이지만 일간이 진정 원했던 용신은 목성이 되는 것으로 이름하여 "진용신과 가용신"의 사주라고 부르며 가용신 금성으로 관성이며, 희신은 수성으로 인성이고 진용신은 목성으로 비겁이 되는 것이다.

오신육친		
	용신 : 金星	官星 (가용신)
	희신 : 水星	印星
	기신 : 火星	食傷
	구신 : 土星	財星
	한신 : 木星	比劫 (진용신)

사주팔자	시	일	월	년
	己	甲	丁	丁
	巳	午	未	未

오행비율 화성:3.94 토성:0.86 금성:0.00
목성:0.00 수성:0.00

일주강약 0.00 (弱)

공식 설명

일간을 도와주는 오행이 아예 없으니 신약이다. 그래서 구제오행을 잡을 때 비겁과 인성으로 선택하는 것이 순리이다.

화성이 가장 강하여 금성이 억제를 당하고 있다. 구제의 오행은 수성과 토성인데 사주상에 수성은 없고 토성만 있으니 일간은 어쩔 수 없이 강력한 화성의 기운을 빼내는 토성에게 금성을 구해 달라고 부탁할 수밖에는 없다(일차공식의 끝).

비록 일간하고는 상극관계에 있지만 강한 오행을 누그러뜨리기 위해서는 이러한 선택밖에는 할 수가 없다. 그러나 수성이 있었다면 일간은 수성에게 금성을 구하라고 했을 것이다.

이렇듯 공식이 끝났을 때 일간이 진정으로 사용하고자 했던 오행이 있었지만 사용할 수 없을 때 다른 구제오행으로 용신을 선택할 때를 가리켜 진용신과 가용신의 운명이라고 하며, 토성인 재성이 가용신이 되고 금성인 관성이 희신이 되며 수성인 인성이 진용신이 된다.

오신육친			
	용신 :	土星	財星 (가용신)
	희신 :	金星	官星
	기신 :	木星	比劫
	구신 :	火星	食傷
	한신 :	水星	印星 (진용신)

身强(신강)할 때

일주를 도와주는 오행의 합이 1.21이상일 때의 공식

신강이므로 구제의 오행으로는 반드시 관성이나 식상 또는 재성을 사용해야 하나 그 오행들을 사용할 수 없거나 사주상에 아예 없을 때는 다른 한 쪽의 구제오행 즉 비겁이나 인성을 사용하는 경우를 말한다. 이럴 때도 신약할 때의 조건과 똑 같은 등식이 성립되므로 "진용신과 가용신"이라는 이름으로 불려지는 사주가 된다.

예를 들어 보자.

사주팔자	시	일	월	년
	辛	壬	戊	辛
	丑	申	戌	亥

오행비율 금성:2.24 수성:1.50 토성:1.06
화성:0.00 목성:0.00

일주강약 3.74 (强)

공식 설명

일간을 도와주는 오행의 합이 3.74가 되니 신강이다. 사주상에서 금성이 가장 강하므로 목성이 피해보고 있다. 구제오행으로 수성과 화성이 필요하다.

신강이므로 수성에게 금성의 기운을 빼내어 목성을 구하라고 하기보다는 화성에게 금성을 억제하여 목성도 구하고 일간의 기운도 빼내고 싶었으나 화성이 없으니 하는 수 없이 수성에게 부탁을 한다(일차 공식의 끝).

만약에 여기서 공식이 끝난다면 수성은 가용신이고 화성은 진용신인데 토성이 가용신인 수성을 억제하고 있는 형국이므로 공식을 한번 더 사용해야 하므로 위와 같은 논리는 성립되지 않는다.

토성이 수성을 억제할 때 구제오행으로는 목성과 금성이 있어야 한다. 이 역시 신강이라 목성에게 부탁하고 싶었으나 목성도 없으므로 어쩔 수 없이 일간은 금성에게 수성을 구해 달라고 부탁하는 것이다(이차공식의 끝).

그런데 목성이 있었다면 틀림없이 일간은 목성을 사용했을 것이 뻔하므로 목성이 식상으로 진용신이며, 금성은 인성으로 가용신이 되고 수성은 희신으로 비겁이 된다.

오신육친			
	용신 : 金星	印星 (가용신)	
	희신 : 水星	比劫	
	기신 : 火星	財星	
	구신 : 土星	官星	
	한신 : 木星	食傷 (진용신)	

사주팔자	시	일	월	년
	壬	丙	壬	乙
	辰	辰	午	巳

오행비율 화성:2.20 목성:1.20 토성:1.00
수성:0.40 금성:0.00

일주강약 3.40 (强)

공식 설명

일간을 도와주는 오행(목성+화성)의 합이 3.4이므로 신강이다. 가장 강한 오행은 화성이다. 그로 인해 피해를 보는 오행은 금성이며, 금성을 구제하기 위한 오행은 토성과 수성이다.

이럴 때는 신강약으로 구분하기가 어려우나 여기서는 수성에게 부탁한다(일차공식의 끝).

그런데 토성이 수성의 자유로운 활동을 방해하고 있으므로 또 한 번의 공식을 대입하지 않을 수 없다. 수성을 구하기 위한 오행으로는 금성과 목성이 필요하나 신강하기에 목성을 사용하지 않고 금성을 용신으로 잡아 수성을 구제하고 싶은데, 사주에는 금성의 기운이 없으므로 어쩔 수 없이 목성에게 의지할 수밖에는 없다(이차공식의 끝).

따라서 목성을 억제하는 금성도 없으니 여기서 공식은 끝난다. 그러나 일간이 진정 사용하고자 했던 오행이 구제오행으로 나왔으나 활동할 수 없었으므로 이 사주 역시 진용신과 가용신의 운명인 것이다.

목성은 인성으로 가용신이며, 수성은 관성으로 희신이며 진용신은 금성으로 재성이 된다. 나머지 오신들은 아래와 같다.

오신육친	용신 : 木星	印星 (가용신)
	희신 : 水星	官星
	기신 : 金星	財星 (진용신)
	구신 : 土星	食傷
	한신 : 火星	比劫

이 역시 녹현방정식을 전개해 가는 과정에서 일반적인 사주하고 진가사주와는 판이하게 다른 방식을 사용할 수밖에 없어 생겨난 것이다.

기존의 역학이론에도 병약이라는 용어는 있었다. 기존의 이론에서는 아주 간단하게 병약의 용어를 정의해 놓았으며, 병신이 사주 안에 있으면 약신의 운에서는 평범한 사주보다 더 발전한다고 한다.

그런데 병약신에 대해서 충분히 이해하고 활용하기에는 적절하지 못한 것이 사실이었다. 그저 책에만 적혀있는 이론이거니 하고 그냥 넘어갔던 것이다.

그러나 필자는 그 이론을 바탕으로 병약신의 사주가 실제로 있을까와 병약신 사주가 현실적으로 어떠한 인생을 사는가를 연구하였다.

병이 들었다는 것은 사주상에 무엇인가는 없어야 하는 것이 아닌가? 그렇다면 일반적인 사주하고는 다를 것이며, 다르다면 무엇이 다를까?

일반적인 사주나 진가의 사주에서는 억제오행에 의해 피해보고 있는 오행이 사주상에 없을지라도 반드시 구제의 오행은 있어야 했으나, 병약신의 사주에서는 그와 반대로 피해보고 있는 오행은 사주상에 꼭 있어야 하나, 구제의 오행은 활동하지 못하거나 아예 없다고 생각했다.

그래서 그 방식을 상담의뢰인들의 자료를 가지고 적용한 바, 필자의 뜻과 일치하였다.

그리고 단적으로 병신과 약신의 사람과 평범한 사주의 사람하고의 큰 차이점은 어떠한 일이 생겼을 때, 자신의 의지대로 과감하게 처리하지 못하고 망설이며, 소신을 말할 때도 강력하게 주관대로 말하지 못하는 경향이 무척 많은 것을 발견하게 되었다.

이제부터 그 실체가 무엇인지 밝혀 보자.

病神(병신)

억제의 오행에 의해 피해를 당하고 있는 오행이 사주상에 있지만, 구제의 오행은 사주상에 있어도 활동하지 못하거나, 아예 없는 것을 가리킨다.

이럴 때 피해보고 있는 오행을 용신이라고 해야 하나, 그 용신이라는 오행은 억제의 오행에 의해 심하게 병에 들어 있다고 해서 병신이라 한다.

병신의 사주가 다른 사주에 비해 특별히 나쁜 것은 아니다. 다만 구제오행이 없다는 것은 자신감 상실이나 결단력 부족으로 이어질 가능성이 클 수 있다는 것이다.

1藥神(약신)

억제오행에 의해 병이 든 용신을 구제할 수 있는 오행을 일컬어 약신이라고 한다. 약신에는 제 1약신과 제 2약신이 있다.

제 1약신이라는 것은 병신을 구할 수 있는 가장 적절한 육친을 말하며, 병약신의 사람들은 그 1약신을 기다리며 살고 있다고 해도 과언이 아니다.

단, 제 1약신은 사주상에 존재하지 않고 운에서만 만나는 것임을 주지해야 한다.

2藥神(약신)

제 1약신과 같이 병신을 구제할 수 있는 오행을 말함인데, 제 2약신은 일간에게 가장 적절한 오행은 아니지만, 병을 치료할 수 있는 능력이 있는 오행이므로 일간은 사용한다.

단, 제 2약신도 사주상에 존재하지 않고 운에서 만나는 것임을 만난다.

예를 들어가면서 설명을 하겠다.

사주팔자	시	일	월	년
	甲	庚	丙	丁
	申	午	午	酉

오행비율 화성:2.60 금성:2.00 목성:0.20
토성:0.00 수성:0.00

일주강약 2.00 (强)

공식 설명

일간을 도와주는 오행의 합이 2.0이 되니 이는 신강이다. 그리고 화성이 강하므로 금성이 피해보고 있는 명조이다. 금성을 구제하기 위해서는 수성과 토성이 필요한데 그 둘이 아예 없으니 문제가 된 것이다.

그렇다고 용신이 없다고 할 수는 없다. 용신이 없다는 것은 인간이기를 포기했다는 것과 같기 때문이다. 따라서 화성에 의해 피해보고 있는 금성이 용신이 되나, 이를 구제할 오행이 없기에 병이 들어 있는 용신 즉 병신이라고 부른다.

만약 수성이나 토성이 사주 안에 있다고 하자. 어느 것을 선택하겠는가? 신강이므로 당연히 수성에게 금성을 구하라고 할 것이고, 그 수성이 없다면 토성에게 금성을 구하라고 할 것이다.

그러나 현실은 사주 안에 다 없으므로 희망사항에 불과하며, 병이 든 용신을 구할 수는 없다. 그냥 사주 안에 다 있다고 생각을 하고 병이 든 용신을 구하는 오행을 약신이라고 부르고 있는 것이며 어느 오행이 더 필요한가를 파악해 1약신 2약신이라 부른다.

따라서 이 사주에서는 제 1약신이 수성이고 제 2약신이 토성임을 알 수 있다.

오신육친			
	병신	金星	比劫
	약 1	水星	食傷
	약 2	土星	印星
	기신	火星	官星
	한신	木星	財星

사주팔자	시	일	월	년
	癸	丁	乙	己
	卯	未	亥	亥

오행비율 수성:2.40 목성:1.20 토성:0.90 화성:0.30 금성:0.00

일주강약 1.50 (强)

공식 설명

일간을 도와주는 오행(목성+화성)의 합이 1.5로 신강의 최소한계 수치인 1.21를 넘어 신강한 사주이다. 그리고 사주상에 수성이 가장 강하여 화성이 피해보고 있다. 구제오행은 토성과 목성인데 신강이므로 토성에게 수성을 막아달라고 일간은 부탁한다(일차공식의 끝).

그러나 목성이 토성의 자유로운 활동을 방해하므로 또 다시 구제오행을 찾아야 한다. 토성을 구하려면 금성과 화성이 있어야 하나, 그 둘이 사주상에 전혀 없으니 문제가 생겼다.

이렇게 피해의 오행은 있으나, 구제의 오행이 없을 때는 병신과 약신이라는 이름으로 불리어진다고 했으며, 피해를 당하고 있는 토성이 용신이나 병이 심하게 들었으므로 병신이라고 부르고 금성과 화성은 약신이기에 어느 오행이 제 1약신이고 제 2약신인가 찾으면 된다.

찾는 방법은 약신들이 사주에 다 있다면 생각하고, 어느 것으로 토성을 구하는 것이 유리한가만 따지면 된다.

일간이 신강이므로 금성에게 목성을 막고 토성을 구해달라고 하는 것이 이치에 맞으므로 금성이 제 1약신이고, 나머지 남은 구제오행인 화성이 제 2약신이 된다.

오신육친			
병신	:	土星	食傷
약 1	:	金星	財星
약 2	:	火星	比劫
기신	:	木星	印星
한신	:	水星	官星

사주팔자	시	일	월	년
	甲	庚	乙	乙
	申	辰	酉	未

오행비율 금성:2.20 토성:1.20 목성:0.90 화성:0.50 수성:0.00

일주강약 3.40 (强)

공식 설명

일간을 도와주는 오행의 합이 3.4로 신강이다. 가장 강한 오행이 금성이므로 목성이 피해보고 있다. 구제의 오행으로는 수성과 화성인데, 화성은 수치는 있지만 활동할 수 없고, 수성은 아예 나타나 있지 않다.

따라서 피해를 보고 있는 목성을 구제할 수 없으니 피해보고 있는 목성이 용신이 되나, 금성에 의해 병이 심하게 들었으므로 병이 든 용신 즉, 병신이라고 한다.

그리고 제 1약신과 제 2약신을 구하자. 사주상에 구제오행인 수성과 화성이 다 있다고 하자. 여기선 신강인가 신약인가로 나누어지지 않고, 음기와 양기의 차이로 나누어져 화성에게 제 1약신의 칭호를 주고 수성에게는 제 2약신의 칭호를 준다.

오신육친			
	병신 :	木星	財星
	약 1 :	火星	官星
	약 2 :	水星	食傷
	기신 :	金星	比劫
	한신 :	土星	印星

無格(무격)의 四柱(사주)

앞에서 일반적인 사주와 진가의 사주 그리고 병약신의 사주까지 공부했다. 억제오행에 의해 피해보고 오행을 구하는 과정을 보고 나누었으며, 이젠 한 가지의 모양의 사주만 남았는데, 바로 무격의 사주가 그것이다.

그것은 억제오행만 사주에 있고, 피해오행이나 구제오행이 사주상에 나타나 있지 않거나, 활동하지 못하는 경우이다.

일반적인 사주보다 무엇인가 부족함을 느끼는 사주는 진가의 사주인데, 그것보다 더 부족함을 느끼는 사주는 병약신의 사주라고 할 수 있다. 그런데 그것보다도 더 부족함을 느끼게 하는 사주는 피해오행도 없고, 구제오행도 없는 무격의 사주라 할 수 있다.

생각해 보자. 사주상에 억제의 오행만 가득찬 채, 다른 어떠한 오행도 없다는 것을 말이다. 그러나 무격의 사주라 해도 그렇게 타고난 것도 사람이다. 사람이라면 꿈도 있고 그 꿈을 이루기 위해서 무엇인가는 행동으로 나타내려는 것도 있다.

따라서 실질적으론 격국을 이루지 못했지만, 그들에게도 가칭 예상되는 격국을 정해 준다. 다만 사주상에 길신(용,희신)들이 하나도 없으므로 다른 사주들하고 차이가 나는 것은 주변의 도움을 전혀 받지 못하는 경우가 생긴다는 것이다.

어쩌면 이 세상에 홀로 태어나 홀로 살아가는 느낌이 든다고 할 수도 있다.

예로 설명하겠다.

사주팔자	시	일	월	년
	戊	辛	庚	戊
	戌	酉	申	申

오행비율 金星:4.10 土星:0.70 火星:0.00 水星:0.00 木星:0.00

일주강약 4.80 (身强)

공식 설명

사주상에서 가장 강한 오행은 금성으로 목성이 피해보고 있다. 목성을 구하기 위한 오행으로는 수성과 화성이다. 그런데 피해보고 있는 오행이나 구제의 오행들이 사주상에 아예 나타나 있지 않다.

구제오행만 나타나면 일반적인 사주나 진가의 사주가 될 수가 있고, 피해오행만 있다면 병약신의 사주가 되지만, 이와 같이 다 없는 경우는 바로 무격의 사주가 되는 것이다.

하지만 이 사주 역시 사람이다. 그렇기에 살아가야 한다. 그래서 가칭 격국을 정해 주어야 한다. 따라서 피해오행이나 구제오행이 사주상에 다 있다고 생각하고 길신(용, 희신)을 잡아 주어야 한다.

여기선 음양의 차이로 화성에게 금성을 억제하고 목성을 구하라고 일간은 부탁할 것이다. 그렇다면 화성이 용신이 되고, 목성이 희신이 된다. 용신과 길신이 정해지면 기신과 구신도 정해지는 법이다.

오신은 아래와 같다.

오신육친			
	용 신 :	火星	官星
	희 신 :	木星	財星
	기 신 :	水星	食傷
	구 신 :	金星	比劫
	한 신 :	土星	印星

사주팔자	시	일	월	년
	己	丙	戊	丙
	丑	辰	戌	午

오행비율 土星:1.96 火星:1.20 金星:0.84 水星:0.50 木星:0.30

일주강약 1.50 (身强)

공식 설명

사주상에 가장 강한 오행은 토성으로 수성이 피해보고 있다. 그 수성을 구제하기 위한 오행으로는 금성과 목성이 나온다. 수치상으로는 다 나와 있지만 전혀 활동할 수 없는 경우들이다.

따라서 이 사주 역시 피해오행도 구제오행도 없는 무격의 사주가 되었다. 그러나 무격도 사람이라서 가칭 격국을 잡아 주어야 한다. 피해오행이나 구제오행이 다 있다고 보고 길신을 잡아 보자.

일간이 신강이라서 금성에게 수성을 구하라고 하는 것이 순리다. 따라서 용신은 금성이 되고, 희신은 수성이 되며, 기, 구, 한신도 아래와 정해진다.

오신육친			
	용 신 :	金星	財星
	희 신 :	水星	官星
	기 신 :	火星	比劫
	구 신 :	土星	食傷
	한 신 :	木星	印星

대운(大運) 및 세운(歲運)의 순위(順位)

역학을 공부하거나 업으로 삼았을 때 가장 난해하다고 생각하고 있는 것 중에 하나가 바로 운의 좋고 나쁨을 가리는 것이다.

어느 시기에 무엇을 해야 하는지, 바꿔야 하는지, 투자해야 하는지, 그만두어야 할지, 진퇴를 결정하는 어쩌면 인생의 전부라고 해도 과언이 아닐 정도로 중요한 대목이기 때문이다.

그런데 기존의 이론은 이 부분에서 상당할 정도로 취약점을 드러내 놓고 있었다. 몇 년을 아니 몇 십년을 공부하고 현업에 종사했어도 정확하게 어느 운이 좋고 나쁨을 가리지 못하고 있는 것이 현재의 실정이다.

솔직히 상담을 의뢰한 많은 분들 중에는 역학자의 말을 믿고 일을 시작했다가 실패하거나, 가정을 깨거나, 더러는 철저하게 인생의 패배자가 되어 삶을 포기하는 사람들도 있음을 필자는 무수히 보았다.

따라서 누구보다 운의 순위만 정확히 가릴 수 있는 능력만 키운다면 절대 사이비역학자는 되지 않으리라 할 수 있는데, 문제는 운의 순위를 정하는 방법이 그리 간단하지 않다는 데 있다.

먼저 운의 흐름이 삶에 있어 무엇을 나타내는지 알아보자.

사주가 자동차라면 운은 도로이며, 사주가 그릇이라면 운은 음식물로 비유할 수 있다.

자동차가 중고라고 해도 도로가 좋으면 잘 달릴 것이며, 아무리 자동차가 고급차라고 해도 도로가 좋지 않다면 제 성능을 발휘하지 못한 채 달리지도 못할 것이다.

그릇이 아무리 좋아도 그릇에 담을 음식물이 적거나 어울리지 않는 음식물을 담는다면 그릇의 용도를 100%로 활용하지 못하는 것이며, 작은 그릇이라도 거기에 어울리는 음식물을 가득 담으면 그릇의 용도는 100% 활용하는 셈이다.

이 말의 뜻은 사주보다도 운이 더 좋아야만 타고난 삶에 충실할 수 있다는 것이다. 그래서 사주가 좋은 것보다는 운이 좋은 사람이 더 행복하게 살 수 있다는 말이 옛부터 전해 내려 왔었다.

따라서 사주의 크기와 관계없이 운이 좋고 나쁘다고 하는 것은 결국 자신의 삶을 타인의 삶과 비교하는 것이 아니라, 스스로 만족하며 살아가고 있는가 그렇지 않은가를 알아볼 수 있는 대목이다.

운의 흐름은 우주의 순환기운을 나타내고 있는 것이지 지구의 사계절(봄, 여름, 가을, 겨울)의 순환을 일컫는 것도 아니고, 나아가 지구의 물상론 즉, 금성은 돌이니, 수성은 물이니, 화성은 불이라고 하는 것도 더더욱 아니다.

단지 운은 우주의 기운인 금성의 시기(申酉戌), 화성의 시기(巳午未), 목성의 시기(寅卯辰), 水星의 시기(亥子丑)라고 하는 것은 써늘한 기운이거나 뜨거운 기운 또는 포근한 기운이거나 차가운 기운이라고 하는 것으로 한 기운이 30년씩을 관장하고 있다.

왜 30년간인가? 운의 천간보다 지지가 5배의 힘이 있으므로 운의 천간을 살피는 것보다는 지지의 기운을 살피는 것이 합당하다.

따라서 어느 한 기운을 만나게 되면 당연히 세 지지(亥子丑, 寅卯辰, 巳午未, 申酉戌)를 지나가야 하고, 한 지지마다 10년씩을 관장하므로 그 기운을 빠져 나올 때까지의 기간은 당연히 30년이 걸리기 때문이다.

우리는 여기서 한 가지 의문을 지니게 된다. 그것은 운의 흐름이 네 가지 종류로 따뜻하고, 뜨겁고, 써늘하고, 차가운 기운밖에 없는데, 도대체 토성의 운(기운)은 어디에 있단 말인가 하는 것이다.

그렇다. 틀림없이 운의 흐름은 네 종류밖에 없다. 아무리 찾아보아도 지지에서 중성의 기운을 지닌 곳은 볼 수가 없다. 천간의 토성은 있지만 그 힘이 미약하므로 지지의 기운과 비교할 수는 없기 때문이다.

녹현역에서는 토성의 운 순위는 매기지만, 실질적으로 그것을 적용함에 있어서는 사용하지 않고, 지지 네 종류(목성, 화성, 금성, 수성)의 순위만 적용한다.

그리고 대운의 흐름은 기운의 흐름이라서 충이나 합이 있을 수 없지만, 대운의 천간은 사주의 천간이나 세운의 천간하고 쉽게 합을 이룬다.

합을 한다고 운의 영향이 크게 달라지진 않지만, 사주의 길신(용신, 희신)이 지지에는 없고 천간에만 있을 땐 천간 합의 위력을 무시할 순 없다.

그리고 한 대운이 10년씩을 관장하고 있는데, 역학자에 따라 대운 천간을 5년, 대운 지지를 5년으로 나누어 보거나, 대운 천간을 3년, 대운 지지를 7년으로 나누어 보려는 역학자들도 있다.

그러나 대운의 천간은 사주의 천간하고 작용을 하고, 대운의 지지는 사주의 지지하고 연관되어 작용을 하지, 절대로 그 범위를 벗어나지 않는다.

따라서 한 대운의 천간과 지지는 나누어지지 않고 10년 동안 그 힘을 그대로 지닌 채, 사주의 천간하고 지지에 끊임없이 영향력을 행사하고 있는 것이다.

운에는 대운과 세운 그리고 월운과 일운이 있다. 네 가지 운의 힘을

100으로 했을 때, 대운의 비중은 80%가 되고, 세운의 비중은 16%정도가 되며, 월운은 2~3%와 일운의 비중은 1~2%정도가 된다. 그래서 다른 운들보다 대운이 좋아야만 한다.

그런데 실제의 삶에 있어서는 대운보다 세운의 영향을, 세운보다는 월운의 영향을, 월운보다는 일운의 영향을 많이 받는 것으로 생각하고 있다.

한 예로 대운이 좋고 세운이 나쁘다고 하자. 대운이 좋다는 것은 이미 운의 80%가 좋다는 것이며 세운이 나쁘다고 하는 것은 16%정도만 안 좋다는 것인데, 자신은 그 세운의 불행이 인생의 전부인 양 착각하면서 살고 있게 된다.

가령 자동차가 국도가 아닌 중부고속도로(대운)를 달리고 있는데, 어느 시점에서 도로가 파였거나 교통이 막히어 빨리 달릴 수가 없었을 때(세운), 자동차를 운전하는 당사자는 잠시의 막힘도 엄청 답답하게 느껴질 것이다.

그러나 실제로는 국도가 아닌 고속도로를 달리고 있으므로 정체된다고 해도 예전의 국도에서의 상황과는 판이하게 다르다. 그런데도 우리는 예전의 그 상황은 잊어버리고 현재의 답답함만이 전부인 양 생각해 몸부림을 치게 된다.

이처럼 실제로 체감하는 운의 영향력은 운의 비중과는 반대로 느끼며 우리는 살고 있지만, 엄연히 일운보다는 월운이, 월운보다는 세운이, 세운보다는 대운이 좋아야만 행복하게 살 수 있는 것이다.

운의 순위를 가리는 방법은 한 가지만 있는 것이 아니다. 가장 보편타당한 방법은 사주상의 길신(용,희신)이 무엇인가를 보고 운의 순위를 매기는 것으로 50%의 사람들이 이에 속한다.

그리고 나머지 50%는 길신과 전혀 관계없이 사주상의 지지구성의 모습을 보고 결정하거나, 사주상의 음기와 양기로 인하여 운의 순위가 정해진다.

여기서는 먼저 사주상의 길신이 무엇인가를 보고 운의 순위를 가리는 방법 네 가지를 배운다.

一般的(일반적)인 四柱(사주)일 때

녹현방정식을 대입했을 때, 일간이 꼭 필요로 하는 구제오행이 전부 있는 사주를 일반적인 사주라 한다. 진가의 사주도, 병약신의 사주도, 무격의 사주도 아니다.

일반적인 사주에서 제일 좋은 운이 용신을 차지한 오행의 운이며, 두 번째로는 희신을 차지한 오행의 운이다. 이것은 움직일 수 없는 사실이나 문제는 그 나머지 운의 순위를 결정하는데 있다.

주로 기신을 차지한 오행의 운이 제일 나쁘고, 그 다음으로는 구신을 차지한 오행의 운이 나쁜 것으로 알고 있는데 일반적인 사주가 전부 다 그런 것은 아니다.

그럼 무엇을 보고 순위를 매기는가? 그것은 길신(용,희신)의 동태이다. 사주상 길신이 무엇이며, 어디에 위치해 있는가를 먼저 파악해 놓고 있어야 한다.

그리고 사주 천간에 있는 길신보다는 지지에 있는 길신들의 동태가 더 중요한데, 그것은 천간보다 지지가 다섯 배의 힘이 있기 때문이다.

먼저 지지의 길신이 무엇인가를 파악해 놓은 다음에 그 길신을 생하는 오행의 운이 세 번째로 좋은 운이며, 세 번째의 운을 차지한 오행이 사주 지지에 있으면 그것을 생하는 오행의 운이 네 번째를 차지하며, 나머지 하나 남는 것이 제일 나쁜 운이다.

그런데 세 번째의 운을 차지한 오행이 사주 지지에 없을 땐, 지지의 길신과 친한 오행의 운을 네 번째로 선택하고 나머지 하나를 제일 나쁜 것으로 본다.

또 하나의 방법은 사주 지지의 길신을 생하는 오행이 없을 땐, 지지의 길신과 친한 오행에게 세 번째의 순위를 주며, 네 번째의 순위는 길신이 이길 수 있는 오행이며, 길신을 이기는 오행의 운이 제일 나쁜 순위를 준다.

그리고 지지에 길신이 없고 천간에만 있을 때의 경우이다.

용신의 오행을 만나는 것이 제일 좋은 운이며, 그 다음으로는 희신의 운이 차지한다. 나머지는 길신을 생하는가, 친한가 등을 따지는 것으로 지지에 길신이 있을 때와 같은 방법으로 찾으면 된다.

사주팔자	시	일	월	년
	己	乙	丙	甲
	卯	巳	子	寅

대　운								
	甲	癸	壬	辛	庚	己	戊	丁
	申	未	午	巳	辰	卯	寅	丑
	72	62	52	42	32	22	12	02

오행비율　木星:2.20　水星:1.20　火星:1.20
土星:0.20　金星:0.00

음양비율　음기:1.2　양기:3.4　중성:0.2

일주강약　3.40 (身强)

오신육친
용 신 : 土星　財星
희 신 : 火星　食傷
기 신 : 木星　比劫
구 신 : 水星　印星
한 신 : 金星　官星

운의 순위

녹현방정식에 대입한 결과, 일간이 원하는 구제오행이 다 사주상에 있어 일반적인 사주가 되었으며, 이차공식까지 나아가 용신은 토성이며 희신은 화성이 되었다.

따라서 제일 좋은 운은 토성이 차지하고 다음으로는 희신인 화성이 된다. 문제는 그 다음에 있는데 그것을 가리는 방법은 길신의 동태이다.

이 사주에서 길신은 화성과 토성인데, 사주의 지지에 巳 화성이 있고 천간에 丙 화성과 己 토성이 있다. 그런데 사주 지지에 길신이 있으면 천간의 길신은 살피지 않는다고 했으므로 지지의 巳 화성을 중심으로 나머지 운의 순위를 매긴다.

이 사주에서는 巳 화성을 생하는 운이 목성이 되므로 목성이 기신일지라도 세 번째의 순위를 차지한다. 그리고 세 번째의 순위를 차지한 오행(목성)이 사주 지지에 있다.

그렇다면 목성을 생하는 오행인 수성의 운이 구신일지라도 네 번째를 차지하게 되고 제일 나쁜 운으로는 하나 남은 오행의 운인 금성이 된다.

따라서 1순위는 토성, 2순위는 화성, 3순위는 목성, 4순위는 수성, 5순위가 금성이 되는 것이다.

사주의 대운을 살펴보면 초반 丁丑대운은 수성의 시기로 4등이 되고 그 다음으로 오는 戊寅, 己卯, 庚辰대운은 목성의 시기로 3등이 되었고, 그 뒤로 오는 辛巳, 壬午, 癸未대운은 화성의 시기는 2등이 된다.

사주팔자	시	일	월	년
	庚	壬	己	辛
	戌	戌	亥	巳

대 운							
辛	壬	癸	甲	乙	丙	丁	戊
卯	辰	巳	午	未	申	酉	戌
71	61	51	41	31	21	11	01

오행비율　金星:1.40　水星:1.20　土星:1.20
火星:1.00　木星:0.00

음양비율　음기:2.6　양기:1　중성:1.2

일주강약　2.60 (身强)

오신육친
용 신 : 土星　官星
희 신 : 火星　財星
기 신 : 木星　食傷
구 신 : 水星　比劫
한 신 : 金星　印星

운의 순위

이 사주 역시 녹현방정식에 대입한 결과, 일간이 꼭 필요한 구제오행이 있었으므로 일반적인 사주가 되어 용신의 오행인 토성의 운이 제일 좋으며, 두 번째로는 희신인 화성의 운이 차지한다.

그 다음부터는 사주 지지에 길신(용,희신)이 있는가를 따져서 결정해야 하는데, 이 사주에는 지지에 戌 용신과 巳 희신이 다 있다.

그렇다면 길신(戌과 巳)을 생해주는 목성의 운이 세 번째로 좋으나, 목성이 사주 지지에 없으므로 그것을 생해주는 수성의 운이 네 번째를 차지하는 것이 아니라, 길신(戌과 巳)과 친한 오행의 운을 네 번째로 선택해야 한다.

나머지 오행의 운은 수성과 금성인데, 금성이 길신 중에 하나인 戌과 친하므로 금성의 운이 네 번째를 차지하고, 남은 수성의 운이 그 뒤를 잇는다.

따라서 1순위는 토성, 2순위는 화성, 3순위는 목성, 4순위는 금성, 5순위는 수성이 된다.

그러므로 戊戌, 丁酉, 丙申대운인 금성의 운은 4등이 되었고, 乙未, 甲午, 癸巳대운인 화성의 운은 2등이 되며, 壬辰대운부터 오는 목성의 운은 3등이 되었다.

사주팔자	시	일	월	년
	丙	庚	甲	庚
	戌	午	申	子

대 운							
丙	丁	戊	己	庚	辛	壬	癸
子	丑	寅	卯	辰	巳	午	未
71	61	51	41	31	21	11	01

오행비율	金星:2.10 火星:1.20 水星:1.00 土星:0.30 木星:0.20
음양비율	음기:3.1 양기:1.4 중성:0.3
일주강약	2.40 (身强)
오신육친	용 신 : 木星 財星 희 신 : 火星 官星 기 신 : 金星 比劫 구 신 : 水星 食傷 한 신 : 土星 印星

운의 순위

녹현방정식에 대입한 결과, 일간이 원하는 대로 구제오행이 있었으므로 일반적인 사주이며, 용신으로 목성이며 희신으로는 화성이 되었다.

그러므로 제일 좋은 운은 용신인 목성의 운이 되며, 그 다음으로 좋은 운은 화성의 운이 된다. 세 번째와 네 번째 그리고 다섯 번째 운의 순위를 매기는 것은 사주의 길신(목성과 화성)을 보고 정한다고 했다.

길신으로는 사주 천간에 丙하고 甲이 있고 사주 지지에는 午가 있으므로 당연히 지지의 午 화성을 중심으로 순위를 정한다.

午 길신을 생해주는 오행은 목성으로 이미 용신이 되어 제일 좋은 운을 차지했다. 따라서 길신을 생해주는 오행을 찾을 필요는 없고, 누가 친한가만 보아야 한다.

금성과 수성 그리고 토성이 남았는데, 午 길신과 친한 오행은 토성으로 토성의 운이 세 번째를 차지하고, 午 길신이 이길 수 있는 금성의 운이 네 번째를 차지하고, 午 길신을 이기는 수성의 운이 맨 마지막을 차지한다.

따라서 1순위는 목성, 2순위는 화성, 3순위는 토성, 4순위는 금성, 5순위는 수성이 된다.

초반의 대운인 癸未, 壬午, 辛巳 화성의 시기는 2등으로 흘렀고, 庚辰, 己卯, 戊寅대운인 목성의 시기는 1등이 되었으며, 丁丑, 丙子대운인 수성의 시기는 제일 나쁜 5등이 된다.

사주팔자	시		일		월		년	
	壬		戊		壬		甲	
	戌		戌		申		午	
대 운	甲	乙	丙	丁	戊	己	庚	辛
	子	丑	寅	卯	辰	巳	午	未
	71	61	51	41	31	21	11	01

오행비율	金星:2.60 火星:1.00 土星:0.60 水星:0.40 木星:0.20
음양비율	음기:3 양기:1.2 중성:0.6
일주강약	1.60 (身强)
오신육친	용 신 : 木星 官星 희 신 : 水星 財星 기 신 : 金星 食傷 구 신 : 土星 比劫 한 신 : 火星 印星

운의 순위

녹현방정식에 대입한 결과, 일간이 필요로 하는 구제오행이 다 있어 일반적인 사주가 되었으며, 길신이 지지에는 없고 천간에만 있는 경우이다.

사주에 길신이 甲과 壬으로 천간에만 있지만, 용신의 운인 목성의 운이 제일 좋고, 희신인 수성의 운이 그 다음으로 좋은 것은 일반적인 사주에서는 다 같다.

세 번째와 네 번째 그리고 다섯 번째를 선택하는 것도 같은데, 우선은 길신(甲과 壬)을 생해주는 오행이 어느 오행인지를 찾아라.

길신인 壬 수성을 생해주는 금성의 운이 세 번째를 차지하며, 세 번째를 차지한 오행인 금성이 지지에 있으니 그것을 생해주는 토성의 운이 네 번째를 차지하고 나머지 화성의 운이 제일 나쁜 것이다.

따라서 1순위는 목성, 2순위는 수성, 3순위는 금성, 4순위는 토성, 5순위는 화성이 된다.

처음에 다가온 辛未, 庚午, 己巳대운인 화성의 시기로 5등이었다가 戊辰, 丁卯, 丙寅대운인 목성의 운은 1등이 되며, 그 다음으로 다가오는 乙丑, 甲子대운인 수성의 운은 2등이 된다.

사주팔자	시	일	월	년
	甲	甲	己	庚
	戌	辰	丑	戌

대 운								
	丁	丙	乙	甲	癸	壬	辛	庚
	酉	申	未	午	巳	辰	卯	寅
	75	65	55	45	35	25	15	05

오행비율 土星:2.06 金星:1.20 水星:0.84
木星:0.70 火星:0.00

음양비율 음기:2.4 양기:0.7 중성:1.7

일주강약 1.54 (身强)

오신육친
용 신 : 金星 官星
희 신 : 水星 印星
기 신 : 火星 食傷
구 신 : 土星 財星
한 신 : 木星 比劫

운의 순위

이 경우도 사주의 길신이 천간에만 있는 경우인데, 녹현방정식을 대입해서 나온 구제오행은 일간이 꼭 필요로 해서 나온 것이니 의심의 여지가 없는 일반적인 사주이다.

용신은 금성이니 금성의 운이 제일 좋으며, 희신은 수성으로 그 다음을 차지하게 된다. 그 뒤의 순위를 정하려면 길신의 동태를 살펴야 하는데, 이 사주에서는 용신인 庚 금성이 천간에만 있다.

그렇다면 庚을 생해주는 운이 세 번째를 차지하게 되는데, 그것은 토성의 운이 차지한다. 다음으로는 세 번째의 순위를 차지한 오행이 있는가 없는가를 살피는데, 이 사주에서는 지지하고 천간에 토성이 다 있으므로 그것을 생하는 화성의 운이 네 번째의 순위를 차지한다.

그리고 마지막으로 남은 목성의 운이 제일 나쁜 것이 된다.

따라서 1순위는 금성, 2순위는 수성, 3순위는 토성, 4순위는 화성, 5순위는 목성이 되는 것이다.

초반에 맞이하는 庚寅, 辛卯, 壬辰대운인 목성의 시기는 제일 안 좋은 운으로 5등이 되며, 그 다음으로 오는 癸巳, 甲午, 乙未대운인 화성의 시기는 4등으로 올라가고, 丙申, 丁酉대운인 금성의 시기는 2등으로 초반보다는 후반이 좋음을 알 수 있다.

眞假(진가) 四柱(사주)일 때

진가용신이 나오는 사주일 때의 대운과 세운의 순위가 같지 않아 조금 난해한 것 같지만. 진가가 나온 이유를 잘 알고 있다면 그리 어려운 것도 아니다.

녹현방정식에서 진정으로 사용하고픈 구제오행이 사주상에 없으므로 어쩔 수 없이 선택한 것이 가용신이다. 오로지 희신을 구하기 위해서 말이다.

그렇다면 대운에서의 순위는 진용신 대운이 제일 좋으며, 희신의 대운이 그 다음을 잇고, 세 번째로 좋은 운은 가용신의 대운이다. 그리고 네 번째와 다섯 번째의 운을 잡는 것은 사주상에 있는 길신(가용신과 희신)을 보고 선택하는 것으로 일반적인 사주와 같은 방법이다.

진용신의 대운을 만나면 최소한 세 번의 대운 즉, 30년간은 제일 좋은 운으로 지낼 수 있다. 따라서 진용신 대운 30년 동안은 세운의 순위도 대운의 순위와 똑같다.

문제는 진용신 대운이 아니었을 때 세운의 순위가 달라진다는 것이다. 대운의 순위는 변함이 없지만, 세운의 순위는 가용신의 운이 제일로 좋으며, 그 다음으로는 희신의 운이며, 나머지 세 번째와 네 번째 그리고 다섯 번째의 순위는 사주의 길신(가용신과 희신)을 보고 정하게 된다.

진용신이라고 진용신의 운이 대운이나 세운에서 무조건 제일 좋은 것이 아니다. 반드시 진용신 대운에서만 진용신의 세운이 제일 좋은 것이지, 그 외의 대운에서는 가용신의 세운이 제일 좋으며, 희신의 세운이 두 번째로 좋은 것이다.

따라서 진가의 사주에서는 대운의 순위와 세운의 순위를 따로 뽑아 놓고 있어야지, 대운의 순위 하나만 뽑아 놓고는 실수하기 알맞다.

많은 예를 들어 설명하겠다.

사주팔자	시	일	월	년
	戊	辛	庚	癸
	戌	亥	申	巳

대 운								
	壬	癸	甲	乙	丙	丁	戊	己
	子	丑	寅	卯	辰	巳	午	未
	77	67	57	47	37	27	17	07

오행비율 金星:2.10 水星:1.20 火星:1.00
土星:0.50 木星:0.00

음양비율 음기:3.3 양기:1 중성:0.5

일주강약 2.60 (身强)

오신육친
용 신 : 土星 印星 (가용신)
희 신 : 火星 官星
기 신 : 木星 財星 (진용신)
구 신 : 水星 食傷
한 신 : 金星 比劫

운의 순위

녹현방정식에 대입한 결과, 이 사주는 진가용신이 나왔다. 그렇다면 대운의 순위는 진용신의 운이 제일 좋고, 희신이 운이 그 다음이며, 가용신의 운이 세 번째로 좋다.

네 번째와 다섯 번째의 운을 선택하는 것은 사주의 길신(가용신과 희신)을 보고 잡는다고 했다. 사주의 길신은 巳 화성과 戌 토성으로 그 길신들을 생하거나 아니면 친한 오행의 순서로 정한다.

현재 남아 있는 오행의 운은 수성과 금성의 운이며 수성보다는 금성이 길신인 戌 토성과 친하므로 네 번째로 좋으며, 마지막 남은 수성의 운이 맨 마지막을 차지하게 된다.

진용신의 대운일 때만 위와 같은 운의 순위로 세운도 같이 가지만, 진용신의 대운이 아닐 때는 세운의 순위가 달라져 대운의 순위와 별개로 세운의 순위를 뽑아내야만 한다.

세운의 순위를 선별할 때는 진용신의 운이 무엇이었는지 생각해서는 헷갈리기 쉽다. 무조건 가용신의 운이 제일 좋으며, 그 다음은 희신의 운이며, 세 번째의 순위는 사주의 길신(가용신과 길신)을 보고 선택해야만 올바르게 뽑는다.

사주의 길신은 巳 화성과 戌 토성이다. 그렇다면 그 길신을 생하는 오행의 운이 있는가, 없다면 친한 오행의 운이 있는지 등을 살피는 것으로 일반적인 사주의 운 순위를 잡는 것과 똑같다.

길신을 생하는 오행의 운이 목성으로 목성의 운이 세 번째로 좋으며, 세 번째로 차지한 오행이 사주상에 없으므로 길신과 친한 오행의 운을 네 번째로 잡는다.

그래서 금성의 운이 네 번째가 되고, 수성의 운이 다섯 번째가 되는 것이다.

따라서 대운의 순위에서는 1순위가 목성, 2순위가 화성, 3순위가 토성, 4순위가 금성, 5순위가 수성이 되며, 세운의 순위는 1순위가 토성, 2순위가 화성, 3순위가 목성, 4순위가 금성, 5순위가 수성이 된다.

초반에 맞이하는 己未, 戊午, 丁巳대운은 화성의 시기로 2등의 운이며, 丙辰, 乙卯, 甲寅대운인 목성의 시기는 진용신의 운으로 1등이 되며, 그 뒤에 오는 癸丑, 壬子대운인 수성의 시기는 5등이 된다.

그리고 진용신인 丙辰, 乙卯, 甲寅대운의 시기(37세부터 66세까지)에서는 세운도 대운의 순위하고 같지만, 그 외 대운의 시기에서의 세운 순위는 1순위가 토성, 2순위가 화성, 3순위가 목성, 4순위가 금성, 5순위가 수성이 되는 것이다.

사주팔자	시	일	월	년
	庚	壬	庚	辛
	戌	辰	寅	丑

대　운								
	戊	丁	丙	乙	甲	癸	壬	辛
	戌	酉	申	未	午	巳	辰	卯
	72	62	52	42	32	22	12	02

오행비율	木星:1.90 土星:1.50 金星:0.90 水星:0.50 火星:0.00
음양비율	음기:1.9 양기:1.9 중성:1
일주강약	1.40 (身强)
오신육친	용 신 : 金星 印星 (가용신) 희 신 : 土星 官星 기 신 : 火星 財星 (진용신) 구 신 : 木星 食傷 한 신 : 水星 比劫

운의 순위

녹현방정식에 대입한 결과, 진가의 용신이 나오는 사주가 되었다. 그렇다면 운의 순위를 두 가지로 대운의 순위와 세운의 순위를 뽑아 놓아야 한다.

먼저 대운의 순위를 잡자. 진용신인 화성의 운이 제일 좋으며, 두 번째로는 희신인 토성의 운이 좋으며, 세 번째로는 가용신인 금성의 운이 좋다.

그리고 네 번째와 다섯 번째는 사주상의 길신(가용신과 희신)을 보고 선택하는데, 나머지 수성과 목성의 운 중에서 사주 지지의 길신인 토성과 그나마 덜 껄끄러운 운이 수성이 차지하여 네 번째가 되고, 하나 남은 목성의 운이 제일 안 좋은 것이 된다.

세운의 순위를 보자.

가용신인 금성의 운이 제일 좋으며, 희신인 토성의 운이 두 번째로 좋다. 그 다음의 순위는 사주 지지의 길신인 토성과의 관계를 보고 정한다.

그 길신을 생하는 오행은 화성이므로 화성의 운이 세 번째를 차지하고, 길신인 토성이 이길 수 있는 오행은 수성이므로 수성의 운이 네 번째를 차지하고, 하나 남은 목성의 운이 제일 좋지 않다.

따라서 대운의 순위는 1순위는 화성, 2순위는 토성, 3순위는 금성, 4순위는 수성, 5순위는 목성이 되고, 세운의 순위는 1순위는 금성, 2순위는 토성, 3순위는 화성, 4순위는 수성, 5순위는 목성이 되는 것이다.

초반에 있는 辛卯, 壬辰대운인 목성의 시기는 5등이 되고, 癸巳, 甲午, 乙未대운인 화성의 시기는 진용신의 운으로 1등이 되며, 그 뒤에 오는 丙申, 丁酉, 戊戌대운인 금성의 운은 3등이다.

그래서 진용신 대운인 癸巳, 甲午, 乙未대운의 시기(22세부터 51세까지)는 세운도 대운과 같은 순위가 흐르나, 그 외 대운에서는 1등 금성, 2등 토성, 3등 화성, 4등 수성, 5등 목성이 된다.

사주팔자	시	일	월	년
	癸	甲	庚	庚
	酉	戌	辰	戌

대 운								
	戊	丁	丙	乙	甲	癸	壬	辛
	子	亥	戌	酉	申	未	午	巳
	74	64	54	44	34	24	14	04

오행비율	金星:2.00 土星:1.76 木星:0.84 水星:0.20 火星:0.00
음양비율	음기:2.2 양기:0.84 중성:1.76
일주강약	1.04 (身弱)
오신육친	용 신 : 金星 官星 (가용신) 희 신 : 水星 印星 기 신 : 火星 食傷 구 신 : 土星 財星 한 신 : 木星 比劫 (진용신)

운의 순위

녹현방정식을 대입한 결과, 이 사주 역시 진가의 용신이 나오는 사주이다. 그래서 운의 순위를 대운과 세운을 분리하여 뽑아내야만 한다, 대운의 순위는 진용신인 목성의 운이 제일 좋으며, 그 다음은 희신인 수성의 운이며, 그리고 가용신인 금성의 운이 세 번째를 차지한다.

네 번째와 다섯 번째는 사주의 길신(가용신과 희신)을 보고 결정하는데, 그 중에서도 지지의 길신을 먼저 본다고 했다. 따라서 시지의 酉 금성을 보고 남아 있는 운 중에서 고른다.

화성과 토성이 남아 있는데, 길신을 생하는 것이 토성으로 토성의 운이 네 번째가 되고, 하나 남은 화성의 운이 제일 나쁜 것으로 되어 있다.

세운의 순위는 가용신인 금성의 운이 제일 좋으며, 희신인 수성의 운이 두 번째로 좋고, 나머지는 사주 지지의 길신을 보고 결정한다고 했다.

길신인 금성을 생하는 토성의 운이 세 번째를 차지하고, 그 토성이 사주 지지에 있으므로 그것을 생하는 화성의 운이 네 번째로 좋고, 나머지 하나 남은 목성의 운이 제일 안 좋다.

그래서 대운의 순위로는 목성이 1순위, 수성이 2순위, 금성이 3순위, 토성이 4순위, 화성이 5순위가 되고, 세운의 순위로는 1순위가 금성, 2순위가 수성, 3순위가 토성, 4순위가 화성, 5순위는 목성이 된다.

따라서 초반에 있는 辛巳, 壬午, 癸未대운인 화성의 시기는 5등이 되고, 그 뒤로 오는 甲申, 乙酉, 丙戌대운인 금성의 시기는 3등이 되며, 마지막 맞이하는 丁亥, 戊子대운인 수성의 시기는 2등이 된다.

여기서 알 수 있는 것은 진용신인 목성의 운을 대운에서 만날 수 없으므로 평생 세운의 순위를 볼 때는 대운과 같은 순위로는 볼 수 없다는 것이다.

사주팔자	시	일	월	년
	癸	辛	辛	乙
	巳	巳	巳	卯

대 운								
	己	戊	丁	丙	乙	甲	癸	壬
	丑	子	亥	戌	酉	申	未	午
	71	61	51	41	31	21	11	01

오행비율	火星:3.20 木星:1.20 金星:0.20 水星:0.20 土星:0.00
음양비율	음기:0.4 양기:4.4 중성:0
일주강약	0.20 (身弱)
오신육친	용 신 : 水星 食傷 (가용신) 희 신 : 金星 比劫 기 신 : 土星 印星 (진용신) 구 신 : 火星 官星 한 신 : 木星 財星

운의 순위

녹현방정식을 대입한 결과, 진가의 용신이 나오는 사주이다. 진가로 나오면 대운의 순위와 세운의 순위를 따로 뽑아야 한다고 했다.

먼저 대운의 순위를 가려 보자. 진용신인 토성의 운이 제일 좋고, 희신인 금성의 운이 두 번째로 좋으며, 가용신인 수성의 운이 세 번째로 좋다. 그 다음은 사주의 길신(가용신과 길신)을 보고 정한다.

그런데 그 길신들이 지지에는 없고 천간에만 있다. 일반적인 사주에서 길신이 천간에만 있을 때하고 같은 방법으로 나머지 운의 순위를 가리는데 나머지 남은 오행은 화성과 목성이다.

그 둘 중 어느 오행이 길신(금성과 수성)과 친한가를 따지는데, 화성보다는 목성이 가용신인 수성과 친하므로 네 번째가 되고, 화성이 다섯 번째를 차지한다.

그리고 세운의 순위를 살펴보자. 가용신인 수성의 운이 제일 좋고, 희신인 금성의 운이 두 번째가 된다.

나머지는 사주의 길신(수성과 금성)들을 보고 정하는데, 길신을 생하는 오행은 토성이 되므로 토성의 운이 세 번째가 되고, 세 번째를 차지한 토성이 사주상에 없으므로 그것을 생하는 오행인 화성을 네 번째의 운으로 잡을 수 없고, 길신과 친한 오행인 목성의 운이 네 번째가 되며, 마지막 남은 화성의 운이 다섯 번째를 차지한다.

따라서 대운의 순위는 토성이 1순위, 금성이 2순위, 수성이 3순위, 목성이 4순위, 화성이 5순위가 되며, 세운의 1순위는 수성, 2순위는 금성, 3순위는 토성, 4순위는 목성, 5순위는 화성이 된다.

이 사주의 대운 흐름을 살펴보면 초반 壬午, 癸未대운인 화성의 시기는 5등이 되고, 그 다음에 오는 甲申, 乙酉, 丙戌대운인 금성의 시기는 2등이 되며, 마지막 다가오는 丁亥, 戊子, 己丑대운인 수성의 시기는 3등이 된다.

여기서 배워야 할 점은 진용신으로 토성이 나오면 평생 대운에서 만날 수 없다는 점이다. 대운의 흐름은 기운의 흐름으로 순수한 토성의 기운은 존재하지 않으므로 진용신의 운을 만날 수 없는 것은 당연하다고 할 수 있다.

그러므로 진용신이 토성으로 나오면 대운과 세운의 순위가 영원히 같을 순 없으니 평생 세운의 순위를 볼 땐, 가용신의 운이 제일 좋은 것으로 뽑은 세운의 순위를 적용해야 한다.

사주팔자	시	일	월	년
	甲	戊	甲	丙
	寅	戌	午	午

대 운								
	壬	辛	庚	己	戊	丁	丙	乙
	寅	丑	子	亥	戌	酉	申	未
	80	70	60	50	40	30	20	10

오행비율 火星:2.40 木星:1.40 土星:0.50 金星:0.50 水星:0.00

음양비율 음기:0.5 양기:3.8 중성:0.5

일주강약 2.90 (身强)

오신육친
용 신 : 火星 印星 (가용신)
희 신 : 土星 比劫
기 신 : 水星 財星
구 신 : 木星 官星
한 신 : 金星 食傷 (진용신)

운의 순위

녹현방정식을 대입한 결과, 이 사주 역시 진가의 용신이 나오는 사주가 되었다. 그러므로 운의 순위를 뽑을 땐 두 종류로 나누어 뽑아야 한다.

우선 대운의 순위를 보자. 진용신인 금성의 운이 제일 좋으며, 희신인 토성의 운이 그 뒤를 이으며, 가용신인 화성의 운이 세 번째가 되고, 그 뒤는 사주의 길신(가용신과 희신)을 보고 정한다.

사주 지지의 길신(화성과 토성)을 생하는 목성의 운이 네 번째가 되고, 하나 남은 수성의 운이 마지막을 차지한다.

세운의 순위도 보자. 가용신인 화성의 운이 제일 좋으며, 희신인 토성의 운이 두 번째가 되고, 나머지는 사주 길신을 보고 정한다. 길신을 생하는 목성의 운이 세 번째가 되며, 세 번째를 차지한 목성이 사주 지지에 있으니 그것을 생하는 수성의 운이 네 번째를, 다섯 번째는 금성의 운이 차지하게 된다.

따라서 대운의 순위로는 1순위가 금성, 2순위가 토성, 3순위가 화성, 4순위가 목성, 5순위는 수성이 되고, 세운의 순위는 1순위가 화성, 2순위는 토성, 3순위는 목성, 4순위는 수성, 5순위는 금성이 되는 것이다.

초반에 있는 乙未대운인 화성의 시기는 3등이며, 그 뒤를 잇는 丙申, 丁酉, 戊戌대운인 금성의 시기는 1등이 되고, 다음으로 오는 己亥, 庚子, 辛丑대운인 수성의 시기는 5등이 된다.

그렇다면 이 사주에선 진용신인 丙申, 丁酉, 戊戌대운의 시기(20세부터 49세까지)에서만 세운의 순위도 대운의 순위와 동일하게 보며, 그 외의 대운에서는 가용신의 운이 제일로 좋다고 뽑은 세운의 순위로 보아야만 한다.

病藥神(병약신) 四柱(사주)일 때

병약신의 사주일 때의 운 순위를 잡는 방법은 일반적인 사주나 진가의 사주일 때보다도 한결 쉽다. 그리고 대운이나 세운의 순위도 같으므로 진가 사주처럼 이중적으로 잡을 필요도 없다.

그 이유는 사주상 길신이 한 가지의 오행(병신)만 있지 1약신이나 2약신에 해당하는 오행은 없으므로 길신을 생하거나 친한 오행을 찾을 필요가 없기 때문이다.

사주상에는 길신(병신)을 억제하는 오행이나 억제하는 오행을 생하는 오행만 있을 뿐이지, 길신(병신)을 생하거나 길신과 친한 오행은 존재하지 않는다.

따라서 제일 좋은 운은 약신의 운이며, 그 중에서도 1약신의 운을 제일로 잡으며, 그 다음으로 2약신의 운이 아니라 병신의 운이며, 세 번째로 좋은 운은 2약신의 운이다.

그리고 기신과 한신의 운이 남는데, 기신은 병신을 항상 억제하므로 기신의 운을 제일 나쁜 것으로 잡고, 한신의 운을 네 번째로 선택한다.

여기서 하나 알아주어야 할 것은 2약신을 선택한 것은 1약신이 없을 때를 대비해 선택한 것이라서 일간이 꼭 필요에 의해 잡은 것이 아니라서 병신의 운보다 순위가 낮아진다.

꿩 대신 닭이라도 사용한다는 말이 있듯이 그런 차원에서 일간이 2

약신을 사용하고 있으므로 일간에게 약도 될 수 있으면서, 또 다른 병을 키울 수 있는 소지도 있기에 2 약신의 운은 병신의 운보다 뒤쳐진다고 보는 것이다.

사주팔자	시	일	월	년
	甲	甲	乙	己
	戌	辰	亥	丑

대 운								
	丁	戊	己	庚	辛	壬	癸	甲
	卯	辰	巳	午	未	申	酉	戌
	71	61	51	41	31	21	11	01

오행비율 水星:1.90 土星:1.50 木星:0.90
金星:0.50 火星:0.00

음양비율 음기:2.7 양기:0.9 중성:1.2

일주강약 2.80 (身强)

오신육친
병 신 : 土星 財星
1약신 : 火星 食傷
2약신 : 金星 官星
기 신 : 木星 比劫
한 신 : 水星 印星

운의 순위

이 사주를 녹현방정식에 대입한 결과, 병약신이 나오는 사주가 되었으며, 사주상에 길신은 오로지 한 가지의 오행인 토성 뿐이다.

1약신은 화성이며 2약신은 금성으로 제일 좋은 운은 당연히 1약신인 화성의 운이며, 두 번째로 좋은 운은 병신의 운인 토성의 운이며, 세 번째로 좋은 운은 2약신인 금성의 운이다.

그리고 길신을 생하거나 친하다는 것을 볼 필요 없이 기신의 운인 목성의 운이 제일 나쁜 것이며, 하나 남은 한신의 운인 수성의 운이 네 번째를 차지하게 된다.

따라서 1순위는 화성, 2순위는 토성, 3순위는 금성, 4순위는 수성, 5순위는 목성이 된다.

그렇다면 이 사주의 운 흐름은 甲戌, 癸酉, 壬申대운인 금성의 시기는 3등이었으며, 辛未, 庚午, 己巳대운인 화성의 시기는 1등이 되며, 戊辰, 丁卯대운인 목성의 시기는 5등으로 흐름을 알 수 있다.

사주팔자	시	일	월	년
	甲	庚	乙	乙
	申	辰	酉	未

대 운								
	丁	戊	己	庚	辛	壬	癸	甲
	丑	寅	卯	辰	巳	午	未	申
	73	63	53	43	33	23	13	03

오행비율	金星:2.20 土星:1.20 木星:0.90 火星:0.50 水星:0.00
음양비율	음기:2.2 양기:1.9 중성:0.7
일주강약	3.40 (身强)
오신육친	병 신 : 木星 財星 1약신 : 火星 官星 2약신 : 水星 食傷 기 신 : 金星 比劫 한 신 : 土星 印星

운의 순위

녹현방정식에 대입한 결과, 이 사주는 구제의 오행이 없는 관계로 병약신의 사주가 되었다.

병약신의 사주에서는 1약신이 제일 좋다고 했으므로 화성의 운이며, 병신이 그 다음으로 좋으므로 목성이 되고, 2약신인 수성의 운이 세 번째로 좋다.

네 번째와 다섯 번째를 가리는 것도 길신이 무엇이든 길신의 위치가 어디가 되었든 관계 없이 한신인 토성의 운이 네 번째로, 기신인 금성의 운이 다섯 번째가 된다.

그래서 1순위는 화성, 2순위는 목성, 3순위는 수성, 4순위는 토성, 5순위는 금성이 된다.

그래서 이 사주의 운의 흐름은 甲申대운인 금성의 시기는 5등이 되고, 癸未, 壬午, 辛巳대운인 화성의 시기는 1등이 되었으며, 庚辰, 己卯, 戊寅대운인 목성의 시기는 2등이며, 丁丑대운인 수성의 시기는 3등으로 끝난다.

사주팔자	시	일	월	년
	癸	丁	乙	己
	卯	未	亥	亥

대 운								
	丁	戊	己	庚	辛	壬	癸	甲
	卯	辰	巳	午	未	申	酉	戌
	74	64	54	44	34	24	14	04

오행비율 水星:2.40 木星:1.20 土星:0.90
火星:0.30 金星:0.00

음양비율 음기:2.4 양기:2.2 중성:0.2

일주강약 1.50 (身强)

오신육친
병 신 : 土星 食傷
1약신 : 金星 財星
2약신 : 火星 比劫
기 신 : 木星 印星
한 신 : 水星 官星

운의 순위

녹현방정식을 대입한 결과, 이 사주 역시 구제오행이 없는 운명으로서 병약신의 사주이다.

병약신 운의 순위는 정해져 있다고 했다. 1약신인 금성의 운이 제일 좋으며, 병신인 토성의 운이 두 번째로 좋고, 2약신인 화성의 운이 세 번째로 좋다.

그리고 병약신 사주에서 네 번째나 다섯 번째의 운을 가릴 때는 길신이 무엇인지 위치가 어디인지 관계 없이 무조건 한신의 운이 네 번째를 차지하고 기신의 운이 제일 나쁘다.

그렇다면 한신인 수성의 운이 네 번째를 차지하고 기신인 목성의 운이 다섯 번째를 차지하는 것이다.

따라서 1순위는 금성, 2순위는 토성, 3순위는 화성, 4순위는 수성, 5순위는 목성이 된다.

이 사주의 대운을 살펴보면 甲戌, 癸酉, 壬申대운인 금성의 시기는 1등에 해당하고, 그 다음으로 오는 辛未, 庚午, 己巳대운인 화성의 시기는 3등이며, 후반의 戊辰, 丁卯대운인 목성의 시기는 5등으로 마감하게 된다.

사주팔자	시	일	월	년
	癸	庚	甲	癸
	未	子	子	卯

대　운							
壬	辛	庚	己	戊	丁	丙	乙
申	未	午	巳	辰	卯	寅	丑
75	65	55	45	35	25	15	05

오행비율	水星:2.60 木星:1.20 土星:0.70 火星:0.30 金星:0.00
음양비율	음기:2.6 양기:2.2 중성:0
일주강약	0.70 (身弱)
오신육친	병 신 : 土星 印星 1약신 : 金星 比劫 2약신 : 火星 官星 기 신 : 木星 財星 한 신 : 水星 食傷

운의 순위

이 사주 역시 녹현방정식에 대입한 결과 구제오행이 없어 병약신이 나오는 사주가 되었다.

제일 좋은 운은 1약신이라서 금성의 운이며, 두 번째로는 병신인 토성의 운이 되며, 세 번째로는 2약신인 화성의 운이다.

네 번째로는 한신인 수성의 운이 차지하고, 하나 남은 기신인 목성의 운이 제일 나쁜 것이다. 따라서 1순위는 금성, 2순위는 토성, 3순위는 화성, 4순위는 수성, 5순위는 목성이 된다.

초반 乙丑대운인 수성의 시기는 4등이 되며, 이후 다가오는 丙寅, 丁卯, 戊辰대운인 목성의 운은 제일 안 좋은 5등의 운이고, 己巳, 庚午, 辛未대운인 화성의 시기는 3등이 되고, 마지막 남은 壬申대운인 금성의 시기는 1등이 되는 것으로 운의 흐름이 짜여져 있는 것이다.

無格(무격) 四柱(사주)일 때

사주를 4가지 종류로 분류했을 때, 근간이 되었던 것은 녹현방정식에 있었음을 앞에서 얘기했었다.

앞에 설명한 사주들은 사주상에 억제오행에 의해 피해보고 있는 오행을 구하려는 구제오행이 있었던지, 아니면 피해보고 있는 오행만 있어 사주 안에 길신이 반드시 존재했었다.

그런데 이번에는 피해오행도, 구제오행도 없고 오로지 억제오행만 있는 경우라서 사주상에 길신이 존재하지 않는 사주를 말함이다.

길신(용희신)이 없다는 것은 일간(나)에게 의지할 곳이 한 군데도 없는 것과 같아 어쩌면 외롭고 고독한 삶 그 자체라 한다.

사주 전체를 둘러보아도 억제오행만 있거나, 혹 있어도 억제오행을 생하는 오행만 있을 뿐이라 격국이 형성되기도 어렵다고 할 수 있다.

하지만 무격이라고 해도 사람인 이상 누구나 꿈은 가지게 마련이다. 그래서 격국을 이루지는 못했지만 가칭 격국을 주고, 운의 순위도 다른 사주들과 똑같이 있는 것이다.

예를 들어 이해를 돕겠다.

사주팔자	시	일	월	년
	丁	乙	戊	丙
	丑	丑	戌	午

대 운							
庚	辛	壬	癸	甲	乙	丙	丁
寅	卯	辰	巳	午	未	申	酉
78	68	58	48	38	28	18	08

오행비율 土星:1.56 火星:1.40 水星:1.00
金星:0.84 木星:0.00

음양비율 음기:2.84 양기:1.4 중성:0.56

일주강약 1.00 (身弱)

오신육친
용 신 : 木星 比劫
희 신 : 水星 印星
기 신 : 金星 官星
구 신 : 土星 財星
한 신 : 火星 食傷

운의 순위

먼저 녹현방정식에 대입해 보자. 그래야만 다른 종류의 사주하고 다른 점이 무엇인지 정확하게 알 수 있기 때문이다.

사주상에서 가장 강한 오행은 토성으로 수성이 피해보고 있으며 수성을 구하기 위한 오행으로는 금성과 목성이 나온다.

목성은 아예 없고 수치에는 금성이 0.84로 나와 있지만 토성 속에 갇혀 활동하지 못하고 있기에 피해보고 있는 오행인 수성을 구할 수 없게 되어 있다.

그런데 피해보고 있는 오행도 수치로는 존재하나 토성 속에 갇혀 활동하지 못하고 있고, 구제의 오행인 금성 역시 활동하지 못하고 있는 상황이 벌어졌다.

이렇게 된다면 사실상 피해오행도 구제오행도 없는 상황도 같은 것이다. 일반적인 사주나 진가 사주는 피해오행은 없어도 구제오행은 있었고, 병약신 사주에서는 구제오행은 없어도 피해오행은 있었는데, 이 사주는 그 둘이 다 없기 때문이다.

따라서 길신(용희신)이 없는 사주가 되었고, 사주상에 일간이 좋아할 수 있는 오행이 전혀 존재하지 않고 억제오행과 그를 생하는 오행만 있을 뿐이다.

그렇지만 역시 사람인지라 추구하는 것이 있을 것이고, 운의 좋고 나쁨이 없을 수 없으므로 가칭 격국을 이루고 운의 순위도 정한다. 격국 정하는 것은 뒤에 배우기로 하고 여기서는 운의 순위만 배운다.

이렇게 생각하자. 피해오행도 구제오행도 사주상에 다 있다고 보자. 그럴 때 일간이 어떻게 할 것인가를 생각하자는 것이다. 일간은 신약이다. 그렇다면 구제오행 중 일간을 도와주는 목성에게 수성을 구하라고 할 것이다.

그렇기에 운에서는 목성의 운이 제일 좋은 것이 되고, 두 번째로 피해보고 있는 수성의 운이 좋다. 그리고 무격에서는 세 번째와 네 번째의 운을 정하기 전에 가장 싫은 운이 어느 오행인지 먼저 선택하는 것이 요령이다.

일간의 입장에서는 사주상에 가장 강한 오행인 억제오행을 꺼리는 것은 당연하다. 그래서 토성의 운을 제일 싫어할 것이므로 운의 순위에서 가장 나쁜 다섯 번째를 차지한다.

그 다음으로 안 좋은 운은 억제오행을 생해주는 오행의 운이므로 네 번째로는 화성의 운이 되며, 하나 남은 금성의 운이 자연히 세 번째의 운으로 정해지는 것이다.

결론지으면 1순위는 목성, 2순위는 수성, 3순위는 금성, 4순위는 화성, 5순위는 토성이 된다.

운의 흐름을 살펴보면 초반에 맞이하는 丁酉, 丙申대운인 금성의 시기는 3등이었다가 乙未, 甲午, 癸巳대운인 화성의 시기는 4등이 되었고, 壬辰, 辛卯, 庚寅대운인 목성의 시기는 1등으로 흐르고 있음을 알 수 있다.

사주팔자	시	일	월	년
	庚	戊	戊	辛
	申	戌	戌	丑

대 운								
	丙	乙	甲	癸	壬	辛	庚	己
	午	巳	辰	卯	寅	丑	子	亥
	72	62	52	42	32	22	12	02

오행비율	金星:2.94　土星:1.36　水星:0.50 火星:0.00　木星:0.00
음양비율	음기:3.94　양기:0　　중성:0.86
일주강약	1.36 (身强)
오신육친	용 신 : 水星　財星 희 신 : 木星　官星 기 신 : 土星　比劫 구 신 : 金星　食傷 한 신 : 火星　印星

운의 순위

녹현방정식을 대입하려면 각 오행의 수치를 산출해내야 한다. 그 결과 사주상에 가장 강한 오행은 금성이다. 그로 인해 피해보고 있는 오행은 목성이므로 그것을 구제할 수 있는 오행으로는 수성과 화성이 나온다.

수성의 수치는 나와 있지만 토성 속에 숨어 있어 활동할 수 없는 관계로 있어도 없는 것이라고 보아야 한다. 그렇다면 피해보고 있는 목성도 없고, 구제의 오행들은 수성과 화성도 없는 것이다.

이렇게 피해오행이나 구제오행이 없다는 것은 바로 길신이 사주상에 하나도 없음을 의미하므로 격국이 형성되기가 어렵다. 그렇지만 이 사주 역시 사람이라서 추구하는 것은 있다.

그러므로 가칭 격국을 세우고 운의 순위도 정해주어야 한다. 순위를 정할 때는 피해오행이나 구제오행이 다 있다고 생각하면서 정하자. 그래야만 오류를 범하지 않고 올바른 순위를 매길 수 있으며 무엇을 추구하며 살아가고 있는 것임을 알 수 있다.

구제오행으로 화성보다는 수성으로 하여금 목성을 구하라고 일간은 선택하리라 본다. 그 이유는 일간이 신강이기 때문이다.

따라서 가장 좋은 운은 수성의 운이 되고, 두 번째로 좋은 운은 당연히 목성의 운이 된다. 그리고 무격 사주에서는 가장 안 좋은 운을 먼저 고르는 것이 정확한 운의 순위를 가리는 방법이므로 여기서는 억제의 오행인 금성의 운을 일간이 가장 싫어하며, 억제의 오행을 생하려는 토성의 운을 그 다음으로 싫어하고, 하나 남은 화성의 운이 세 번째를 차지한다.

결국 1순위는 수성, 2순위는 목성, 3순위는 화성, 4순위는 토성, 5순위는 금성이 되는 것이다.

대운의 흐름을 살펴보면 초반 己亥, 庚子, 辛丑대운인 수성의 시기는 1등의 흐름이고, 중반에 다가오는 壬寅, 癸卯, 甲辰대운인 목성의 시기는 2등으로 가며, 乙巳, 丙午대운인 화성의 시기는 3등으로 마감하는 흐름이다.

사주팔자	시	일	월	년
	壬	壬	乙	癸
	寅	子	卯	亥

대 운	丁	戊	己	庚	辛	壬	癸	甲
	未	申	酉	戌	亥	子	丑	寅
	76	66	56	46	36	26	16	06

오행비율 木星:2.40 水星:2.40 火星:0.00
土星:0.00 金星:0.00

음양비율 음기:2.4 양기:2.4 중성:0

일주강약 2.40 (身强)

오신육친
용 신 : 火星 財星
희 신 : 土星 官星
기 신 : 水星 比劫
구 신 : 木星 食傷
한 신 : 金星 印星

운의 순위

녹현방정식에 대입한 결과, 목성이 강해 토성을 억제하고, 토성을 구제하기 위한 오행으로는 화성과 금성이 필요하다.

그러나 사주상에는 피해보고 있는 오행인 토성이나 구제의 오행인 화성이나 금성이 나타나 있지 않아 격국을 이루지 못한 무격의 사주가 된 것이다.

즉, 사주상에 길신이 전혀 없는 운명이 되었지만, 사람인 이상 꿈은 있으므로 용신과 희신은 잡아야 하고, 운의 순위도 있어야만 삶의 모습을 정확히 알 수 있다.

그렇다면 피해오행이나 구제오행들이 사주상에 다 있다고 생각하고 선택해야 한다. 일간의 입장에서는 화성으로 하여금 목성의 기운을 빼내 토성을 구하라고 하는 것이 순리다. 그러므로 가칭 화성이 용신이며, 토성이 희신이 되는 것이다.

그래서 화성의 운이 제일로 좋으며, 두 번째로는 토성의 운이며, 가장 안 좋은 운은 억제의 오행인 목성의 운이며, 네 번째를 차지하는 것은 억제의 오행인 목성을 생해주는 수성의 운이며, 세 번째로는 하나 남은 금성의 운이 된다.

따라서 화성이 1순위, 토성이 2순위, 3순위는 금성, 4순위는 수성, 5순위는 목성이 된다.

운의 흐름에 맞추어 대입하면, 초반에 오는 甲寅대운인 목성의 시기는 5등이 되고, 癸丑, 壬子, 辛亥대운인 수성의 시기는 4등이 되며, 중반 이후에 다가오는 庚戌, 己酉, 戊申대운인 금성의 시기는 3등이 된다.

사주팔자	시	일	월	년
	辛	戊	己	戊
	酉	戌	未	申

대　운								
	丁	丙	乙	甲	癸	壬	辛	庚
	卯	寅	丑	子	亥	戌	酉	申
	74	64	54	44	34	24	14	04

오행비율　金星:2.70　土星:1.26　火星:0.84
木星:0.00　水星:0.00

음양비율　음기:2.7　양기:1.2　중성:0.9

일주강약　2.10 (身强)

오신육친
용 신 : 水星　財星
희 신 : 木星　官星
기 신 : 土星　比劫
구 신 : 金星　食傷
한 신 : 火星　印星

운의 순위

오행의 수치를 산출하여 본 결과, 가장 강한 오행은 금성이다. 그로 인해 목성이 피해보고 있다. 목성을 구제하기 위한 오행은 수성과 화성이 필요한데, 수성은 아예 나타나 있지 않지만 화성은 수치나마 있다.

그렇지만 화성 역시 토성 속에 갇혀 있으므로 활동할 수 없으므로 결국엔 피해보고 있는 목성도, 구제오행인 수성이나 화성도 사주상에 없는 것 같아 길신이 없는 무격의 사주가 되었다.

그래도 꿈은 있으므로 용신과 희신은 찾아야 하고, 운의 순위를 알아야 삶의 고저를 찾을 수 있으므로 피해오행과 구제오행이 사주상에 다 있다고 가정하고, 일간에게 가장 필요한 오행을 찾아야 한다.

일간이 신강이라서 화성보다는 수성에게 금성의 기운을 빼내어 피해보고 있는 목성을 구하라고 한다.

따라서 제일 좋은 운은 수성의 운이며, 두 번째로는 목성의 운이고, 가장 안 좋은 운은 억제의 오행인 금성의 운이며, 억제의 오행을 생하는 토성의 운이 네 번째가 되고, 하나 남은 화성의 운이 세 번째를 차지하게 된다.

종합하면 1순위는 수성, 2순위는 목성, 3순위는 화성, 4순위는 토성, 5순위가 금성이 되는 것이다.

운의 흐름을 살펴보자. 초반 庚申, 辛, 壬戌대운인 금성의 시기는 5등이 되며, 다음으로 오는 癸亥, 甲子, 乙丑대운인 수성의 시기는 1등이 되었으며, 丙寅, 丁卯대운인 목성의 시기는 2등으로 마감하는 흐름이다.

福(복)과 德(덕)이란

처 복이 있다, 처 덕이 있다, 남편 복이 있다, 남편 덕이 있다, 부모 복이 있다, 부모 덕이 있다, 자식 복이 있다, 자식 덕이 있다는 등의 말을 주변에서 무수히 듣는다.

말의 뉘앙스는 틀리지만 대체적으로 같은 의미를 지닌 것으로 판단하고 있으며, 역학자들도 무심히 사용하고 있다. 그러나 엄밀히 말하면 복과 덕에는 엄청난 차이가 있다. 그것을 알기 위해선 복의 개념과 덕의 개념을 먼저 알아야 한다.

福이란 행복하다는 의미를 담고 있다. 행복하다는 것은 마음이 즐겁다는 것이다. 즐겁다는 것은 혼자만의 느낌이다. 느낌이라는 것은 정신적인 만족이다. 정신적인 만족은 형이상학적인 것이다.

즉, 누구와 비교되는 상대적인 개념이 아니라, 자기만의 자아도취라고 할 수 있다. 흔히 말하는 현실에서의 풍요로움이나 인품이니 출세니 하는 것과는 거리가 있다.

따라서 가진 것이 없어도, 남보다 출세하지 못해도, 공부를 많이 하지 않아도, 인품이 뛰어나지 않아도, 볼품이 없다고 해도, 몸이 건강치 못해도, 설령 병이 들었다 해도 자신의 삶을 행복하게 가꿀 수 있다면 그것이 바로 사주에서 말하는 복이란 개념과 같다.

德이란 개념을 말하기 전에 군자는 덕을 쌓아야 한다는 말이 있다. 군자는 왜 덕을 쌓아야만 하는가? 덕을 쌓는다는 것은 무엇을 의미하는가? 이것의 의미를 이해할 수 있다면 쉽게 덕의 개념을 알 수 있다.

가만히 생각해 보자. 군자가 덕을 쌓는 것을 원하지 않을 수도 있다. 그런데 고서에는 무조건 덕을 쌓으라고 한다. 이것은 무엇을 나타내는 것인가? 바로 베풀라는 뜻이다.

군자이므로 마음으로 베풀든지, 물질적으로 베풀든지, 지위를 이용해서 베풀든지, 좋은 위치에 있을 때 남을 위해 선덕을 쌓으면 훗날 그 선덕의 대가는 반드시 돌아온다는 의미로 덕을 쌓으라고 했다.

무엇을 바라고 했을까? 바로 자신의 안위이다. 안위라는 것은 곧 신변의 편안함이다. 몸이 편하려면 현실적으로 남보다 많이 가져야 하거나, 출세하여야만 되는 것으로 형이하학적인 것이 말함이다.

즉, 사주에서 말하는 덕이란 마음은 불편하더라도 잘 살기 위해서 맞추어 가는 것이라 할 수 있다.

복과 덕에 대한 결론을 내리면 복이란 의미는 몸은 불편하더라도 마음의 편안함을 의미하며, 덕의 의미는 마음은 불편해도 몸은 편해야 한다는 것으로 나누어진다.

문제는 사주상으로 복과 덕을 나누어야 하는데, 무엇을 근간으로 하여야 명확하게 복과 덕이 확실하게 나누어지는가에 있다.

기존의 이론에서도 이 부분이 명확하지 않았으므로 복과 덕의 개념을 나누지 못하고 두루뭉실한 채 현재까지 내려온 것이다.

필자는 이 부분에 대한 정의를 명확하게 내리고자 연구에 연구를 거듭한 끝에 명쾌한 해답을 얻어내어 이 장에서 밝히는 바이다.

먼저 복은 마음의 행복이라고 했다. 행복하다는 것은 꿈을 이루어야만 가능하며, 꿈이라면 곧 추구하는 삶이며, 추구하는 삶이란 바로 용신과 희신이 뜻하는 모습의 삶이다.

그렇다면 길신이 내포하고 있는 육친의 성향들을 나타내며 살아가든지, 또는 길신이 의미하고 있는 육친들을 만나면서 살아가야 행복하다는 결론에 이른다.

일간이 싫어하는 흉신(기신과 구신)들의 성향을 나타내고, 흉신이 뜻하는 육친들을 만나면서 살아간다면 어찌 행복하다고 할 수 있겠는가? 따라서 용신과 희신에 해당하는 육친들을 일간(나)은 무조건 좋아할 수밖에 없는 것을 복이라고 한다.

예를 들어 길신이 재성과 식상이라고 하자(남자일 때). 이 사람은 자기의 아내(재성)와 장인장모(식상)를 좋아한다는 것이다. 아내가 어떠한 성격의 소유자든, 처갓집이 어떠하든 결혼하게 되면 부모형제보다 처와 장인장모에게 조금이라도 더 잘 하려고 한다.

설령 처가 속을 썩인다 하더라도, 처갓집에서 무리한 요구를 해도 자신이 좋아하는 육친이므로 되도록 맞추어 가려고 한다. 그래야만 마음이 편하고 행복할 수 있기 때문이다.

반대로 길신이 인성과 비겁이라면 처가 현명하고 보필을 잘하고 돈을 잘 번다고 해도, 그리고 처갓집에서 도움 받는 것이 많다고 하더라도 부모형제의 의견에 더 따르고 무엇인가 도와주려고 한다.

현실적으론 처나 처갓집에 고마움을 느끼면서도 부모형제에게 관심을 쓰지 않으면 마음이 편하지 않기 때문이다.

결국은 자신의 마음이 편하기 위해서 자신이 좋아하는 육친에게 물질적이든, 정신적이든 도움을 주어야만 행복하다는 것이 바로 복의 개념이다.

따라서 용신과 희신이 뜻하는 육친의 복이 있다고 하는 것은 자신이 일방적으로 그 육친에게 봉사하고 배려하고 도와주고 좋아한다는 것을 뜻하지, 결코 그 육친에게 물질적으로 도움을 받는다는 것은 아니라는 것이다.

즉, 처복이 있다는 것은 자신의 사주에서 재성이 길신이 되었으므로 결혼만 하면 처에게 잘한다는 것이며, 부모복이 있다는 것은 인성이 길신이 되었으므로 부모가 자신에게 잘했든 못했든 관계 없이 부모에게 효도하고 싶은 것을 의미한다.

자식복이 있다고 하는 것은 자식을 뜻하는 육친(남자=관성, 여자=식상)이 길신이 되었으므로 그 자식이 못났든 잘났든 무조건 아끼고 사랑하고 도와주고 싶은 것이다.

그렇다면 덕은 무엇으로 보는가? 앞에서 덕이란 물질적인 도움이라고 했다. 누구의 도움이 있는가를 알아내는 방법은 바로 길신들의 위치이다.

사주 안에서 길신이 년주에 있는지, 월주에 있는지, 일지에 있는지, 시주에 있는가를 살펴 누구의 덕이 있음을 알 수 있으며, 천간에 있는지, 지지에 있는지를 파악해 덕의 크고 작음을 알 수 있다.

그 전에 각 주의 자리가 누구를 의미하는지 먼저 알아야 한다. 년주는 조상을 뜻했지만 지금은 조부모의 자리로 보는 것이 타당하고, 월주는 부모형제의 자리로 보고, 일지는 배우자의 자리로 보고, 시주는 자식의 자리로 보는 것이 옳다.

그래서 년주에 길신이 있으면 조부모의 도움을 받는 것이며, 월주에 있으면 부모형제의 도움을 받는 것이며, 일지에 있으면 배우자의 도움을, 시주에 있으면 자식의 도움을 받는다.

길신의 육친이 무엇이든 그것과는 전혀 관계 없이 다만 길신이 어느 자리에 위치해 있는가에 따라 덕이 있고 없음을 파악하는 것이다.

예를 들어 인성이 길신이다. 그리고 인성이 뜻하는 것은 부모지만 인성이 있는 곳이 일지이다. 따라서 누구를 뜻하는 것을 중요한 것이 아니라 인성이 있는 곳이 어디인가에 따라 덕의 유무가 결정되어진다.

일지는 바로 배우자의 궁. 그렇다면 당사자는 누구와 결혼하든 배우자의 도움을 받을 수 있는 것이다. 그것이 금전적인 도움이 되었던, 환경적인 도움이 되었던, 아니면 눈에 보이지는 않지만 현명하게 살도록 이끌어 주었던 말이다.

남자에게 재성이 길신이라고 하자. 재성이 뜻하는 육친은 처지만 재성이 있는 곳이 월지이다. 따라서 길신인 재성이 누구를 뜻하는가가 중요한 것이 아니라, 어느 자리에 위치해 있는가에 따라 덕의 유무가 달라진다.

월지는 부모의 궁. 부모가 어떻게 살든지 그것과 관계 없이 당사자는 부모로부터 금전적인 도움을 받든지, 환경적인 도움을 받든지, 아니면 눈에 보이지는 않지만 부모의 영향력으로 인해 당사자의 삶이 편해질 수 있다.

따라서 부모덕이 있다는 것은 인성이 길신이 되어야 하는 것이 아니고 월주에 길신이 있음을 뜻하고, 배우자의 덕이 있다는 것도 재성(처)이나 관성(남편)이 길신이 꼭 되어야 하는 것이 아니고, 길신이 일지에 있어야 한다.

자식덕이 있다고 하는 것도 관성(남자)이나 식상(여자)이 반드시 길신이 되어야 하는 것이 아니고, 시주에 길신이 있어야만 훗날 자식에게 무엇인가 도움을 받을 수 있다는 것이 된다.

다만 덕의 개념은 사주 구성에 따라, 운의 흐름에 따라 덕이 있었다가 없어지기도 하고, 없었다가도 생기기도 한다. 그리고 이왕에 덕이 있으려면 천간보다는 지지에 있는 것이 더 낫다. 무엇이든 더 많이 받을 수 있기 때문이다.

이젠 복과 덕에 대한 개념이 확실히 정리되었을 것이다. 처복이 어떠니, 처덕이 어떠니, 남편덕이 어떠니, 남편복이 어떠니 할 때 절대로 혼돈하지 않으리라 본다.

사주팔자 (남자)	시	일	월	년
	癸	己	癸	丁
	酉	丑	卯	巳

대 운							
乙	丙	丁	戊	己	庚	辛	壬
未	申	酉	戌	亥	子	丑	寅
79	69	59	49	39	29	19	09

오행비율 木星:1.20 火星:1.20 金星:1.00 水星:0.90 土星:0.50

음양비율 음기:2.4 양기:2.4 중성:0

일주강약 1.70 (身强)

오신육친
용 신 : 水星 財星
희 신 : 木星 官星
기 신 : 土星 比劫
구 신 : 金星 食傷
한 신 : 火星 印星

복과 덕

이 사주의 경우 길신은 용신인 재성과 희신인 관성이다. 아직까지는 총각이지만 훗날 결혼하게 되면 누구보다도 자신의 처(재성)나 자식(관성)을 좋아하리라 예상할 수 있다. 어떠한 여자를 만났든, 어떠한 자식을 얻었든 관계하지 않고 이 사람은 처와 자식이 옆에 있어야만 마음의 안정을 찾는다. 따라서 처복과 자식복은 있으나 형제복(비겁…기신)이나 처가집복(식상…구신) 그리고 부모복(인성…한신)은 없는 것이다.

그리고 덕을 살펴보는 것은 길신들의 위치이다. 즉 재성과 관성이 사주의 어느 곳에 있는가를 보아야 하는데, 여기서는 월간과 월지 그리고 시간에 길신들이 위치해 있다.

월주는 부모나 형제궁이다. 따라서 부모나 형제를 의미하는 인성이나 비겁은 길신이 아니지만 그들에게서 물질적인 도움은 받을 수 있다고 나타난다. 그래서 그런지는 몰라도 대학 졸업 후 직장에 다니지 않고 몇 년째 고시공부를 하고 있다.

오로지 부모의 물질적인 도움을 흠뻑 받아 가면서 편하게 공부하고는 있지만 인성이 길신이 아니어서 그런지 부모와의 관계는 원만치 못하다. 특히 아버지하고의 관계가 극도로 악화되어 집에 있지 못하고 밖(고시원)에서 공부하고 있다.

같은 서울인데도 이 친구는 일년에 몇 번만 집에 갈 뿐, 집하고의 인연을 거의 끊고 살고 있으며 어머니만 자주 왕래하면서 빨래거리를 정리해 주거나 반찬 등을 마련해 주고 있다. 그리고 시간에 있는 길신은 이 친구가 훗날 결혼하여 자식을 두게 되면 자식에게서도 무엇인가 도움을 받는다는 것을 예견하고 있는 것이다.

자식을 의미하는 관성은 길신이면서 자식의 자리인 시주에 길신이 있는 관계로 이 친구는 자식의 복과 덕을 함께 본다. 다만 그 길신이 시지에 없고 시간에만 있는 것은 자식의 덕을 많이 보지는 못한다는 것을 뜻한다.

천간의 비중이 지지의 비중보다 5분의 1수준이라서 천간에만 길신이 있는 경우엔 바라는 것의 5분의 1정도밖에 덕을 보지 못한다. 아쉬운 것은 처를 의미하는 재성이 길신이라서 자신의 처를 무척 사랑하나, 처궁의 자리인 일지에 길신이 없는 관계로 처의 도움(덕)을 보지 못한다는 점이다.

사주팔자 (여자)	시	일	월	년
	丙	甲	己	丁
	寅	午	酉	酉

대 운								
	丁	丙	乙	甲	癸	壬	辛	庚
	巳	辰	卯	寅	丑	子	亥	戌
	76	66	56	46	36	26	16	06

오행비율 金星:2.20 火星:1.40 木星:1.00
土星:0.20 水星:0.00

음양비율 음기:2.2 양기:2.4 중성:0.2

일주강약 1.00 (身弱)

오신육친
용 신 : 火星 食傷 (가용신)
희 신 : 木星 比劫
기 신 : 水星 印星 (진용신)
구 신 : 金星 官星
한 신 : 土星 財星

복과 덕

이 사람은 결혼 후 지금까지 살림만 한 사람으로 남편과 아이의 뒷바라지를 열심히 해 왔다고 한다. 요즘은 아이들도 다 자란 관계로 밖에서 친구들과 보내는 시간이 많아져 살림은 조금 등한시 한다고 했다.

이 사람의 복과 덕을 살펴보자. 길신은 복이라고 했으며 길신이 있는 위치에의 육친에게 덕을 본다고 했다. 이 사람에게 길신은 식상과 비겁이다. 여자에게 식상은 자식을 의미하므로 자식의 복이 있으며, 비겁은 친구나 형제로서 그들의 복이 있다고 한다.

이 말은 누구보다도 자식을 사랑한다는 것으로 자식이 옆에 있으면 마음의 행복을 느낀다는 것이며, 친구나 형제들을 만나면 마음이 놓인다는 것을 의미한다. 설령 그들에게 물질적인 손해를 본다고 하더라도 그들을 만나야만 행복할 수 있다는 것이다.

그래서 그런지 필자를 찾아온 상담의 내용도 자식의 대학입학에 관한 것이었고, 나이가 들면서 집안보다는 밖으로 나오는 시간이 많아지면서 친구들과 작은 장사라도 함께 하고 싶은 것이었다. 그래야만 남은 인생을 편하고 즐겁고 행복하게 살 수 있는 것이 아니라고 하면서 말이다.

그런데 이 사주에서 덕이 있는 육친은 남편의 자리와 자식의 자리이다. 남편을 의미하는 육친은 관성으로 구신에 해당하므로 남편과 함께 있으면 무엇인가 압박감을 받고, 재미가 없다고 하면서도 남편의 자리에 길신이 있으므로 물질적으론 남편에게 전적으로 의지하고 있다.

즉, 남편을 사랑하지 않으면서도 삶에 필요한 모든 비용은 남편에게 조달 받고 있는 셈이다. 남편은 가정을 이끌기 위해서 평생 고생을 하여도 이 사람은 남편의 고생을 진정 고맙게 느끼기보다는 당연히 해야 할 의무라고 여기고 있다.

또한, 자식을 뜻하는 식상은 길신이므로 복도 있었지만 자식의 자리인 시주에 길신이 위치해 있으므로 훗날 자식에게 큰 도움을 즉, 물질적인 도움을 받으리라는 것을 알 수 있다. 현재는 자식이 어리기에 그런 현상은 보이지 않지만 자식이 커 독립하면 이 사람은 자식에게 한 만큼 무엇인가 보상을 다 받을 수 있음을 사주상에 나타내고 있다.

이렇듯 아내의 운명에서 남편을 사랑하지 않았어도 일지에 길신이 있으면 남편에게서 물질적인 도움을 받을 수 있는 사람에게는 남편의 복은 없으나 남편의 덕은 있다고 하는 것이다.

사주팔자	시		일		월		년	
(여자)	丙		庚		辛		甲	
	戌		午		未		辰	
대 운	癸	甲	乙	丙	丁	戊	己	庚
	亥	子	丑	寅	卯	辰	巳	午
	74	64	54	44	34	24	14	04

오행비율	火星:2.04 土星:1.36 金星:0.70 木星:0.70 水星:0.00
음양비율	음기:0.7 양기:3.1 중성:1
일주강약	2.06 (身强)
오신육친	용 신 : 火星 官星 희 신 : 土星 印星 기 신 : 水星 食傷 구 신 : 木星 財星 한 신 : 金星 比劫

복과 덕

이 사람은 현실적으로 부모님에게도 남편에게도 다 덕을 보고 살고 있는 운명인데 본인 자신은 그렇지가 않았다고 우겼던 사람이었다. 사주 지지 전부가 길신인데 왜 그랬을까 알아보자.

먼저 길신은 관성과 인성으로 남편의 복과 부모의 복을 타고났음을 알 수 있다. 실제의 삶에서도 남편을 사랑하고 부모도 끔찍하게 위하고 있었다. 다만 자신이 한 만큼 그들은 자기의 마음을 몰라준다며 불평불만을 했다.

부모는 자신보다 형제에게 애정과 관심을 더 주었다고 여기고 있었으며, 남편은 자신도 사랑하면서도 시부모에게 관심을 더 준다고 생각하고 있다. 어찌 되었든 관성과 인성이 길신이니까 그들을 좋아하고 있는 것은 틀림없는 사실임을 알 수 있었지만, 자신이 한 만큼 그들에게 인정 받지 못하고 있다는 것은 욕심이라 아니할 수 없다.

덕을 살펴보자. 년간과 월간만 빼놓고는 사주 전체가 길신이므로 조상의 자리, 부모의 자리, 남편의 자리, 자식의 자리가 다 이 사람에게는 덕이 된다는 것인데, 정작 본인이 느끼는 물질적인 도움은 어느 누구에게도 만족하지 못하고 있다는 것에 문제가 있다.

이 사람이 이 나이가 될 때까지 돈을 벌어 본 적도 없었고, 같은 또래에 비해서도 물질적으로 나은 삶을 살고 있었는데도 불구하고 부모의 덕이나 남편의 덕을 그다지 흔쾌히 인정하지 않고 살고 있다.

왜 그럴까? 덕이란 것은 물질적인 도움인데 사주상에 덕이 많으면 도움 받을 곳이 많아서 오히려 고마움을 느끼지 못하고 있기 때문이다. 그것은 덕이란 것은 많으면 많이 받는 것이 아니고 자신이 평생 받아야 할 것을 여기저기에서 나누어서 받기 때문이다.

나누어 받으면 한 곳에서 많이 받는 것보다는 아무래도 고마움을 크게 느끼지 못하는 것이 사실이므로 본인으로서는 어느 한 육친에게 고맙다는 감사의 표현을 하기가 어려워지기 때문이다.

그래서 이 사람은 부모에게서 물질적인 도움을 받아 유학까지 갔다 와서 좋은 신랑 만나 결혼해 바깥의 일도 하지 않고 오로지 살림만 하면서도 남편의 도움으로 남보다 한층 더 나은 삶을 살고 있으면서도 그 고마움을 표출하기보다는 애증의 관계로 일관하면서 살고 있는 것이다.

그리고 시주에 길신이 있으므로 훗날 자식이 독립하여 이 사람에게 물질적인 도움을 주어도 이 사람은 그것에 대해서도 역시 고마움을 표시하기보다는 당연한 것이라고 여길 수도 있다.

사람이 태어나 평생 받아야 할 물질적인 것은 그 양이 정해져 있으므로 그것이 여러 개로 나누어져 조금씩 받는다면 주는 사람에게 고마움을 크게 느끼지 못하니 길신이 많아도 반드시 좋은 것만이 아님을 알아야 한다.

사주팔자 (남자)	시	일	월	년
	己	丙	戊	丙
	丑	辰	戌	午

대 운								
	丙	乙	甲	癸	壬	辛	庚	己
	午	巳	辰	卯	寅	丑	子	亥
	75	65	55	45	35	25	15	05

오행비율 土星:1.96 火星:1.20 金星:0.84 水星:0.50 木星:0.30

음양비율 음기:1.84 양기:1.5 중성:1.46

일주강약 1.50 (身强)

오신육친
용 신 : 金星 財星
희 신 : 水星 官星
기 신 : 火星 比劫
구 신 : 土星 食傷
한 신 : 木星 印星

복과 덕

이 사람의 일생은 보통 사람들의 일생하고 조금 다른 인생의 흐름을 보이고 있다. 그렇게 된 가장 큰 이유는 길신에 있다.

사주상의 길신은 재성과 관성으로 남자에게는 아내와 자식이다. 그렇다면 이 사람은 아내와 자식을 좋아했다는 말이다. 어떤 여자가 되었든, 어떤 자식이 태어나든 이 사람은 아내와 자식이 있어야만 마음의 평온을 찾는다는 것을 알 수 있다.

그래서 그랬을까? 수많은 여자들을 만났지만 아내로 선택한 사람은 결혼경력이 있는 여자였다. 처음엔 불장난으로 만나 사귀다가 그 사람이 임신을 하는 바람에 이상형도 아니었는데 결혼까지 하게 되었다.

결혼하는 순간부터 무엇인가 잘못된 것을 알았지만 그 사람이 자신의 2세를 임신하고 있었으므로 책임을 지겠다는 마음 하나로 연상의 여자이면서 이혼녀지만 자신의 아내로 삼았던 것이었다.

나름대로 아기자기한 가정을 꾸미면서 살아갔으나 투자한 것이 손해가 되고 인터넷 사업도 손해를 보면서 소송에 휘말리게 되는 바람에 아내의 명의로 아파트를 등기해 주고 정략적인 이혼을 했단다.

그 순간부터 아내의 태도는 180도 달라져 이 사람에게 집을 나가 살라는 식으로 대했고 남편으로서의 대접도 하지 않았으며 오직 아이와 자신만을 위해 살겠다는 삶으로 바뀌었다고 한다.

헤어진 것이 2002년인데 그때부터 지금까지 아내에게 냉대 받으면서도 퇴근하면 집으로 찾아갔다고 한다. 아마 말로는 표현하기 힘들지만 엄청난 냉대와 괄시를 받은 듯하다. 그래도 집으로 가야만 마음이 편하다고 하니 필자가 이 사람에게 무슨 말을 해야 할지 난감했었다.

사주의 길신은 재성과 관성인데, 문제는 사주상에 길신이 하나도 없다는데 있었다. 길신이 하나도 없다는 것은 어느 육친에게도 물질적인 도움을 받을 수 없다는 것과 동일한 것으로 자신이 사랑했던 사람은 물론 그 누구에게도 도움을 받지 못하는 운명이 되었다.

도움은커녕 누구든지 이 사람에게서 무엇인가 빼앗아 가려는 사람들로 붐비지 아무리 착한 사람이 이 사람의 옆에 있어 도와주려고 해도 결과적으로 보면 이 사람에게는 절대 도움이 되지 않는다는 것이다.

조상의 도움도, 부모나 형제의 도움도, 아내의 도움도, 자식의 도움도 전혀 없는 운명으로 이 사람은 태어났다. 그래서 힘들게 살아왔건만 자신이 아꼈던 아내마저도 사업이 실패하면서 자기의 실속을 챙기려고만 했지, 이 사람을 위해서 도움은커녕 해만 주는 결과를 가져왔다.

필자는 이 사람에게 이런 말을 하면서 상담을 끝냈는데 '이 세상에서 가장 중요한 것은 자기 자신이지 그 누구도 아니다. 따라서 부인이 뭐라고 하든지 독립할 때까지 집에 있다가 능력이 되거든 집을 나오고, 그 누구도 믿지 말고 혼자서도 재미있게 살 수 있는 방법을 찾아 인생을 즐기라' 고 했다.

사주팔자 (남자)	시	일	월	년
	辛	戊	乙	壬
	酉	寅	巳	辰

대 운								
	癸	壬	辛	庚	己	戊	丁	丙
	丑	子	亥	戌	酉	申	未	午
	72	62	52	42	32	22	12	02

오행비율 木星:1.70 火星:1.20 金星:1.20 土星:0.50 水星:0.20

음양비율 음기:1.4 양기:2.9 중성:0.5

일주강약 1.70 (身强)

오신육친
용 신 : 金星 食傷
희 신 : 水星 財星
기 신 : 火星 印星
구 신 : 土星 比劫
한 신 : 木星 官星

복과 덕

아내로 인해 모은 재산을 세 번이나 날려 버린 운명의 소유자인데 아직도 아내를 사랑하며 같이 살고 있는 남자의 운명이다. 어째서 그런 일이 생겼는지를 알아보자.

이 사주에서는 길신이 식상과 재성이다. 이 말은 식상의 복과 재성의 복이 있는 것으로 결혼하게 되면 친가보다도 처갓집과 아내를 좋아한다는 의미를 담고 있다. 실제로 이 사람은 어렸을 때 집안이 몰락하는 바람에 일찍이 고향을 떠나 갖은 고난과 풍파를 견디며 어렵게 자수성가한 사람으로 친척간의 정을 모르고 자랐다.

그래서 그랬는지 오랜 연애 끝에 결혼하여 장인장모에게 얼마나 잘 했는지 처갓집 동네에서 소문나기를 사위가 하는 효도가 친아들이 하는 것보다 훨씬 낫다는 소문까지 있었다. 그러니 아내를 사랑하는 마음이야 무엇에 비유할 것인가? 길신이 식상(처갓집)과 재성(아내)이니 이 사람에게는 무조건적인 애정을 줄 수밖에 없을 것이다. 그들에게 무엇을 받아서가 아니라 자신이 즐겁고 행복하기 위해서 그렇게 했던 것이다.

문제는 덕에 있었다. 길신이 있는 곳은 시주와 년간뿐이다. 시주는 자식의 궁으로 자식들이 자라 독립하면 그 덕을 볼지 모르지만, 결혼이 늦는 바람에 큰 딸이 현재 대학 2학년, 아들은 고등학교 2학년이니 앞으로도 몇 년은 더 기다려야 한다.

년간에 있는 길신은 그 힘이 미미하므로 조상의 음덕을 본다는 것은 그리 가망이 없어 보이며, 부모형제의 궁인 월주와 처궁인 일지가 흉신들이 자리잡고 있으므로 부모의 덕이나 처덕을 볼 수는 없다.

물질적인 도움은 볼 수 없을지라도 그들로 인해 손실은 없어야 하는데, 월주나 일지에 흉신들이 자리잡고 있으므로 본의 아니게 피해를 보는 경우가 발생한다. 그래서 40대 중반까지는 홀로 사시는 어머님의 뒷바라지와 형편이 어려운 형제에게 재정적인 뒷받침을 주었다.

부모나 형제들에게 좋은 감정은 있지 않았으나 자신보다 형편이 더 어려웠으므로 도와준 것까지는 좋았으나, 문제는 아내였다. 자신이 진정 사랑하고 아끼는 아내가 주식투자와 땅 투기를 하다가 손해를 보았고, 친구들끼리 동업으로 조그마한 가게 운영한다고 했다가 역시 손해를 보는 그런 일들이 일어난 것이다.

부모나 형제에게 들어간 금액보다 몇 십 배가 넘는 금액을 손해 보아 현재 어려운 살림을 하고 있다. 누구보다도 사랑한 아내가 돈을 더 벌려고 밖에 나서서 한 것들이 모두 다 손해로 돌아왔으니 이 사람의 마음이 어떠하겠는가? 지금도 아내는 돈만 있다면 또 무엇인가 일을 벌리려고 할 것이므로 아내 모르게 자금을 관리하고 있다고 한다. 필자가 물어 보았다. '당신이 뼈빠지게 일해서 번 돈을 아내가 한 순간에 날리는데 그래도 아내를 사랑하냐고?' 말이다. 그랬더니 하는 말이 '아내가 옆에 있지 않으면 한 시간도 살 맛이 나지 않으니 어떡하겠냐!' 는 말과 함께 상담을 끝냈다.

이렇게 재성이 길신이지만 배우자의 자리에 흉신이 있으면 아내를 사랑하되, 아내에게 어떠한 물질적인 도움이나 삶의 도움을 받을 순 없고, 오히려 손해를 볼 수도 있음을 알아야 한다.

결국 이 사람은 처복은 있으나, 처덕은 없는 운명을 타고난 것임을 여실히 증명해 주고 있는 것이다.

녹현 方程式(방정식)

녹현역의 묘미는 용, 희신을 찾아가는 과정 즉, 녹현방정식에 있다. 우리나라보다 역학을 먼저 수치화 한 중국이나 일본이 역학을 학문적으로 퍼뜨리지 못한 이유는 용, 희신을 찾아내는 공식이 없었기 때문이다.

누가 봐도 상당할 정도로 수치를 정밀화 시켰지만 용,희신을 잡아내는 공식을 창안하지 못했으므로 역학을 학문으로 인정 받을 수도 없었고, 현실과 근접된 사주프로그램도 만들지 못하고 실패하고 말았다.

그러나 필자는 역학을 수치화하는 데에만 국한하지 않았다. 솔직히 수치화하는 것은 누구나 할 수 있다고 보았기 때문이다. 문제는 수치화가 아니라 현실적인 상황과 맞는, 당사자의 마음과 맞는, 추구하는 것과 끌려가는 것이 맞는 그런 용, 희신을 뽑을 수 있는가에 있었다.

그리고 공식에 들어가기에 앞서 왜 녹현이론은 사주 중에서 가장 수치가 센 오행에 의해 피해보고 있는 오행을 구하는 공식으로부터 시작하는가에 많은 의문을 가질 것이다. 이 부분을 알려면 필자가 바라본 인간의 삶, 그 끝은 어디인가를 알 필요가 있다.

그 전에 여러분에게 이런 질문을 먼저 하고 싶다. 사람으로 태어나 사람이 추구해야 할 가장 궁극적인 목표가 무엇인가를 말이다.

출세하는 것일까? 돈을 많이 버는 것일까? 이름을 남기는 것일까? 멋지게 사는 것일까? 하고 싶은 것 다하며 사는 것일까? 과연 어떤 대답을 여러분들은 할 것인가? 어떻게 사는 것이 동물과 다른 삶이며 가장 인간적인 삶일까 라는 질문에 과연 여러분들은 어떤 선택을 하겠는가 말이다.

한번쯤 생각해 볼 문제인데, 그 해답은 삶의 질이 차이가 나는 후진국보다는 인간의 삶이 그나마 고른 선진국에서 찾아볼 수 있는데, 선진국에서는 이런 정신이 깃들어 있다고 한다.

사람으로 태어났으면 너나 할 것 없이 고루 행복하게 사는 것이라고 말이다. 여유가 있는 나라니까 그럴 것이다라고 한다면 할 말은 없지만, 사람으로 태어나면 누구나 그런 사고를 지녀야 하는 것이 올바른 가치관을 지닌 것이라 본다.

그러려면 힘이 없는 사람과 병들은 사람, 그리고 약한 사람과 몸이 성치 않은 사람, 또는 늙은 사람과 가진 것이 아무 것도 없는 사람들은 누군가에게 도움을 받아야만 살 수 있다. 따라서 힘이 있고 몸이 성한 사람들과 돈 많고 권력을 가진 사람과 이름을 떨친 사람들이 그들을 돌보며 함께 어울리며 도와주며 살아가야만 한다는 것이다.

그래야만 약한 자들도 누구나 누릴 수 있는 기본권리를 맛볼 수 있는 기회를 줄 수 있으며, 만물의 영장인 인간으로써 더불어 살아갈 수 있고, 아름다운 세상을 만들 수 있다고 한다.

힘 있는 사람은 힘으로 그들을 돕고, 돈이 많은 사람은 돈으로 그들을 돕고, 권력이 강한 사람은 권력을 이용해서 그들을 돕고, 이름난 사람들은 그 유명세를 이용하여 그들을 돕는 삶이야 진정 인간이 추구해야할 최고의 가치관이자 봉사이며 삶이라는 것이다.

그런 의미에서 필자는 녹현방정식을 착안했다. 즉, 어느 한 편이 너무 커지면 그 이면에는 쪼그라드는 편이 있을 것인데, 그 편을 위해서 모두가 발벗고 나서서 도와주어야 하는 것이 아닌가? 그러한 삶의 법칙을 역학이론에 적용한 것은 역학이라는 학문 역시 인간의 삶을 위해서 태어난 학문이기 때문이다.

가령 사주 여덟자 중에서 나(일간)를 제외한 나머지 일곱자에서 어느 한 오행이 강하면 어느 한 오행은 알게 모르게 피해를 받고 있음을 알 수 있다. 따라서 피해를 받고 있는 오행을 구제해야 한다는 것이다.

이러한 공식의 법칙은 바로 위에서 설명한 강한 사람에 의해 약한 사람이 피해를 보고 있을 때, 그 사람을 구제하기 위해서 어느 한 사람이 강한 사람의 기운을 억제하거나 빼내주는 역할을 해야만 공평해진다는 방식이다.

그리고 모든 것을 주관하는 사람은 바로 자신이므로 자신을 나타내는 일간이 선택해야 하는데, 선택의 기준은 신강과 신약, 그리고 음기와 양기의 차이 등을 따져 강한 기운이나 방해하는 기운을 빼내던지 아니면 억제하던지 하는 것으로 공식이 일차에서 끝나기도 하고, 이차, 삼차를 넘어 사차방정식까지 진행되어 끝날 수 있도록 하였다.

녹현방정식은 누구나 납득할 수 있으며 치우치지 않는 공식으로 공평하게 진행될 수 있도록 완전 수치화 및 과학화 그리고 공식화 한 것을 뜻한다.

그리고 격국의 명칭에 대해서도 설명하겠다. 고서나 어떠한 현대 이론에도 전혀 없는 격국의 명칭들이 필자의 이론에서는 나오기 때문이다. 격국의 명칭을 이해하기 전에 먼저 용신과 희신의 관계를 살펴볼 필요가 있다.

지금까지의 이론은 용신이 나오면 희신은 그것을 생하는 오행을 희신이라고 하며, 또 다른 이론은 격용신 따로, 조후용신 따로 잡았으며, 또는 희신이 없는 경우도 있고, 어떤 이론은 월 지장간에서 무엇이 투출되어 있는가에 따라 격국을 잡았었다.

그리고 지지의 합충형파에 의해 서로가 깨지면 천간에 있는 것들만으로 격국을 잡았으며, 또 물상론에 의해 용신과 희신이 전혀 다른 격국으로 잡기도 한 것이 지금까지의 현실이었다.

어느 것이 옳은 이론인지 설령 옳다고 해도 정리되거나 통일된 이론이 없으므로 공부하려는 사람에게는 가장 어려운 부분인 것도 사실이었다.

그러나 역학의 모든 이론들을 인간의 삶에 맞게 하나 하나 대입해 보면 아무리 어려운 사주일지라도 체계적이며 순리적으로 풀어지는데, 다만 그러한 체계를 갖춘 이론이 탄생하지 않아 많은 어려움을 겪었다고 본다. 그렇지만 녹현역의 격국은 간단명료하다.

용신과 희신이라는 관계란 아주 밀접하고 다정한 사이가 되어야지 그렇지 않은 사이라면 용, 희신 관계를 이룰 수 없다고 필자는 본다.

실제의 삶에 있어서도 그러한 논리가 적용됨을 우리는 주위에서 많이 발견할 수 있기 때문이다.

예를 들어보자.

가령 자신하고 알고 지냈던 사람과 전혀 모르는 사람이 곤경에 빠져 있다고 한다면, 당신은 누구에게 먼저 도움의 손길을 내밀 것인가. 대부분의 사람들은 아마 조금이라도 알고 지냈던 사람에게 먼저 구원의 손길이 갈 것이다.

또 알고 지냈던 사람과 친형제지만 의가 나빠서 서로 자주 만나지 않았더라도 그 둘이 힘들고 어려운 처지에 같이 빠져 있다고 하면 역시 누구보다도 형제를 먼저 구하려고 하는 것은 인지상정이다.

이는 무엇을 의미하는 것일까? 너나 할 것 없이 모르는 사람보다는 자신과 조금이라도 안면이 있거나, 또는 자신과 더 가까운 사람을 먼저 구하려고 하는 것은 그·만큼 친하다는 것을 뜻한다.

그러한 우리의 방식을 사주에 도입한 것이 필자의 이론인데 즉, 어느 한 오행이 용신이 된다면 희신이라는 육신은 그 용신과 상생 관계에 있는 오행이어야지 그렇지 않다면 서로가 서로를 구해주고 구해줄 수 없다.

부모(희신)을 구하기 위해 자식(용신)이 앞장서서 용감하게 싸울 수도 있으며, 자식(희신)을 구하기 위해서 부모(용신)가 앞장을 설 수도 있는 것이 인간사에는 부지기수로 일어나고 있다.

바로 그러한 방식에 의해 용신과 희신 사이에 "生"자와 "保"자 그리고 "用"자가 들어가는 격들이 탄생한 것이다.

어느 사람이 인성이 용신이고 관성이 희신이라고 하자. 이러한 길신(용, 희신)이 나오게 된 조건을 녹현방정식에서 찾아보면 식상이 관성을 억제하고 있는 공식임을 알 수 있다. 그래서 인성이 식상을 억제하여 관성을 구하는 공식으로 끝난다.

그런데 육친의 상생 관계에 있어서는 관성의 생을 받는 것이 인성인데, 어찌 인성이 관성을 구할 수 있는가에 있다. 오히려 관성의 기운을 빼내가는 역할을 인성이 하고 있는 것이 아닌가(?)라는 의문이 생길 수도 있다.

따라서 그런 논리의 용, 희신관계는 이론상 성립될 수 없다고 할지 모르지만 사람이 살고 있는 세상은 그러한 논리가 엄연히 존재하고 있기 때문에 가능한 논리라고 할 수 있다.

즉, 관성이 인성을 생하므로 관성은 인성의 부모라고 한다면 인성은 자식이다. 관성(부모)을 구하기 위해 인성(자식)이 나왔다는 것은 자식이 부모를 구하기 위해서 적과 맞서 싸우는 것을 나타내고 있는 것이다.

그러한 현상들은 우리의 주변에서 흔히 일어나고 있는 것이 아닌가? 따라서 용신(자식)이 희신(부모)의 생을 받을 때는 부모의 보호를 받고, 다 자란 자식이 오히려 부모를 보호한다는 차원에서 길신 사이에 보호할 "保"자를 넣어 격국을 만들었다.

그래서 인성(자식=용신)이 관성(부모=희신)을 보호하는 의미로 "인성保관성격"이라 부르는 것이다. 이렇게 "保"자가 들어가는 격국의 종류는 모두 다섯 가지가 나온다. "인성보관성격" "관성보재성격"

"재성보식상격" "식상보비겁격" "비겁보인성격"이 바로 그것이다.

그리고 위와는 반대의 경우가 있다. 관성이 용신이고 인성이 희신일 때의 조건을 녹현방정식에서 찾아보면 재성이 인성을 억제하고 있는 공식이다. 그래서 관성이 재성의 기운을 설기해서 인성을 생하는 공식으로 끝나는 것을 말한다.

이러한 공식은 자연스럽게 보인다. 재성이 관성을 생하고 관성은 인성을 생하는 모양이기 때문이다. 그렇다면 위와는 반대의 경우가 생기는데, 부모인 관성이 자식인 인성을 생하는 모양이니 자식을 구하기 위해서 부모가 앞장섰다는 뜻이 담겨 있는 것이다.

따라서 자연스럽게 관성(부모=용신)이 인성(자식=희신)을 도와준다는 의미에서 용신과 희신 사이에 생한다는 "生"자를 넣어 격국을 만들었다. 그런 이유로 격국의 이름은 "관성生인성격"이라 부르게 된 것이다.

이렇게 "生"자가 들어가는 격국의 종류도 다섯 가지가 나오는데 "관성생인성격" "인성생비겁격" "비겁생식상격" "식상생재성격" "재성생관성격" 등이 있다.

그리고 또 다른 격국이 다섯 가지가 있다. 생격과 보격과는 조금 다른 조건으로 이루어졌다.

큰 차이점은 생격이나 보격들은 피해를 당하고 있는 오행을 구제할 수 있는 오행이 사주 상에 나와 있지만, 이번에 소개하는 격국들은 구제의 오행이 없는 것이다.

녹현방정식에서 재성이 인성을 억제하는 공식이 나왔다고 하자. 그렇다면 반드시 재성을 억제하는 비겁이나 재성의 기운을 빼주는 관성이 구제의 오행으로 나와서 인성을 구해야 한다.

그러나 비겁이나 관성이 사주 상에 없거나, 있어도 활동할 수 없는 오행이라면 어떻게 피해보고 있는 인성을 구해낼 수 있는 것일까? 전혀 방법이 없다. 이럴 땐 참으로 막막할 것이다.

그래도 사주의 주인공은 사람이므로 반드시 추구해야 할 삶과 끌려가는 삶이 나와야 하고, 좋아하고 싫어하는 육친도 존재해야 하며, 운의 좋고 나쁨도 있어야 하므로 길신(용, 희신)은 존재해야 한다.

만약 용신이 없다면 생각을 전혀 안하고 사는 동물들과 다를 바가 없으므로 구제의 오행이 없어도 용신은 나와야 한다. 과연 무엇으로 용신을 삼아야 하는 것일까? 그것은 바로 피해를 당하고 있는 오행이 용신이 되며, 구제의 오행이 없는 관계로 병이 들었다는 의미에서 병신이라고 부른다.

피해를 당하고 있는 육친이 인성이라면 바로 인성이 용신이 되고, 사주 상에 인성을 구해줄 수 있는 오행은 없으므로 피해보고 있는 인성 자신이 인성을 구한다는 의미에서 "用"자를 집어넣었다. 즉, 자신 스스로 자신을 구한다는 뜻으로 "인성用인성격"이라 부른다.

이렇게 "用"자가 들어가는 격국도 다섯 종류가 있는데 "인성용인성격" "비겁용비겁격" "식상용식상격" "재성용재성격" "관성용관성격"으로 나누어진다.?

녹현방정식의 기본적인 구도인 피해를 주는 오행 즉, 억제오행과 피해를 당하고 있는 오행 즉, 피해오행 그리고 피해를 보고 있는 오행을 구제해 주는 구제오행이라는 아주 단순한 논리인데, 이 논리가 현대인들의 삶에 있어 본인들도 잘 모르는 내면의 세계는 물론 어떠한 성격이 장점이고 단점인지 그리고 무엇을 추구하며 사는지 또는 어떠한 직업이 맞는 것인지, 나아가 사회생활을 함에 있어 어떻게 처신하며 살아야만 일평생을 무사히 마칠 수 있는지 등을 알려주는 유일한 공식이다.

녹현방정식은 일차에서 끝나기도 하고 이차 삼차 더러는 사차까지 나아가서 끝나기도 한다. 왜 일차에서 끝나기도 하고 어느 때는 사차까지 나아가야 하는가? 이는 어떤 사주가 좋고 나쁜가를 가리는 것이 아니고 오신(용, 희, 기, 구, 한신)을 정확히 뽑기 위해서이다.

오신이 잘못 나오면 엉뚱한 해석을 할 수 있어 큰 오류를 범하므로 그런 오류를 막을 수 있도록 하기 위해서다. 지금부터 일차방정식에서 사차방정식까지의 과정을 알아보기로 하자.

[一次 方程式(일차 방정식)]

사주상에 가장 강한 오행에 의해 피해 보고 있는 오행을 한 번의 공식으로 구제의 오행이 나오는 경우를 일컬어 일차방정식의 운명이라고 한다.(단, 구제오행을 억제하는 오행이 없어야 한다.)

사주팔자	시		일		월		년	
	甲		乙		甲		庚	
	申		酉		申		子	
대 운	丙	丁	戊	己	庚	辛	壬	癸
	子	丑	寅	卯	辰	巳	午	未
	76	66	56	46	36	26	16	06

오행비율 金星:3.40 水星:1.00 木星:0.40 火星:0.00 土星:0.00

음양비율 음기:4.4 양기:0.4 중성:0

일주강약 1.40 (身强)

사주방정식

공식 설명

우선 일간이 신강인지 신약인지를 살펴보자. 일간이 목성이기에 일간을 도와주는 오행(수성과 목성)의 합을 보니 그 합이 1.40으로 신강의 최소한계수치인 1.21를 넘었으니 이 일간은 신강이다.

금성이 강해 목성이 피해보고 있다. 목성을 구하기 위해서는 수성과 화성이 필요한데 일간이 신강이기에 화성에게 금성을 억제해서 목성을 구하면서 일간의 기운도 빼내고 싶지만 사주상에 없기에 어쩔 수 없이 수성에게 부탁을 한다.

여기서 만약 구제오행인 수성을 억제하려는 토성이 있다면 이차방정식으로 넘어가야 하나 없기에 공식은 일차에서 끝난다. 이처럼 한 번의 공식으로 끝나는 사주는 일차방정식의 운명이라 부르는 것이다.

그리고 용신은 수성으로 인성이고, 희신은 용신이 구제하고자 했던 목성으로 비겁이므로 격국의 명칭은 용신인 인성이 희신인 비겁을 생하는 모양으로 [인성생비겁격]이라 한다.

오신육친	용 신 : 水星	印星 (가용신)
	희 신 : 木星	比劫
	기 신 : 土星	財星
	구 신 : 金星	官星
	한 신 : 火星	食傷 (진용신)
격 국	印星生比劫格	

사주팔자	시	일	월	년
	丙	庚	甲	己
	戌	辰	戌	亥

대　운								
	丙	丁	戊	己	庚	辛	壬	癸
	寅	卯	辰	巳	午	未	申	酉
	75	65	55	45	35	25	15	05

오행비율	土星:1.56　金星:1.54　水星:1.00 木星:0.50　火星:0.20
음양비율	음기:2.54　양기:0.7　중성:1.56
일주강약	3.10 (身强)

사주방정식

공식 설명

먼저 신강인지 신약인지를 파악하자. 일간이 금성이라 토성과 금성의 수치를 보면 되는데 그들의 합이 3.1이 되니 신강이다.

토성이 강해 수성이 피해를 보고 있는데 수성을 구하기 위한 오행은 금성과 목성이다. 일간이 신강하므로 목성에게 토성을 억제하여 수성을 구하고 일간의 기운을 빼내는 방법을 찾은 것이다.

여기서도 목성을 억제하는 금성이 있다면 또 한번의 방정식을 대입해야 하나 없기에 일차방정식에서 끝난다. 따라서 용신은 목성으로 재성이며 희신은 수성으로 식상이 되어 격국은 [재성보식상격]이 된다.

오신육친	용 신 : 木星	財星
	희 신 : 水星	食傷
	기 신 : 金星	比劫
	구 신 : 土星	印星
	한 신 : 火星	官星
격 국	財星保食傷格	

사주팔자	시	일	월	년
	戊	戊	丙	癸
	午	戌	辰	丑

대 운								
	戊	己	庚	辛	壬	癸	甲	乙
	申	酉	戌	亥	子	丑	寅	卯
	79	69	59	49	39	29	19	09

오행비율 土星:1.76 火星:1.20 木星:0.84 水星:0.70 金星:0.30

음양비율 음기:1.5 양기:2.04 중성:1.26

일주강약 2.96 (身强)

사주방정식

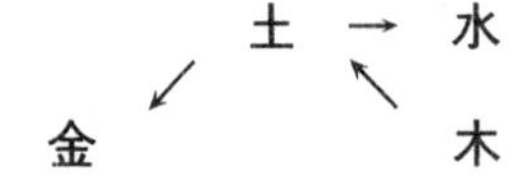

공식설명

일간을 도와주는 오행의 합(화성+토성)이 2.96으로 최소한계수치인 1.21를 넘었으므로 신강이다. 그리고 가장 강한 오행은 토성으로 수성이 피해보고 있다. 수성을 구제하기 위한 오행으로는 금성과 목성이 필요하다.

오행의 수치를 보면 금성하고 목성의 기운이 존재하고 있다. 문제는 사주 표면에 나타나 있지 않고 지지의 토성 속에 숨어 있다. 숨어 있다면 활동할 수 없다고 했으므로 토성에게 피해보고 있는 수성을 구할 오행은 없는 것과 다름이 없다.

따라서 이 사주의 운명은 일차방정식으로 끝나고 용신인 피해보고 있는 수성이 되나, 이미 토성에 의해 병이 들었으므로 병신이라고 일컫으며 격국은 병신은 수성이 재성이므로 [재성용재성격]이라 한다.

오신육친	병 신 :	水星	財星
	1약신 :	金星	食傷
	2약신 :	木星	官星
	기 신 :	土星	比劫
	한 신 :	火星	印星
격 국	財星用財星格		

[二次 方程式(이차 방정식)]

일차방정식에서 나온 구제의 오행을 사주상에서 또 다시 억제하는 오행이 있어 자유롭게 활동하지 못하는 경우에 한해서 또 한 번의 공식을 사용해야 하는데, 이 때를 가르쳐 이차방정식의 운명이라 한다. (단, 이차의 구제오행을 억제하는 오행은 없어야만 성립된다.)

사주팔자	시	일	월	년
	壬	丙	壬	乙
	辰	辰	午	巳

대 운								
	庚	己	戊	丁	丙	乙	甲	癸
	寅	丑	子	亥	戌	酉	申	未
	72	62	52	42	32	22	12	02

오행비율 火星:2.20 木星:1.20 土星:1.00
水星:0.40 金星:0.00

음양비율 음기:0.4 양기:3.4 중성:1

일주강약 3.40 (身强)

사주방정식

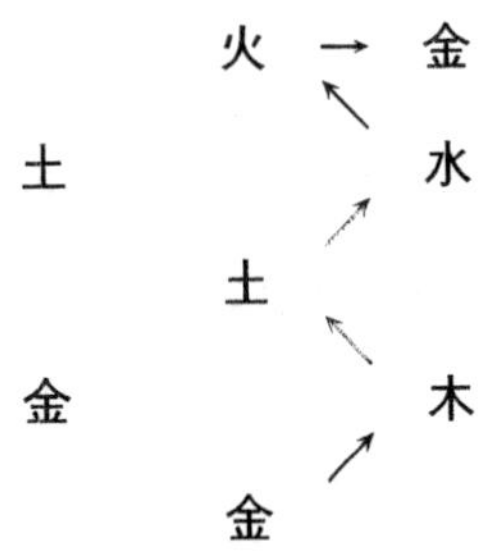

공식 설명

일간을 도와주는 오행(목성+화성)의 합을 보자. 3.4로 최소한계수치인 1.21를 넘었으니 신강이다. 사주에서 가장 강한 것이 화성으로써 금성이 피해보고 있다. 구제의 오행으로는 수성과 토성이 필요하다.

구제의 오행이 수성은 관성이고 토성은 식상이므로 사주 전체의 음기와 양기의 차이를 보고 구제오행을 구한다. 여기서는 양기가 음기보다 3.0이 더 많으므로 음양차이의 한계수치인 1.11을 넘었다. 따라서 부족한 음기를 보충해 주는 것이 무엇보다 필요하므로 일간은 수성에게 부탁을 하면서 일차공식은 끝난다.

그러나 일차 구제오행인 수성을 방해하려는 토성들이 있어 또 한 번의 공식을 대입해야 한다. 토성이 수성을 억제할 때는 금성과 목성이 구제의 오행이다. 신강이기에 금성에게 부탁하고 싶었으나, 사주에 금성은 없으므로 할 수 없이 목성에게 수성을 구하라고 하면서 이차공식은 끝난다.

따라서 방정식을 두 번 사용했으므로 이 사주는 이차방정식의 운명이며, 용신은 목성으로 인성이며 희신은 수성으로 관성이 되어 격국은 [인성보관성격]이 된다.

오신육친	용 신 : 木星	印星 (가용신)
	희 신 : 水星	官星
	기 신 : 金星	財星 (진용신)
	구 신 : 土星	食傷
	한 신 : 火星	星格
격 국	印星保官星格	

사주팔자	시	일	월	년
	丙	癸	乙	辛
	辰	卯	未	丑

대 운								
	丁	戊	己	庚	辛	壬	癸	甲
	亥	子	丑	寅	卯	辰	巳	午
	71	61	51	41	31	21	11	01

오행비율	木星:1.70	土星:1.56	火星:1.04
	水星:0.30	金星:0.20	
음양비율	음기:1.2	양기:3.1	중성:0.5
일주강약	0.50 (身弱)		

사주방정식

공식 설명

일간을 도와주는 오행(금성+수성)의 합이 0.5로 최소한계수치인 1.21를 안 넘었으므로 신약이다. 가장 강한 오행은 목성으로 토성이 피해보고 있다. 구제의 오행으로는 금성과 화성이 필요한데 일간이 신약인지라 금성에게 목성을 억제하여 토성을 구하고 더불어 신약한 일간을 생해주라고 부탁하면서 일차공식은 끝난다.

그러나 일차 구제오행인 금성이 활동하고자 했을 때 화성의 방해을 받고 있으므로 있으므로 또 한 번의 방정식을 대입해야 한다.

화성이 금성을 억제할 때는 수성과 토성이 구제의 오행이다. 신약이라서 수성에게 화성을 억제하고 금성을 구하라고 부탁하고 싶었으나, 사주상에 수성의 수치만 있을 뿐, 활동할 수 없으므로 토성에게 금성을 구하라고 일간은 부탁하면서 이차공식은 끝난다.

따라서 이 사주도 역시 두 번의 방정식을 사용해서 용,희신을 잡았으므로 이차방정식의 운명이며 용신은 토성으로 관성이며 희신은 금성으로 인성이 되어 격국은 [관성생인성격]이 된다.

오신육친		
용 신 : 土星	官星 (가용신)	
희 신 : 金星	印星	
기 신 : 木星	食傷	
구 신 : 火星	財星	
한 신 : 水星	比劫 (진용신)	

격 국 官星生印星格

사주팔자

시	일	월	년
庚	庚	乙	辛
辰	戌	未	丑

대 운

癸	壬	辛	庚	己	戊	丁	丙
卯	寅	丑	子	亥	戌	酉	申
78	68	58	48	38	28	18	08

오행비율 土星:2.06 金星:0.90 火星:0.84
木星:0.70 水星:0.30

음양비율 음기:1.9 양기:1.9 중성:1

일주강약 2.96 (身强)

사주방정식

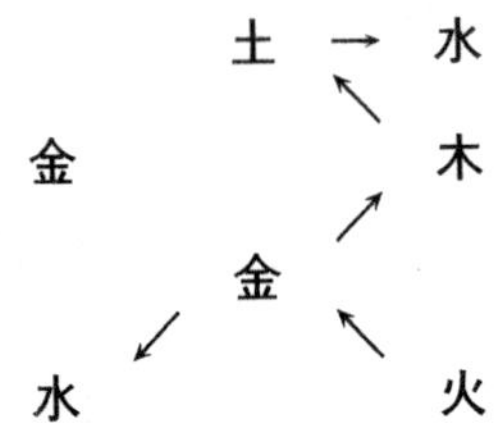

공식설명

일간을 도와주는 오행의 합(토성+금성)이 2.96으로 신강이다. 가장 강한 오행은 토성으로 수성이 피해보고 있다. 구제의 오행으로는 금성과 목성인데, 신강이므로 목성에게 수성을 구하라고 부탁하면서 일차공식은 끝난다.

그러나 일차 구제의 오행인 목성을 금성이 방해하므로 또 한 번의 공식을 대입하지 않을 수 없다. 목성을 구해주는 오행으로는 수성과 화성인데, 오행의 수치에는 그들의 기운이 다 들어 있으나 사주 표면에 나타나 있지 않고 토성 속에 숨어 있으므로 활동할 수가 없다.

따라서 피해보고 있는 목성이 용신이 되는 것으로 이차공식은 끝나나, 용신이 병이 들었으므로 병신이라 일컫으며 이차공식은 끝난다. 그리고 격국은 [재성용재성격]이라 부른다.

오신육친	병 신 : 木星	財星
	1약신 : 水星	食傷
	2약신 : 火星	官星
	기 신 : 金星	比劫
	한 신 : 土星	印星
격 국	財星用財星格	

[三次 方程式(삼차 방정식)]

이차방정식에서 나온 구제의 오행이 자유스럽게 활동하려는데 사주상에서 또 어느 오행이 억제하려 한다면 한 번의 공식을 더 사용해야 하는데, 이럴 때를 가르쳐 삼차방정식의 사주라고 한다.(단, 삼차에서 나온 구제의 오행을 억제하지 않아야만 성립된다.)

사주팔자	시	일	월	년
	甲	甲	癸	甲
	戌	午	酉	午

대　운							
辛	庚	己	戊	丁	丙	乙	甲
巳	辰	卯	寅	丑	子	亥	戌
71	61	51	41	31	21	11	01

오행비율　火星:2.00　金星:1.90　木星:0.40　土星:0.30　水星:0.20

음양비율　음기:2.1　양기:2.4　중성:0.3

일주강약　0.60 (身弱)

사주방정식

공식설명

일간을 도와주는 오행(수성+목성)의 합이 0.6으로 신강의 최소한계 수치인 1.21을 넘지 않아 신약이다. 가장 강한 화성이 금성을 억제하는 모양으로 공식은 시작된다. 금성을 구하기 위한 오행은 토성과 수성인데 일간이 신약하기에 수성에게 부탁하면서 일차공식은 끝난다.

그러나 토성이 수성의 활동을 방해하므로 또 한 번의 공식을 대입한다. 토성이 수성을 억제할 때 금성과 목성이 구제의 오행으로 나온다. 일간이 신약이므로 목성에게 부탁을 하면서 이차공식도 끝난다.

이차 구제오행인 목성마저 금성이 방해하므로 또 한 번의 공식을 사용하지 않을 수 없다. 목성을 구제하기 위한 오행으로는 수성과 화성이 나오지만 일간이 신약이므로 수성에게 목성을 구하고 일간을 도와달라고 하면서 삼차공식은 끝난다.

따라서 용신인 수성으로 인성이며 희신은 목성으로 비겁이 되어 격국은 [인성생비겁격]이 된다.

오신육친	용 신 : 水星	印星
	희 신 : 木星	比劫
	기 신 : 土星	財星
	구 신 : 金星	官星
	한 신 : 火星	食傷
격 국	印星生比劫格	

사주팔자	시	일	월	년
	丁	癸	乙	丙
	巳	酉	未	子

대 운								
	癸	壬	辛	庚	己	戊	丁	丙
	卯	寅	丑	子	亥	戌	酉	申
	71	61	51	41	31	21	11	01

오행비율 火星:2.24 金星:1.00 水星:1.00
土星:0.36 木星:0.20

음양비율 음기:2 양기:2.8 중성:0

일주강약 2.00 (身强)

사주방정식

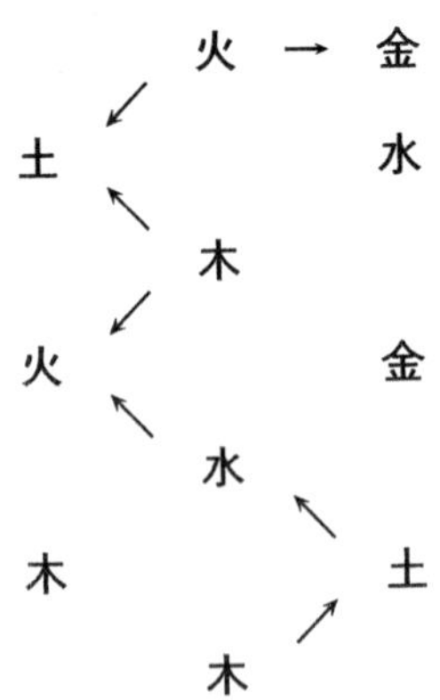

공식 설명

일간을 도와주는 오행(금성+수성)의 합이 2.0으로 신강이다. 그리고 가장 강한 오행은 화성으로 금성을 억제하고 있는 모양부터 공식은 출발한다.

금성을 구제하기 위한 오행은 수성과 토성이지만 신강이므로 일간의 기운을 억제해주는 토성에게 부탁하고 일차공식은 끝난다.

그러나 목성이 일차 구제오행인 토성의 활동을 방해하므로 한번의 공식을 더 나아간다. 이차 구제오행으로는 금성과 화성이 나오지만 신강이라서 화성에게 토성을 구하라고 하면서 이차공식도 끝난다.

화성의 자유로운 활동을 하도록 수성이 보고만 있겠는가? 그렇지가 않아 또 한번의 공식을 대입한다. 삼차 구제오행은 목성과 토성이다. 여기서 선택의 기준은 사주 음양의 차이이다.

음양의 차이가 나지 않으므로 구제오행인 목성과 토성 중에서 조금이라도 수치가 강한 오행에게 부탁하는 것이 일간으로서는 득이 되므로 목성보다는 토성에게 화성을 구하라고 하면서 삼차공식도 끝난다.

이로써 용신은 토성인 관성이고 희신은 화성으로 재성이 되어 격국은 [관성보재성격]이 된다.

오신육친	용 신 : 土星	官星
	희 신 : 火星	財星
	기 신 : 木星	食傷
	구 신 : 水星	比劫
	한 신 : 金星	印星
격 국	官星保財星格	

사주팔자	시	일	월	년
	丁	戊	乙	癸
	巳	申	丑	丑

대 운								
	癸	壬	辛	庚	己	戊	丁	丙
	酉	申	未	午	巳	辰	卯	寅
	79	69	59	49	39	29	19	09

오행비율 水星:1.74 火星:1.20 金星:1.00
土星:0.66 木星:0.20

음양비율 음기:3.4 양기:1.4 중성:0

일주강약 1.86 (身强)

사주방정식

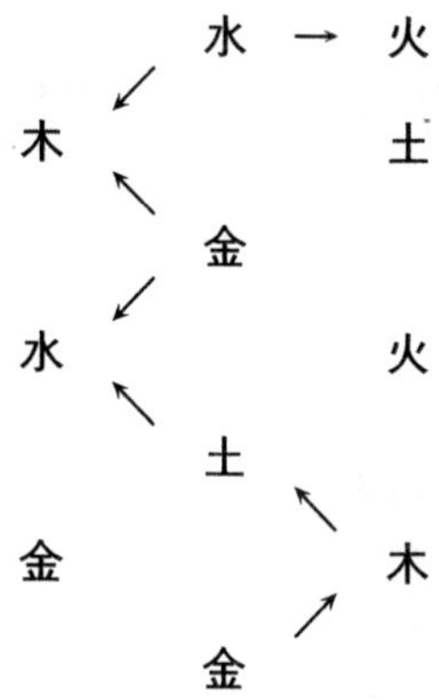

공식 설명

일간을 도와주는 오행(화성+토성)의 합이 1.86으로 신약의 최소한계수치인 1.20을 넘었으므로 신강이다. 가장 강한 것이 수성으로 화성이 피해보고 있고 구제오행은 목성과 토성이 필요하다. 그러나 신강이므로 일간을 억제하는 목성에게 부탁하고 일차공식은 끝난다.

그러나 금성이 목성의 활동을 방해하므로 이차공식까지 진행한다. 금성이 목성을 억제할 때는 화성과 수성이 구제의 오행이나 신강이므로 수성에게 부탁하면서 이차공식도 끝난다.

수성이 자유롭게 활동하는 것을 토성이 가만히 바라보고 있겠는가? 수성의 활동을 방해하므로 또 한번의 공식을 대입한다. 토성이 수성을 억제할 때 금성과 목성이 구제의 오행이나 신강약이 기준점이 되지 않고 음양의 차이로 둘 중에서 선택하게 된다.

음기가 양기보다 2.0이 많아 음양의 한계수치인 1.11을 넘었으므로 양기의 구제오행인 목성에게 수성을 구하라고 하면서 삼차공식은 끝난다.

따라서 이 사주의 용신은 목성으로 관성이고, 희신은 수성으로 재성이 되어 격국은 [관성보재성격]이 된다.

오신육친			
	용 신 :	木星	官星
	희 신 :	水星	財星
	기 신 :	金星	食傷
	구 신 :	土星	比劫
	한 신 :	火星	印星
격 국	官星保財星格		

[四次 方程式(사차 방정식)]

삼차방정식에서 나온 구제오행의 활동을 방해하려는 오행이 있어 한번의 공식을 더 사용하는 것이 바로 사차방정식의 사주라고 한다. 사차방정식까지 나아가면 그 이상의 공식은 나올 수가 없는데, 그것은 억제오행들은 한번만 사용하면 다시는 사용할 수 없기 때문이다. 따라서 더 이상의 공식은 나오지 않는다.

사주팔자	시	일	월	년
	庚	丁	壬	丁
	戊	未	寅	酉

대 운								
	庚	己	戊	丁	丙	乙	甲	癸
	戌	酉	申	未	午	巳	辰	卯
	80	70	60	50	40	30	20	10

오행비율 金星:1.50 木星:1.20 土星:1.20
火星:0.70 水星:0.20

음양비율 음기:1.7 양기:2.4 중성:0.7

일주강약 1.90 (身强)

사주방정식

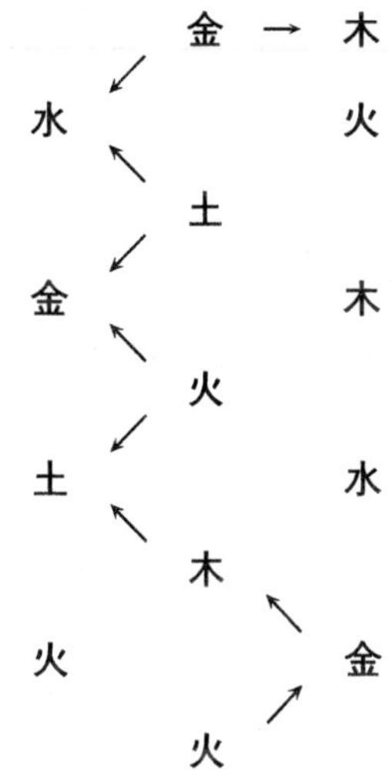

공식 설명

일간을 도와주는 오행(목성+화성)의 합이 1.9로 신강이다. 그리고 가장 강한 오행은 금성으로 목성이 피해보고 있으며 구제오행으로 수성과 화성이 나온다. 일간이 신강이기에 수성에게 목성을 구하라고 하면서 일차공식은 끝난다.

그런데 지지의 토성들이 수성의 활동을 방해하므로 또 한번의 공식을 대입해야 한다. 토성이 수성을 억제할 때의 구제오행은 금성과 목성이나, 신강이기에 금성에게 부탁하면서 이차공식도 끝난다.

금성이 자유롭게 활동하는 것을 화성이 보고만 있겠는가? 그렇지 않으므로 또 한번의 공식을 사용한다. 삼차 구제오행으로 토성과 수성이 필요하고 음양의 차이를 기준으로 삼차 구제오행은 토성으로 결론을 내리고 삼차공식도 끝난다.

그런데 목성이 토성의 활동을 방해하고 있으므로 그 방해물을 없애려면 한번의 공식을 더 사용해야 한다. 목성이 토성을 억제할 때 화성과 금성이 구제의 오행이며 신강이므로 금성에게 부탁하면서 사차공식은 끝난다.

따라서 이 사주는 사차방정식의 운명이며 용신은 금성으로 재성이며 희신은 토성으로 식상이 되어 격국은 [재성보식상격]이 된다.

오신육친	용 신 : 金星	財星
	희 신 : 土星	食傷
	기 신 : 火星	比劫
	구 신 : 木星	印星
	한 신 : 水星	官星
격 국	財星保食傷格	

사주팔자	시	일	월	년
	戊	丙	庚	辛
	子	午	子	卯

대 운	壬	癸	甲	乙	丙	丁	戊	己
	辰	巳	午	未	申	酉	戌	亥
	78	68	58	48	38	28	18	08

오행비율	水星:2.20	木星:1.00	火星:1.00
	金星:0.40	土星:0.20	
음양비율	음기:2.6	양기:2	중성:0.2
일주강약	2.00 (身强)		

사주방정식

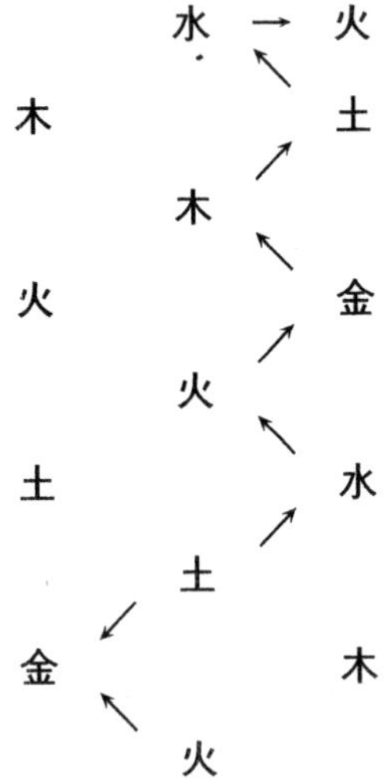

공식 설명

일간을 도와주는 오행(목성+화성)의 합이 2.0으로 신강이다. 가장 강한 오행이 수성으로 피해보고 있는 오행은 화성이다. 화성을 구제하기 위한 오행으로는 토성과 목성이나 신강이므로 토성에게 부탁하면서 일차공식은 끝난다.

그런데 강력한 목성이 토성의 자유로운 활동을 방해하고 있으므로 한번의 공식을 더 대입한다. 목성이 토성을 억제할 때 구제오행은 금성과 화성이 나오지만 신강이므로 금성에게 부탁하고 이차공식도 끝난다.

그러나 금성의 활동을 방해하는 화성이 있기에 삼차공식까지 대입해야 한다. 화성이 금성을 억제하므로 화성의 기운을 빼내든지 억제하는 오행들은 수성과 토성이다. 음양의 차이로 따져서 수성에게 금성을 구하라고 하면서 삼차공식도 끝난다.

수성 바로 위에 있는 토성이 수성의 활동을 방해하므로 또 한번 공식을 사용해야 한다. 구제오행으로는 목성과 금성이 필요한데 신강이므로 금성에게 수성을 구하라고 부탁하면서 사차공식은 끝난다.

따라서 이 사주는 사차방정식의 운명이며 용신은 금성으로 재성이고 희신은 수성으로 관성이 되어 격국은 [재성생관성격]이 된다.

오신육친	용 신 :	金星	財星
	희 신 :	水星	官星
	기 신 :	火星	比劫
	구 신 :	土星	食傷
	한 신 :	木星	印星
격 국	財星生官星格		

사주팔자	시	일	월	년
	丁	庚	庚	癸
	丑	寅	申	卯

대　운								
	壬	癸	甲	乙	丙	丁	戊	己
	子	丑	寅	卯	辰	巳	午	未
	72	62	52	42	32	22	12	02

오행비율　木星:2.00　金星:1.40　水星:0.70
土星:0.50　火星:0.20

음양비율　음기:2.6　양기:2.2　중성:0

일주강약　1.90 (身强)

사주방정식

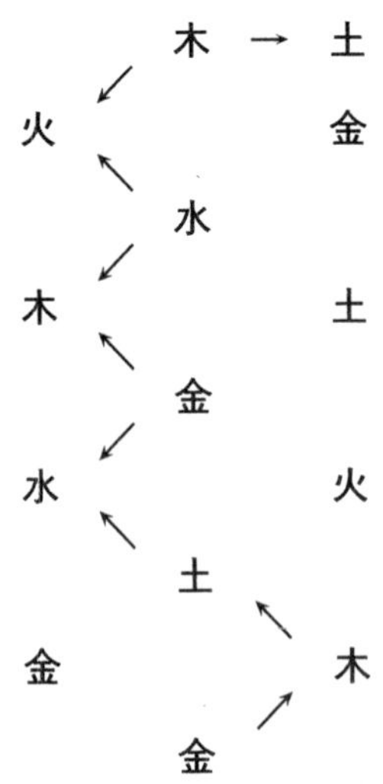

공식 설명

일간을 도와주는 오행(토성+금성)의 합이 1.9로 신강이다. 가장 강한 오행이 목성으로 토성이 피해보고 있으며 구제오행으로는 금성과 화성이 나온다. 신강이라서 화성에게 부탁하고 일차공식은 끝난다.

그러나 년간의 수성이 화성을 억제하니 한번의 공식을 더 대입한다. 이차 구제오행은 목성과 토성이 나오는데 당연히 신강이므로 목성에게 화성을 구하라고 하면서 이차공식도 끝난다.

그렇지만 자유롭게 활동하기에는 무리가 따라 또 한번의 공식을 적용해야 한다. 금성이 목성을 억제할 때의 구제오행은 수성과 화성이 나온다. 여기서는 음양의 차이로 인하여 수성에게 목성을 구하라고 하면서 삼차공식도 끝난다.

그러나 수성 역시 토성의 방해를 받으므로 사차공식까지 갈 수밖에 없다. 토성이 수성을 억제할 때 금성과 목성이 구제오행이나 신강이라 목성에게 부탁함으로써 사차공식도 끝난다.

이로써 이 사주는 사차방정식의 운명이며 용신은 목성으로 재성이고 희신은 수성으로 식상이 되어 격국은 [재성보식상격]이 된다.

오신육친	용 신 : 木星	財星
	희 신 : 水星	食傷
	기 신 : 金星	比劫
	구 신 : 土星	印星
	한 신 : 火星	官星
격 국	財星保食傷格	

녹현방정식에 대입하여 마지막으로 나온 구제오행이 용신이며, 그 구제오행이 구하려고 했던 피해오행이 희신이 되고, 그 구제오행과 피해오행이 뜻하는 육친들이 만나 하나의 격국을 이루는데, 격국은 삶 그 자체이다.

무수한 생명체가 있는 지구에서 유일하게 인간만이 영장이 될 수 있었던 것은 즉, 지구의 주인이 될 수 있었던 것은 바로 생각할 수 있는 사고력과 참을 수 있는 인내력이 있었기 때문이다.

생각한다는 것과 자제한다는 것은 이미 즉흥적인 행동이 아님을 뜻하고, 당장이 아닌 내일을 위해서 대비해야 한다는 것이 바탕에 이미 깔려 있는 상황이다. 무엇을 위해서 기다리고 무엇을 위해서 준비하는 것일까?

사람들은 태어나는 순간부터 추구해야 할 꿈이 생긴다. 그 꿈을 이루기 위해서 목숨이 다하는 순간까지 열심히 노력하고 최선을 다 한다. 만약 사람에게 꿈이 없었다고 한다면 만물의 영장은 될 수 없었을 것이다.

그렇다. 사람마다 꿈이 무엇이며, 그 꿈을 이루기 위해서 어떻게 살아가야만 하는지, 그것을 알기 위해서 녹현방정식을 대입했고, 대입한 결과 용,희신이 나왔으며, 그 용, 희신이 모여 격국을 이루었다. 즉, 꿈은 격국과 같다는 말이며, 거기에는 감정적인 면이 조금이라도 들어갈 수 없는 아주 순수한 이성적인 부분만 들어 있다.

출세하거나, 물질적으로 풍부해지거나, 참 인간다운 삶을 살거나, 도전과 개혁정신으로 살거나, 평화롭고 안정된 삶을 살고 싶으면서도 어느 누구에게 피해가 가지 않는 다 함께 어울려 행복하게 살고 싶은, 그런 것들이 바로 이성적인 꿈인 것이다.

다만 꿈의 크기는 각자에 따라 다를 뿐이지, 그 꿈 속에 감정적인 부분이 들어간 것은 절대 아니다.

그리고 각자가 꿈을 이루어가는 과정도 무척 중요한데, 어떠한 방식의 삶으로 꿈을 이룰 것인가, 어떠한 직업을 가져야만 꿈에 가까울 수 있을까, 어떠한 성격을 지녀야만 꿈을 꾸는 세상과 같을까?

그 모든 것을 사주에서 찾아낼 수 있게 만든 것이 바로 격국으로 한 치의 오차나 조그마한 실수도 허용하지 말아야 한다. 그래서 기존의 이론과 녹현역의 커다란 차이가 나는 것도 바로 격국론인 것이다.

21세기를 사는 현 시대와 예전의 시대하고는 모든 것이 너무 다른데도 불구하고 예전 격국의 명칭들을 그대로 사용하고 있는 것은 마치 자동차를 타고 가는데 개나리봇짐과 짚신을 등에 지고 가는 것과 같다고 할 수 있다.

따라서 기존의 격국들을 현대사회구조에 맞도록 개선할 필요를 느껴 격국의 명칭을 크게 15가지로 분류했으며, 진가사주와 병약신사주 그리고 무격사주까지 분류하면 29격국으로 분류할 수 있다.

또한 15가지 격국들의 명칭만 들어도 그 사람의 성격이나 직업 나아가 친인척간의 호,불호까지 알 수 있게끔 현실화 하였다.

印星生比劫格(인성생비겁격)

조건 : 관성이 비겁을 억제하고 있을 때 인성으로 구제하는 모양.

성격 : 대대로 내려온 관습이나 전통을 지켜가면서 대다수의 사람들이 원하는 세속적인 출세를 하고 인격적으로 대우를 받고자 항상 공부하는 자세를 견지하고 모든 일에 책임과 의무를 다하며 산다.

그러나 자신이 정녕 원하는 것은 세속적인 출세가 아니라 이상적으로 꿈꾸어온 인간이 되고자 물질이 아닌 정신적인 문제나 철학적인 세계에 많은 관심을 가지고 있다.

이 격의 장점은 논리가 돋보여 강한 신뢰감을 주기에 남을 설득시키는 데에는 뛰어난 재주가 있으며 무엇을 하든 항상 배우려는 마음으로 임하기에 시간을 덧없이 보내지 않는다.

또한 안팎에서 벌어지는 모든 일에도 자신이 개입하여 처리하려는 성격 때문에 많은 일들을 해결해주나 간혹 좋지않은 소리를 듣기도 한다. 그러나 완벽한 사람이라는 소리를 들으며 살아왔기에 자신이 어려운 처지에 빠지면 누구에게 자문을 구하기보다 홀로 고민에 빠지는 경향이 더 많으며, 재물에 대한 욕심보다 안정적인 삶을 더 바래 신중하고 조용한 모습으로 그리고 남에게 욕먹지 않으려는 고상한 모습으로 남아있기를 원해서 자신이 조금 손해가 된다 해도 참고 살려는 사람들인 것이다.

또한 누구보다 앞에 나서서 열변을 토하고 이끌고 가지만 막상 행동으로 들어갈 때는 자신의 안위나 가족들의 걱정이 앞서 되도록이면 앞에 나서지를 못하고 소극적인 자세를 취하는 것이 특징이다.

간혹 남에게는 절제와 절도 있는 완벽한 삶을 추구하라고 하면서 자신의 실생활에서는 계획성 없이 즉흥적으로 기분에 따라 생활하기에 언행불이치의 삶을 살며 끈기가 부족하여 장기적인 목표나 계획 등을 이루기에는 상당히 어려워 실속 있는 삶을 살기에는 부족한 면이 많다.

또 자신의 이미지관리 때문에 원하지 않는 일(짓)들을 간간이 하여 본의아니게 가족들에게 미운 털이 박히는 경우도 더러 있어 가족간의 불화를 일으키는 원인을 제공하기도 하니 너무 주위를 의식하는 경향을 줄일 필요가 있다.

단점이라고 한다면 자신만의 논리에 집착해 남의 의견을 쉽사리 받아들이지 못하며 의견충돌이 일어나 한번 어긋난 친구와는 단절해 버리는 경향도 있으며 남 앞에서는 타인의 출세를 칭찬하다가도 뒤에서는 시기도 하며 배아파 하기도 한다.

사주팔자	시		일		월		년	
	甲		甲		癸		甲	
	戌		午		酉		午	
대 운	辛	庚	己	戊	丁	丙	乙	甲
	巳	辰	卯	寅	丑	子	亥	戌
	71	61	51	41	31	21	11	01

오행비율	火星:2.00 金星:1.90 木星:0.40 土星:0.30 水星:0.20
음양비율	음기:2.1 양기:2.4 중성:0.3
일주강약	0.60 (身弱)

공식설명

화성이 금성을 억제, 토성과 수성이 구제오행, 수성을 선택(일차공식의 끝).

토성이 수성을 억제, 금성과 목성이 구제오행, 목성을 선택(이차공식의 끝).

금성이 목성을 억제, 수성과 화성이 구제오행, 수성을 선택(삼차공식의 끝).

오신육친	용 신 :	水星	印星
	희 신 :	木星	比劫
	기 신 :	土星	財星
	구 신 :	金星	官星
	한 신 :	火星	食傷
격 국	印星生比劫格		

사주팔자	시	일	월	년
	己	辛	戊	庚
	丑	巳	子	寅

대 운							
庚	辛	壬	癸	甲	乙	丙	丁
辰	巳	午	未	申	酉	戌	亥
71	61	51	41	31	21	11	01

오행비율 水星:1.90 木星:1.00 火星:1.00 土星:0.70 金星:0.20

음양비율 음기:2.4 양기:2 중성:0.4

일주강약 0.90 (身弱)

공식설명

수성이 화성을 억제, 목성과 토성이 구제오행, 토성을 선택(일차공식의 끝).

목성이 토성을 억제, 화성과 금성이 구제오행, 금성을 선택(이차공식의 끝).

화성이 금성을 억제, 토성과 수성이 구제오행, 토성을 선택(삼차공식의 끝).

오신육친	용 신 : 土星	印星
	희 신 : 金星	比劫
	기 신 : 木星	財星
	구 신 : 火星	官星
	한 신 : 水星	食傷
격 국	印星生比劫格	

[比劫生食傷格(비겁생식상격)]

조건 : 인성이 식상을 억제하고 있을 때 비겁으로 구제하는 모양.

성격 : 부모에게는 효도하고 말썽 피우는 일없이 공부 열심히 하며 얌전하며 착하고 인내심과 양보심이 많아 험악한 사회에 어떻게 적응을 할까라고 걱정할 만큼 유약한 모습으로 비치나, 자신은 나름대로 기존의 모든 것들을 받아 들이면서 자신에게 맞지 않는 것들은 철저하게 버리고 생활에 유리한 것은 자신의 것으로 만들면서 저변을 넓혀가는 작업을 끊임없이 하여 전혀 예상치도 않았던 기발한 삶을 항상 꿈꾸고 있는 것이다.

다른 표현으로는 독창적인 자신만의 삶이 너무 강렬해서 또 그것을 이루기 위해 주위의 사람들과 돈독한 친분관계를 유지하나, 되도록이면 신분이 자신보다 나은 사람들과 잦은 교류를 갖고자 남들이 우러러보는 학력이나 경력을 취득하고자 열심히 공부에 매달린다.

또한 이것이 옳다는 판단이 서면 결과는 생각치 않고 과감하게 실행에 옮기려는 적극성과 모험심이 강한 것이 특징이다.

이 격의 장점으로는 자신보다는 남의 아픔을 어루만져주고 혼자 이득을 챙기기보다는 나누어주려는 봉사정신이 몹시 투철하며 과거의 관습이나 규범 등이 현실과 괴리가 있다면 과감하게 철폐하려는 개혁정신이 투철하다. 설령 그 일로 재산상에 손해가 될지라도 자신이 그런 행동에서 삶의 의미를 찾는다면 포기하지 않고 계속 진행시키므로 의외로 명예를 얻을 수도 있다.

윗사람들의 비위를 맞추기보다 아랫사람들을 챙겨주기에 인기가 많고 더러는 대변자의 역할까지 자임할 때가 많다. 자신이 고용인이 되기보다는 고용주가 되어 주도면밀하게 꾸려 나가려는 마음이 있어 어떻게 하든 홀로 서려는 독립심이 강한 것도 장점이다.

수평관계에 있는 동료나 아래 사람들과는 친밀한 대인관계를 형성하기에 곤경에 처했을 때 많은 도움을 받으므로 인덕이 많은 사람이라고 한다.

단점으로는 행동이 먼저고 남이 우선이기에 선의의 피해를 볼 때가 있으며 주도면밀하게 일을 처리한다고는 하나 객관성이 결여되어 실패의 가능성이 많으며 참을성이나 책임감 등은 떨어져서 신뢰성이 없다는 소리를 들을 때가 있다. 그리고 독불장군식의 일 처리로 인해 주변과의 마찰이 자주 발생한다.

사주팔자	시	일	월	년
	戊	丙	丁	乙
	戌	寅	亥	巳

대 운							
乙	甲	癸	壬	辛	庚	己	戊
未	午	巳	辰	卯	寅	丑	子
80	70	60	50	40	30	20	10

오행비율 水星:1.20 木星:1.20 火星:1.20
土星:0.70 金星:0.50

음양비율 음기:1.7 양기:2.4 중성:0.7

일주강약 2.40 (身强)

공식설명

수성이 화성을 억제, 목성과 토성이 구제오행, 토성을 선택(일차공식의 끝).

목성이 토성을 억제, 화성과 금성이 구제오행, 화성을 선택(이차공식의 끝)

오신육친	용 신 : 火星	比劫 (가용신)
	희 신 : 土星	食傷
	기 신 : 水星	官星
	구 신 : 木星	印星
	한 신 : 金星	財星 (진용신)
격 국	比劫生食傷格	

사주팔자	시	일	월	년
	壬	乙	癸	丁
	午	酉	卯	酉

대 운							
乙	丙	丁	戊	己	庚	辛	壬
未	申	酉	戌	亥	子	丑	寅
73	63	53	43	33	23	13	03

오행비율 金星:2.00 木星:1.20 火星:1.20 水星:0.40 土星:0.00

음양비율 음기:2.4 양기:2.4 중성:0

일주강약 1.60 (身强)

공식설명

금성이 목성을 억제, 수성과 화성이 구제오행, 화성을 선택(일차공

식의 끝).

수성이 화성을 억제, 목성과 토성이 구제오행, 목성을 선택(이차공식의 끝).

오신육친	용 신 : 木星	比劫 (가용신)
	희 신 : 火星	食傷
	기 신 : 金星	官星
	구 신 : 水星	印星
	한 신 : 土星	財星 (진용신)
격 국	比劫生食傷格	

食傷生財星格(식상생재성격)

조건 : 비겁이 재성을 억제하고 있을 때 식상으로 구제하는 모양.

성격 : 아무런 계획도 없이 무모할 만큼 자신만의 편한 방식을 찾아 살려고 하기에 더러는 물질적으로 손해를 볼 때도 많지만 그것은 겉모습일 뿐, 실제에 있어서는 이것저것 다 계산해놓고 남에게 간섭 받지않는 삶이 어떠한 삶이며 물질적으로도 여유있고 좀 더 스릴을 느낄 수 있는 삶과 재미있는 삶이 무엇인지를 골똘히 생각하며 자신의 색채를 강력하게 표현하며 사는 사람이다.

간혹 호기심이 발동하여 모험에도 적극적인 자세를 취하여 일정수준의 안정보다는 남보다 더 많이 가지고 싶은 소유욕과 잘 살고 싶다는 욕망 때문에 투자나 투기에도 강한 면모를 보이는 것이 특징이다.

이 격의 장점으로는 무슨 일이든 재물에 이득이 생긴다면 두려워하지 않고 과감하게 투자할 수 있는 자신감을 항상 지니고 있으며, 편하고 부드러운 삶을 추구하기에 설령 조직생활을 하더라도 남보다 스트레스를 덜 받으며 언제든지 자립할 수 있다는 생각을 하고 있기에 상사에 대한 두려움이 덜 한다.

이익 계산이 빠르다가도 사소한 인간관계 때문에 손해볼 때도 있지만 더 큰 이득을 위해서 투자를 했다는 통 큰 스타일도 지녔으며, 고정관념을 깨버리려는 의지가 강해 남들이 시도하지않는 일에도 적극성을 띈다.

무엇을 해야 한다고 결정이 되면 누가 뭐라하든 초지일관하려는 자세가 돋보이며 편하고 안전한 삶보다는 성취욕을 느끼고, 나만의 방식대로 살기를 더 원하므로 변화가 있고 즐거운 삶을 항상 원하고 있다는 것이다.

단점으로는 간혹 예의가 없어 안하무인이라는 말을 들으며 남을 전혀 의식하지 않고 행동하기에 본의아니게 피해를 줄 때가 많다. 남과의 관계에서도 이득이 되는가를 생각하기에 매몰차고 냉정한 모습을 보일 때도 많으며, 성공을 하게 되면 유흥이나 환락에 빠져 헤매는 일도 생긴다. 더러는 자신만 편하면 된다는 사고 때문에 무사안일주의에 젖기도 한다.

사주팔자	시	일	월	년
	甲	己	癸	庚
	戌	丑	未	戌

대 운								
	辛	庚	己	戊	丁	丙	乙	甲
	卯	寅	丑	子	亥	戌	酉	申
	80	70	60	50	40	30	20	10

오행비율 土星:2.06 金星:1.20 火星:0.84
水星:0.50 木星:0.20

음양비율 음기:2.4 양기:1.4 중성:1

일주강약 2.90 (身强)

공식설명

토성이 수성을 억제, 금성과 목성이 구제오행, 금성을 선택(일차공식의 끝).

오신육친 용 신 : 金星 食傷
희 신 : 水星 財星
기 신 : 火星 印星
구 신 : 土星 比劫
한 신 : 木星 官星

격 국 食傷生財星格

사주팔자	시	일	월	년
	戊	癸	庚	辛
	午	亥	寅	酉

대　운	戊	丁	丙	乙	甲	癸	壬	辛
	戌	酉	申	未	午	巳	辰	卯
	77	67	57	47	37	27	17	07

오행비율	金星:1.40	木星:1.20	水星:1.00
	火星:1.00	土星:0.20	
음양비율	음기:2.4	양기:2.2	중성:0.2
일주강약	2.40 (身强)		

공식설명

금성이 목성을 억제, 수성과 화성이 구제오행, 화성을 선택(일차공식의 끝).

수성이 화성을 억제, 목성과 토성이 구제오행, 목성을 선택(이차공식의 끝).

오신육친	용 신 : 木星	食傷
	희 신 : 火星	財星
	기 신 : 金星	印星
	구 신 : 水星	比劫
	한 신 : 土星	官星
격 국	食傷生財星格	

財星生官星格(재성생관성격)

조건 : 식상이 관성을 억제하고 있을 때 재성으로 구제하는 모양.

성격 : 인생이 재미있고 쾌락을 만끽할 수 있다면 남의 이목이나 명예실추 등에 구애받지 않고 금전을 모을 수 있는 방법을 다 동원할 것 같은 인상을 주나, 사실적으로는 주위의 시선이나 자신의 이미지 관리를 무척 생각하고 있기에 사회질서를 무시하면서까지 살지는 않는다.

즉 다른 말로 하면 자신의 명예를 얻기 위해서 금전 사용도 불사하다는 생각도 있으며 남보다 다른 독창적인 방식을 개발하여 성공하거나 목표치를 달성할 때까지는 욕먹는 일(짓)을 마다하지 않는다는 의미가 담겨 있다.

이 격의 장점으로는 윗사람(상사)이든 집안 어른이든 혹은 자본주가 되었든 "너만 믿으니 모든 일을 네가 알아서 하라."는 책임감을 확실하게 심어주고 절대 관여하지 않으면 기대에 어긋나지 않고 훌륭하게 맡은 바 책임을 100% 완수하려는 의지가 무척 강하다는 것이다.

단 일을 처리함에 있어 매끄럽지 못하고 남과의 충돌 등이 있어 불안하게 보이고 간혹 일과는 다른 짓으로 정신을 빼앗길 때가 있으나, 끝까지 믿어만 준다면 소기의 성과를 거두는 능력은 지니고 있다.

특히 이러한 사람들이 어느 정도 성공을 하면 지금까지의 모습과는 다른 모습으로 보이고 신분상승을 위해 자기보다는 격이 높은 사람들과의 교제가 시작되며 명예(출세)를 잡기위해 과거의 이미지는 싹 버리는 냉정한 모습도 볼 수 있다.

단점으로는 금전을 이용하여 목표를 달성해야 하기에 간혹 인정사정 없이 아랫사람을 다룰 때가 있으며 쓴 만큼 거두어야 한다는 보상심리가 발동하기에 정당한 절차에 따르기보다는 사사로운 정에 얽매이기가 쉽다.

이성문제에 있어서도 전혀 눈치를 챌 수 없을 정도로 완벽하게 바람을 피우며 자신의 위치가 위태로워지면 금전으로 해결하려는 발상을 지니고 있는 것도 큰 흠이다. 작은 개혁에는 과감하게 대처하나 큰 개혁에는 몸을 사리려는 마음 때문에 보신주의자라는 말도 듣는다.

사주팔자	시	일	월	년
	壬	丁	丙	己
	寅	巳	子	酉

대 운	戊	己	庚	辛	壬	癸	甲	乙
	辰	巳	午	未	申	酉	戌	亥
	71	61	51	41	31	21	11	01

오행비율 水星:1.40 火星:1.20 木星:1.00 金星:1.00 土星:0.20

음양비율 음기:2.4 양기:2.2 중성:0.2

일주강약 2.20 (身强)

공식설명

수성이 화성을 억제, 목성과 토성이 구제오행, 토성을 선택(일차공식의 끝).

목성이 토성을 억제, 화성과 금성이 구제오행, 금성을 선택(이차공식의 끝).

화성이 금성을 억제, 토성과 수성이 구제오행, 수성을 선택(삼차공식의 끝).

토성이 수성을 억제, 금성과 목성이 구제오행, 금성을 선택(사차공식의 끝).

오신육친			
용 신 :	金星	財星
희 신 :	水星	官星
기 신 :	火星	比劫
구 신 :	土星	食傷
한 신 :	木星	印星

격 국 財星生官星格

사주팔자	시	일	월	년
	甲	癸	甲	丁
	寅	巳	辰	巳

대 운								
	丙	丁	戊	己	庚	辛	壬	癸
	申	酉	戌	亥	子	丑	寅	卯
	71	61	51	41	31	21	11	01

오행비율 木星:2.24 火星:2.20 土星:0.36
水星:0.00 金星:0.00

음양비율 음기:0 양기:4.44 중성:0.36

일주강약 0.00 (身弱)

공식설명

목성이 토성을 억제, 화성과 금성이 구제오행, 화성을 선택(일차공식의 끝).

오신육친	용 신 : 火星	財星	(가용신)
	희 신 : 土星	官星	
	기 신 : 水星	比劫	
	구 신 : 木星	食傷	
	한 신 : 金星	印星	(진용신)
격　국	財星生官星格		

[官星生印星格(관성생인성격)]

조건 : 재성이 인성을 억제하고 있을 때 관성으로 구제하는 모양.

성격 : 자신의 인품이나 명예 등를 전혀 생각치 않고 자신에게 실질적인 이득이 된다면 누구에게든 다가가 호의를 보이므로 기회주의자라고 볼 수도 있고, 인생의 의미나 도리도 모르고 오로지 이성들과의 즐거움이나 쾌락에 빠져있다고 보여지지만 그것은 겉 모습일 뿐, 사실은 현 사회에 적응해서 출세하기 위해 누구보다 노심초사 기회를 엿보고 있으며 기회를 잡아 소망을 이룬다면 누구보다도 자신의 인격이나 도리와 윤리를 철저하게 따지는 전형적인 옛 양반들의 모습을 보여 완전 보수주의자라고 할 수 있다.

즉 기존의 틀 속에서 윗사람(조직)들의 명령을 받아 작은 책임아래 업무를 수행하여 자신의 능력을 인정 받아 편안하고 안락한 삶을 살고 그러면서도 자신의 이미지는 고상하고 지적이며 인자한 모습으로 보여지고 싶은 것이다.

이 격의 장점으로는 어느 정도 자신의 소망이 달성되면 더 큰 욕심은 내지않기에 선하게 산다는 말을 들으며, 직장에 묶여있으면서도 지적인 욕구를 채우기 위해 항상 향학열에 불타 있으며 주어진 일에 대해서는 철저하게 책임과 의무를 다하여 윗사람의 지시는 완벽하게 따라주므로 전형적인 관리직형의 사람이다.

또한 명예보다 인격적으로 자신을 인정해 주기를 더 바라고 재물보다는 명분과 논리에 치우쳐 완고하고 깨끗하다는 평을 듣기를 원하며, 현 체제 속에서 큰 불만 없이 살기를 원하기에 악법도 지키려는 법치주의자들에게서 많이 발견된다. 간혹 철저하게 이론적으로 대립하려는 사람들도 있으나 극소수에 불과하다.

항상 고상한 모습과 아랫사람에게는 원칙을 고수하고 자상한 모습으로 전혀 감정을 배제한 이성적인 판단과 결정을 하기에 전형적인 한국의 아버지상이라 할 수 있다.

단점으로는 융통성과 이해심이 부족하므로 딱딱하다는 말을 들으며 자신에게 쌓이는 스트레스를 잘 소화해내지 못해서 우울증에 빠질 수가 있으며 환경이 크게 바뀌면 쉽사리 적응을 하지 못하고 외톨이가 되기가 쉬우며 틀(조직)에서 벗어나면 자립내지 독립심이 부족해서 낭패를 당하는 경우가 더러 있다는 것이다.

사주팔자	시	일	월	년
	甲	辛	辛	己
	午	卯	未	酉

대 운	癸	甲	乙	丙	丁	戊	己	庚
	亥	子	丑	寅	卯	辰	巳	午
	73	63	53	43	33	23	13	03

오행비율	火星:1.84 金星:1.20 木星:1.20 土星:0.56 水星:0.00
음양비율	음기:1.2 양기:3.4 중성:0.2
일주강약	1.76 (身强)

공식설명

화성이 금성을 억제, 토성과 수성이 구제오행, 토성을 선택(일차공식의 끝).

목성이 토성을 억제, 화성과 금성이 구제오행, 화성을 선택(이차공식의 끝).

오신육친			
	용 신 :	火星	官星
	희 신 :	土星	印星
	기 신 :	水星	食傷
	구 신 :	木星	財星
	한 신 :	金星	比劫

격 국 官星生印星格

사주팔자	시	일	월	년
	戊	甲	庚	乙
	辰	戌	辰	丑

대 운							
壬	癸	甲	乙	丙	丁	戊	己
申	酉	戌	亥	子	丑	寅	卯
71	61	51	41	31	21	11	01

오행비율 土星:2.06 木星:1.74 水星:0.50
金星:0.50 火星:0.00

음양비율 음기:1.5 양기:1.74 중성:1.56

일주강약 2.24 (身强)

공식설명

토성이 수성을 억제, 금성과 목성이 구제오행, 금성을 선택(일차공

식의 끝).

오신육친	용 신 : 金星	官星
	희 신 : 水星	印星
	기 신 : 火星	食傷
	구 신 : 土星	財星
	한 신 : 木星	比劫
격 국	官星生印星格	

[印星保官星格(인성보관성격)]

조건 : 식상이 관성을 억제하고 있을 때, 인성으로 식상을 억제하고 관성을 보호하는 모양.

성격 : 타인에게는 강인한 인상을 주며 주관이 강해보여 누구의 말도 듣지않고 자신의 판단아래 일을 추진하므로 어느 때에는 무모하다 싶은 행동을 보일 때도 있으며, 자신과 뜻이 맞으면 비록 손해가 될지라도 함께 어울리려는 공동의식도 강해보이나 내심으로는 자신보다 인격적으로 월등히 뛰어난 사람을 만나면 존경하고 변화 있는 삶보다는 안정되고 평화로운 삶을 원한다.

남에게는 이성적인 사람이라는 모습을 보여주며 무엇이든 배우려는 학구열도 강하며 직업 역시 남이 보았을 때 명분이 서는 쪽을 택하여 결국에는 자신이 목표했던 명예로운 방향으로 삶을 마치려는 사람에게서 많이 발견된다.

이 격의 장점으로는 아무리 물질이나 재물이 부족하여도 자신의 이미지에 손상이 되는 행동을 하면서까지 차지하려고 하지 않으며, 항상 고귀한 인품과 명분을 의식해서 되도록 감정을 절제하고 지적인 이미지를 풍기려고 노력한다는 것이다.

그리고 철저한 법치주의자 자상한 부모 착실한 상사나 부하상으로 인식되기를 바라므로 맡은 일에는 매우 철저하고 어떻게 하든 책임과 의무를 완수하려고 한다. 또한 남의 칭찬에는 매우 넉넉하며 자신의 의견과 배치가 된다 하더라도 포기하지않고 상대방을 끝까지 설득시키려는 인내심이 강하며, 기존의 사회구조가 옳지 않더라도 자신의 삶에 큰 지장만 없다면 묵인하려는 자세를 취해 개혁적인 기질보다는 보수적인 기질을 지니고 있다고 보아야 한다.

따라서 급격한 변화보다는 완만한 변화를 바라고 계획성 있고 짜임새 있는 알뜰한 가계를 꾸려가기 위해서 충동적인 삶의 모습을 웬만해서는 보이지를 않는다는 점이다.

단점으로는 남의 앞에서는 칭찬을 잘하지만 안보이면 남의 흉을 보거나 잘되는 모습을 질투하기도 하고, 현 위치에서 급격한 변화가 오면 어떻게 대처해야할지 방향감각을 잃어버리고 당황하는 모습을 볼 수 있으며, 간혹 작은 규칙이나 사소한 법규에는 때에 따라 지키지 않는 어쩌면 말과 행동이 달라지는 양면성을 볼 수 있다. 또한 의견이 엇갈릴 때는 끝까지 우기려는 황소고집도 지녔다.

사주팔자	시	일	월	년
	壬	庚	癸	乙
	午	辰	未	未

대 운								
	辛	庚	己	戊	丁	丙	乙	甲
	卯	寅	丑	子	亥	戌	酉	申
	77	67	57	47	37	27	17	07

오행비율 火星:2.54 土星:1.16 木星:0.70
水星:0.40 金星:0.00

음양비율 음기:0.4 양기:3.9 중성:0.5

일주강약 1.16 (身弱)

공식설명

화성이 금성을 억제, 토성과 수성이 구제오행, 토성을 선택(일차공식의 끝).

목성이 토성을 억제, 화성과 금성이 구제오행, 화성을 선택(이차공식의 끝).

수성이 화성을 억제, 목성과 토성이 구제오행, 토성을 선택(삼차공식의 끝).

오신육친	용 신 : 土星	印星
	희 신 : 火星	官星
	기 신 : 木星	財星
	구 신 : 水星	食傷
	한 신 : 金星	比劫
격 국	印星保官星格	

사주팔자	시	일	월	년
	甲	壬	甲	癸
	辰	申	寅	丑

대 운							
丙	丁	戊	己	庚	辛	壬	癸
午	未	申	酉	戌	亥	子	丑
71	61	51	41	31	21	11	01

오행비율 木星:2.30 金星:1.00 土星:0.80 水星:0.70 火星:0.00

음양비율 음기:2.2 양기:2.3 중성:0.3

일주강약 1.70 (身强)

공식설명

목성이 토성을 억제, 화성과 금성이 구제오행, 금성을 선택(일차공

식의 끝)

오신육친	용 신 : 金星	印星 (가용신)
	희 신 : 土星	官星
	기 신 : 火星	財星 (진용신)
	구 신 : 木星	食傷
	한 신 : 水星	比劫
격 국	印星保官星格	

[官星保財星格(관성보재성격)]

조건 : 비겁이 재성을 억제하고 있을 때 관성으로 비겁을 억제하고 재성을 보호하는 모양.

성격 : 밖으로 나타내는 모습은 전혀 감정이라고는 개입할 소지가 없는 마치 인간으로서 지켜야 할 모든 의무와 규칙 그리고 도리가 무엇인지 정확하게 판단해서 이성적이며 엄정하게 처리를 하며, 아무리 옳은 것일지라도 인간의 양심마저 버리면서 실리를 취하는 것을 아주 경멸하려는 태도를 취하나 자신 역시 난관에 부딪히면 그렇게 경멸했던 행동들을 보인다.

그리고 자신의 출세와 성공을 위해서는 도덕과 전통 그리고 신뢰감과 책임감등에 매우 철저하다는 인상을 주나 자신과 친한 사람을 만나거나 긴장이 풀리는 상황이 되면 매우 감정적이고 열정적으로 변해가는 사람에게서 많이 볼 수 있다. 자기가 맡은 책임과 의무는 철저할 만큼 완벽하게 처리하여 윗사람의 신임(조직)을 많이 받으면서 물질적으로 풍요롭게 살고자 하는 것이다.

이 격의 장점으로는 기존의 틀 안에서 기득권을 유지하면서 보신하려는 데에는 철저하며 독립하기보다는 조직 속에 몸을 담고 있는 것이 가장 좋다. 명예나 인격이 손상되면서까지 풍요롭게 살기를 바라지는 않으며, 모든 법규와 규칙은 다 지키려는 올바른 사고를 지녔기에 현 사회에 적응을 잘하는 현실주의자들에게서 많이 볼 수 있다.

지위상 아래에 머물러 있어도 학문이나 지식쪽으로는 윗사람보다 더 낫다는 자부심으로 살며 안에서도 전형적인 가부장적인 모습을 보이고 조직의 장이 되면 빈틈없이 일을 처리하므로 믿음직스럽기까지 한다.

자신이 이루어놓은 재산에 대해서도 한치의 오차없이 관리하며 무모한 욕심이나 모험심을 발휘하지 않아 생활의 큰 굴곡이 없는 것이 특징이다. 좋은 쪽의 변화라도 생활의 리듬을 깨는 것이라면 쉽사리 받아들이지 않는 완고함도 있으므로 개혁보다는 보수 쪽의 사람들이라고 볼 수 있다.

단점으로는 관료주의식 사고에 젖어 너무 획일적이라 융통성에 문제가 있으며 책임이 큰 일에는 대범치 못해 소극적으로 대처하므로 일이 더디며 변화보다는 보수와 안정을 바라기에 사회 변화에 발빠르게 맞추지 못하고 뒤쳐지는 경우가 있다. 한번 실패하면 깊은 수렁에 빠질 때가 많으니 적극성을 지니는 것이 좋다.

사주팔자	시	일	월	년
	丙	壬	己	庚
	午	戌	丑	子

대 운	丁	丙	乙	甲	癸	壬	辛	庚
	酉	申	未	午	巳	辰	卯	寅
	72	62	52	42	32	22	12	02

오행비율 水星:1.84 火星:1.20 土星:1.06
金星:0.70 木星:0.00

음양비율 음기:2.9 양기:1.2 중성:0.7

일주강약 2.54 (身强)

공식설명

수성이 화성을 억제, 목성과 토성이 구제오행, 토성을 선택(일차공식의 끝).

오신육친	용 신 : 土星	官星
	희 신 : 火星	財星
	기 신 : 木星	食傷
	구 신 : 水星	比劫
	한 신 : 金星	印星

격 국 官星保財星格

사주팔자	시	일	월	년
	丙	癸	壬	丁
	辰	卯	寅	未

대 운	庚	己	戊	丁	丙	乙	甲	癸
	戌	酉	申	未	午	巳	辰	卯
	79	69	59	49	39	29	19	09

오행비율 木星:2.90 火星:0.90 土星:0.80 水星:0.20 金星:0.00

음양비율 음기:0.2 양기:4.3 중성:0.3

일주강약 0.20 (身弱)

공식설명

목성이 토성을 억제, 화성과 금성이 구제오행, 화성을 선택(일차공식의 끝).

수성이 화성을 억제, 목성과 토성이 구제오행, 토성을 선택(이차공식의 끝).

오신육친	용 신 : 土星	官星
	희 신 : 火星	財星
	기 신 : 木星	食傷
	구 신 : 水星	比劫
	한 신 : 金星	印星
격 국	官星保財星格	

財星保食傷格(재성보식상격)

조건 : 인성이 식상을 억제하고 있을 때 재성으로 인성을 억제하고 식상을 보호하는 모양.

성격 : 맡은 모든 것에는 철두철미하게 책임지며 한치의 흐트러짐도 보이지 않고 매사 어른들이 좋아하는 방식대로 일들을 매듭지으며, 전혀 튀지않는 모습을 보이기에 주위의 칭찬이 자자하고 전통적으로 내려온 관습이나 규칙에 어긋나는 행동도 하지 않으면서 자신의 목표인 즐겁고 재미있는 그리고 물질적으로 풍요로운 삶을 살아가려고 한다.

그러다가 자신의 목표가 어느 정도 이루어지면 지금까지의 모습과는 다른 즉 보수적인 모습에서 개혁적인 모습으로 탈바꿈하여 그동안 생활하면서 불편했던 모든 것(법 규칙 관습 윤리 관행 구태 등)에서 벗어나고자 과감하게 뜯어고치거나 얽매이지 않는 자유스러움을 찾는 사람에게서 많이 볼 수 있다.

따라서 우리 주위에서 이런 말도 들을 수 있는 사람인 것이다. “저 양반 돈 벌더니 무서운 것도 없고 예의도 모르는 사람으로 변했어!”라고 말이다.

이 격의 장점으로는 누구의 간섭을 받기보다는 홀로 독립하여 사업을 벌이는 방향으로 나가기를 좋아하고, 그것도 남에게 도움을 줄 수 있는 업종을 택하나 아무리 명분이 좋아도 자신에게 어떠한 형태의 이득이 안 된다면 무조건적으로 따르지 않는 매우 계산적인 면도 있고 이익이 된다면 누구의 말도 듣지않고 과감하게 행동으로 옮기는 적극성도 있다.

자신이 넉넉하지 않아도 남을 도울 수 있는 아량도 있으며 불의를 보면 참지 못하는 불 같은 성격도 지녔다.

그리고 성공하면 의외로 사회봉사활동이나 의로운 일에 전 재산을 받치는 사람들도 간혹 있으며 사회변화에 민감하게 대응하므로 성공의 기회를 잘 포착할 수 있으며, 남과의 사귐에 있어서도 뛰어난 사교술을 발휘하므로 인덕이 많은 편이고 조직생활을 하더라도 남과 접촉이 많은 현장직이 적성에 맞으며 끊임없이 변화를 추구하기에 다양한 업종을 접할 수가 있는 것이 장점인 것이다.

단점으로는 자존심과 명분을 버리지 못해 더 많은 재물을 벌어드릴 수 있는 기회가 와도 잡지를 못하고 자신과 뜻이 어긋나면 아무리 친했어도 단호히 절교하는 냉혹함도 있으며 현 상태에 안주하려는 사람들을 경멸하고 성공한 이후 무절제한 이성관계가 문제가 될 수도 있는 것이다.

사주팔자	시	일	월	년
	庚	辛	癸	丙
	寅	酉	巳	辰

대 운	辛	庚	己	戊	丁	丙	乙	甲
	丑	子	亥	戌	酉	申	未	午
	79	69	59	49	39	29	19	09

오행비율	木星:1.50	火星:1.40	金星:1.20
	土星:0.50	水星:0.20	

음양비율	음기:1.4	양기:2.9	중성:0.5

일주강약	1.70 (身强)

공식설명

목성이 토성을 억제, 화성과 금성이 구제오행, 화성을 선택(일차공식의 끝).

수성이 화성을 억제, 목성과 토성이 구제오행, 목성을 선택(이차공식의 끝).

금성이 목성을 억제, 수성과 화성이 구제오행, 수성을 선택(삼차공식의 끝).

토성이 수성을 억제, 금성과 목성이 구제오행, 목성을 선택(사차공식의 끝).

오신육친	용 신 : 木星	財星
	희 신 : 水星	食傷
	기 신 : 金星	比劫
	구 신 : 土星	印星
	한 신 : 火星	官星
격 국	財星保食傷格	

사주팔자	시	일	월	년
	壬	丙	戊	庚
	辰	寅	寅	子

대 운								
	丙	乙	甲	癸	壬	辛	庚	己
	戌	酉	申	未	午	巳	辰	卯
	79	69	59	49	39	29	19	09

오행비율 木星:2.90 水星:1.20 土星:0.50 金星:0.20 火星:0.00

음양비율 음기:1.4 양기:2.9 중성:0.5

일주강약 2.90 (身强)

공식설명

목성이 토성을 억제, 화성과 금성이 구제오행, 금성을 선택(일차공

식의 끝).

오신육친	용 신 : 金星	財星
	희 신 : 土星	食傷
	기 신 : 火星	比劫
	구 신 : 木星	印星
	한 신 : 水星	官星
격 국	財星保食傷格	

[食傷保比劫格(식상보비겁격)]

조건 : 관성이 비겁을 억제하고 있을 때 식상으로 관성을 억제하고 비겁을 보호하는 모양.

성격 : 이성적이기보다 감정적이고 즉흥적이라 뒷끝이 없고 사교술이 뛰어나 남과도 쉽게 친하며 물질에 대한 집착이 강하고, 변화에 능해 어떤 상황이든 쉽게 적응하며 자신의 의지대로 밀고 나가는 추진력도 강한 편이다.

남들이 생각지도 않았던 발상이나 아이디어로 성공하는 사례도 있으며 남의 밑에 있기보다는 위에 서려는 마음이 강하고, 친구들과의 우정도 끈끈한 편이며 이성에 대한 호기심이 유달리 강한 것도 특징이다.

항상 인생을 재미있게 살려고 노력하는 자세가 돋보이며 화려하고 풍요로운 삶을 원하기에 일면 가벼운듯한 모습도 보이지만, 한가지 목표가 정해지면 초지일관 끈기를 가지고 나아가며 간혹 기발한 계획이나 발상으로 남을 놀라게 하기도 한다.

이 격의 장점으로는 어떤 문제든 해결하려는 마음을 먹으면 누구보다도 기발한 순발력을 발휘해 순식간에 일 처리를 하며, 재물에 마음을 두고 있는 듯 보이지만 사실은 자신의 방식대로 살면서 조금은 안락함도 추구하기에 의외로 욕심이 작다.

따라서 성공한 후에는 누구도 생각치 않았던 방법으로 전 재산을 이롭게 쓰기도 하며 조직 생활을 하더라도 윗사람의 눈치를 보지 않고 소신껏 일 처리를 하기에 건방지다는 소리를 들으면서도 맡은바 책임은 철저하게 완수하고, 더러는 조직의 잘못된 점을 비판하기도 하고 상사에게는 미운 오리새끼지만 아랫사람들에게는 인기가 많아 대변자의 역할을 맡기도 한다. 그리고 생각보다는 행동이 먼저인 사람들에게서 많이 볼 수 있다.

구태의연한 사고방식을 가장 경멸하고 항상 새로운 방식을 찾아 정렬적으로 일하기를 좋아하고 잠재력을 최대한 발휘해 자신의 의지를 시험하는 사람들에게서 많이 볼 수 있다.

단점으로는 상대방 마음은 생각치 않고 아픈 곳을 찌르거나 비아냥거리는 말을 잘하며 정열적으로 일하다가도 끝을 보기도 전에 다른 계획으로 넘어가기에 변화가 무쌍한 면이 있어 장기적인 일에는 부적당하다. 생각보다 행동이 먼저이기에 성공할 확률보다는 실패할 확률이 많으며 후회할 때도 많다는 것이다.

사주팔자	시	일	월	년
	辛	丁	戊	庚
	亥	丑	子	戌

대 운								
	庚	辛	壬	癸	甲	乙	丙	丁
	辰	巳	午	未	申	酉	戌	亥
	75	65	55	45	35	25	15	05

오행비율 水星:2.90 土星:1.00 金星:0.90
木星:0.00 火星:0.00

음양비율 음기:4.1 양기:0 중성:0.7

일주강약 0.00 (身弱)

공식설명

수성이 화성을 억제, 목성과 토성이 구제오행, 토성을 선택(일차공식의 끝)

오신육친
용 신 : 土星 食傷 (가용신)
희 신 : 火星 比劫
기 신 : 木星 印星 (진용신)
구 신 : 水星 官星
한 신 : 金星 財星

격 국 食傷保比劫格

사주팔자	시	일	월	년
	甲	丁	丙	甲
	辰	卯	子	午

대　　운	戊	己	庚	辛	壬	癸	甲	乙
	辰	巳	午	未	申	酉	戌	亥
	80	70	60	50	40	30	20	10

오행비율　木星:1.90　水星:1.20　火星:1.20
土星:0.50　金星:0.00

음양비율　음기:1.2　양기:3.1　중성:0.5

일주강약　3.10 (身强)

공식설명

목성이 토성을 억제, 화성과 금성이 구제오행, 화성을 선택(일차공식의 끝).

수성이 화성을 억제, 목성과 토성이 구제오행, 토성을 선택(이차공식의 끝).

오신육친	용 신 : 土星	食傷
	희 신 : 火星	比劫
	기 신 : 木星	印星
	구 신 : 水星	官星
	한 신 : 金星	財星
격 국	食傷保比劫格	

比劫保印星格(비겁보인성격)

조건 : 재성이 인성을 억제하고 있을 때 비겁으로 재성을 억제하고 인성을 보호하는 모양.

성격 : 기존의 있는 관습이나 규칙 중에서도 자신에게 유리한 것들만 받아들이며 주위의 개혁적인 사고를 가진 사람들과 어울리며 무엇에 대한 비판도 하고 거부하려는 강한 의사를 피력하나, 내심으로는 나만 편하고 인격적으로 대우도 받을 수 있고 삶의 안정과 편안함을 보장해준다면 그리 기존의 모든 것들을 굳이 거부하지않고 자신만의 생을 즐기며 보내는 유약한 모습도 있다.

남들과는 다른 사고로 자발적이며 정렬적으로 일을 추진하여 성공한 뒤 자신만이 추구하는 편안하고 안정된 삶을 추구한다는 것이다.

이 격의 장점으로는 자신이 하고자 하려는 것이면 누구의 말도 듣지 않고 강력하게 밀어붙이기에 신속하고 열정적인 면은 보이나, 엄청난 이득이 생긴다 하더라도 자신이 판단했을 때 전혀 명분이 서지 않으면 절대로 따르지 않는 굳은 철학도 있다.

상당히 냉철한 면도 지녔으나 동정심이나 봉사정신이 발동되면 자신에게 손해가 되더라도 철저하게 남을 위해서 발을 벗고 나서는 의협심도 무척 강하다. 남들이 섣불리 덤비지 못하는 일에도 자신은 과감하게 할 수 있다는 자부심을 지니며, 일을 구조화시켜 처리하고 빨리 결정을 내리는 방향으로 나가는 편이다.

자기식의 논리나 이론의 체계를 확실히 세우고 있으므로 배타적인 사람을 자기사람으로 끌어 들이려는데에는 비상한 재주를 지녔으며, 물질에 대한 소유욕보다는 정신세계의 안정을 우선시하기에 사욕을 크게 부리지를 않는다.

단점으로는 남의 생각을 존중하기보다는 자신이 마음 먹은대로 행동하고 공동생활 속에서도 자신에게 맞지 않는 것이라면 무시해 버리려는 도덕심이 부족한 것이 흠이다. 그리고 여러 가지의 일들을 기분 내키는대로 하기에 약간은 무모함도 엿보이며 일이 잘 안되었을 때는 자신의 책임은 회피하고 핑계를 대기도 한다.

사주팔자	시		일		월		년
	戊		辛		戊		庚
	子		丑		子		寅

대 운	丙	乙	甲	癸	壬	辛	庚	己
	申	未	午	巳	辰	卯	寅	丑
	72	62	52	42	32	22	12	02

오행비율	水星:2.90 木星:1.00 土星:0.70 金星:0.20 火星:0.00
음양비율	음기:3.4 양기:1 중성:0.4
일주강약	0.90 (身弱)

공식설명

수성이 화성을 억제, 목성과 토성이 구제오행, 토성을 선택(일차공식의 끝).

목성이 토성을 억제, 화성과 금성이 구제오행, 금성을 선택(이차공식의 끝).

오신육친	용 신 :	金星	比劫
	희 신 :	土星	印星
	기 신 :	火星	官星
	구 신 :	木星	財星
	한 신 :	水星	食傷
격 국	比劫保印星格		

사주팔자	시	일	월	년
	丙	戊	庚	辛
	辰	子	寅	丑

대　　운							
壬	癸	甲	乙	丙	丁	戊	己
午	未	申	酉	戌	亥	子	丑
77	67	57	47	37	27	17	07

오행비율　木星:1.90　水星:1.50　土星:0.80
金星:0.40　火星:0.20

음양비율　음기:2.4　양기:2.1　중성:0.3

일주강약　1.00 (身弱)

공식설명

목성이 토성을 억제, 화성과 금성이 구제오행, 화성을 선택(일차공식의 끝).

수성이 화성을 억제, 목성과 토성이 구제오행, 토성을 선택(이차공식의 끝).

오신육친	용 신 : 土星	比劫
	희 신 : 火星	印星
	기 신 : 木星	官星
	구 신 : 水星	財星
	한 신 : 金星	食傷
격　　국	比劫保印星格	

印星用印星格(인성용인성격)

조건 : 재성이 인성을 억제하고 있을 때 관성이나 비겁이 없어 인성을 구제할 수 없는 모양.

성격 : 편안하고 안정된 삶을 오로지 추구하나 방법에 있어서는 두 종류로 나누어진다. 하나는 남들과 더불어가면서 자신의 명예를 추구하는 사람들이며 다른 쪽의 사람들은 기존의 지니고 있는 것을 최대한 활용하면서 안락한 생을 살고자 하려는 것이다.

이 격의 사람들은 복잡하거나 변화가 많은 일보다는 간단명료하고 자신이 배운 지식을 다 이용할 수 있는 일들을 더 좋아하며, 어떠한 결정을 내리기 위해서도 논리와 분석을 앞세우며 더 많은 정보를 얻은 다음 나름대로 판단해서 완벽하게 처리하고자 하려는 마음 때문에 종결을 미루는 경우가 많다.

또한 두리뭉실한 방법이 아닌 원칙에 준하는 합법적인 절차에 따라 모든 일들을 처리하려는 신중한 성격이어서 감정적으로 일 처리를 하려는 사람들이나, 어떤 일이든 무모하게 덤비는 사람들 즉 가벼운 듯한 성격을 지닌 사람들을 더러는 경멸하는 편이다.

한번 약속하면 꼭 지켜야 하고 너무 소심해서 자신의 속마음을 쉽사리 털어놓지 못하는 편이나 누군가 자신에게 고민을 얘기하면 당사자의 입장이 되어 같이 고민하고 해결방법을 찾아주기에 마치 누나나 오빠 또는 형 같은 입장이 된다.

자신은 감정을 자제하며 이성적이고 신중한 편인데도 남이 측은하고 동정심을 유발하는 얘기를 하면 쉽게 감동을 받는 감성적인 면도 있다.

또한, 아무리 직급이 자신보다 높아도 학문적이나 지식적인 면에 있어서는 자신이 항상 앞서고 있다는 자부심을 지니고 있으며 현실보다는 이상 속의 세상을 꿈꾸며 살기에 그리 세속에 물들지 않은 사람에게서 많이 발견된다.

사주팔자	시	일	월	년
	癸	庚	甲	癸
	未	子	子	卯

대 운							
壬	辛	庚	己	戊	丁	丙	乙
申	未	午	巳	辰	卯	寅	丑
75	65	55	45	35	25	15	05

오행비율	水星:2.60 木星:1.20 土星:0.70 火星:0.30 金星:0.00
음양비율	음기:2.6 양기:2.2 중성:0
일주강약	0.70 (身弱)

공식설명

수성이 화성을 억제, 목성과 토성이 구제오행, 토성을 선택(일차공식의 끝).

목성이 토성을 억제, 화성과 금성이 구제오행, 그러나 두 오행 다 없어 토성 스스로 지킴(이차공식의 끝).

오신육친	병 신	土星	印星
	1약신	金星	比劫
	2약신	火星	官星
	기 신	木星	財星
	한 신	水星	食傷
격 국	印星用印星格		

사주팔자	시	일	월	년
	己	庚	乙	戊
	卯	寅	丑	戌

대　운	丁	戊	己	庚	辛	壬	癸	甲
	巳	午	未	申	酉	戌	亥	子
	71	61	51	41	31	21	11	01

오행비율　木星:2.20　土星:1.26　水星:0.84
金星:0.50　火星:0.00

음양비율　음기:1.7　양기:2.2　중성:0.9

일주강약　1.76 (身强)

공식설명

목성이 토성을 억제, 화성과 금성이 구제오행, 그러나 두 오행 다 없어 토성 스스로 지킴(일공식의 끝).

오신육친	병　신 : 土星	印星
	1약신 : 火星	官星
	2약신 : 金星	比劫
	기　신 : 木星	財星
	한　신 : 水星	食傷

격　국　印星用印星格

比劫用比劫格(비겁용비겁격)

조건 : 관성이 비겁을 억제하고 있을 때 인성이나 식상이 없어 비겁을 구제할 수 없는 모양.

성격 : 남들이 주로 "저 사람은 욕심이 없어!"라고 말하는 사람 중에 특히 이 격이 많은 것은 누구에게 간섭 받지않고 큰 책임도 맡지 않으면서 자유롭고 편하게 그러면서 사회가 요구하는 명예욕이나 물욕보다는 정신적인 안정을 더 바라면서 살기 때문에 그런 소리를 자주 듣는다.

따라서 속세와는 인연이 별로 없는 세계를 꿈꾸며 사는 어쩌면 도인들의 삶처럼 무소유의 삶을 지향한다는 것이다. 그리고 일이 닥쳤을 때 생각보다 행동이 먼저인 편과 행동보다 생각을 먼저 하는 편으로 나누어지나, 특징은 자발적이며 활동적이라 일 처리가 빠르며 열정적이고 따뜻하고 더러는 무모함도 엿보이나 자신의 판단아래 이것이 옳다고 생각되면 누구의 반대에도 관계없이 밀고 나가는 추진력은 타의 추종을 불허하고 의리에 죽고 사는 사람들에게서 많이 발견될 수 있다.

그러나 어떠한 것이든 끈기를 요하는 장기적인 일에는 잘 적응하지 못하고 다람쥐 쳇바퀴식의 삶에도 자주 싫증을 내고, 이거다 생각이 되면 누구의 반대에도 불구하고 자신의 주장을 관철시키는 저돌성을 지녔으나 그 일이 장기적으로 진행되면 끈기부족으로 흥미를 잃는 편이다.

남의 밑에 있는 것을 무척 싫어하나 어쩔 수 없어서 있게 되더라도 내근을 하는 것보다는 밖에서 활동하는 부서에 근무하는 것이 좋다.

현 사회질서를 거부하기보다는 자기에게 편리한 방식만 받아들이려는 자세가 강하며 지지 않으려는 승부욕 때문에 스포츠나 게임에서 지면 쉽게 분을 삭이기 어려운 면도 있으나, 솔직하고 단백하며 독립심도 강한 면도 지니고 있다. 또한 개인주의자들에게서 많이 발견된다.

남을 믿기보다 자기자신을 믿는 즉 자기 의존형의 사람들이 많으며 숫자에 대한 관념이 약하여 세밀함을 요구하는 일에는 적응하기가 어려운 사람들이 많다.

사주팔자	시		일		월		년	
	丁		壬		壬		丙	
	未		子		辰		午	
대 운	庚	己	戊	丁	丙	乙	甲	癸
	子	亥	戌	酉	申	未	午	巳
	74	64	54	44	34	24	14	04

오행비율 火星:1.90 水星:1.20 土星:0.86 木星:0.84 金星:0.00

음양비율 음기:1.2 양기:3.24 중성:0.36

일주강약 1.20 (身弱)

공식설명

화성이 금성을 억제, 토성과 수성이 구제오행, 수성을 선택(일차공식의 끝).

토성이 수성을 억제, 금성과 목성이 구제오행, 그러나 두 오행 다 없어 수성 스스로 지킴(이차공식의 끝).

오신육친	병 신	水星	比劫
	1약신	金星	印星
	2약신	木星	食傷
	기 신	土星	官星
	한 신	火星	財星
격 국	比劫用比劫格		

사주팔자	시	일	월	년
	乙	戊	壬	癸
	卯	子	戌	卯

대 운							
甲	乙	丙	丁	戊	己	庚	辛
寅	卯	辰	巳	午	未	申	酉
71	61	51	41	31	21	11	01

오행비율	木星:2.20　水星:1.40　金星:0.84 土星:0.36　火星:0.00
음양비율	음기:2.24　양기:2.2　중성:0.36
일주강약	0.36 (身弱)

공식설명

목성이 토성을 억제, 화성과 금성이 구제오행, 그러나 두 오행이 다 없어 토성 스스로 지킴(일차공식의 끝)

오신육친	병　신	土星	比劫
	1약신	火星	印星
	2약신	金星	食傷
	기　신	木星	官星
	한　신	水星	財星
격　국	比劫用比劫格		

食傷用食傷格(식상용식상격)

조건 : 인성이 식상을 억제하고 있을 때 비겁이나 재성이 없어 식상을 구제할 수 없는 모양.

성격 : 철저한 이기심을 발휘해 자신만의 세계나 공간을 강력하게 추구하며 남들보다 자신의 지능이 훨씬 낫다는 생각을 하기에 남의 지

시나 명령에 잘 따르지 않고, 만약 따른다면 그것을 자신의 뜻대로 각색을 하여 독창적인 형태로 발전시켜 나가고 기존의 불필요한 관습이나 전통을 생활하기 편리한 쪽으로 개선해 나가려는 의지가 강하다.

자유로운 것을 좋아하므로 종종 권위나 체제에 대해 도전할 의사를 지니고 있으며, 자신의 잠재력을 실현시키고자 새로운 가능성을 항상 염두에 두고 창의력이나 상상력을 최대한 발휘해 나가려는 사람들에게서 많이 볼 수 있다.

항상 반복되는 것들에 대한 싫증을 빨리 느끼기에 변화가 많은 것에 흥미를 가지며 책임이나 의무에 최선을 다 하기보다는 기분 내키는대로 순간순간 행동하기에 신뢰감을 주지 못하는 것이 가장 큰 흠이다.

남과의 대화에서도 상대방을 설득시키기보다는 일방적인 자기의 주장을 강요하는 입장이며, 자아도취적인 경향이 강해 다른 사람의 충고나 조언은 듣지 않고 순간적인 감각이나 느낌으로 일을 처리하는 경향이 많이 있다.

자신의 재능에 대한 과대평가로 인해 원만한 대인관계가 어렵고 자기 한 몸의 편안함과 즐거움만을 중시하기에 사회적이거나 가정적인 책임감이 부족하며, 모든 일들이 자기를 중심으로 조직되고 돌아가야 한다는 사고방식으로 인해 외로운 인생을 살기 쉽다.

그러니 이 격의 사람들은 "인간은 사회적인 동물이기에 홀로 살 수 없다."는 생각을 하여 가장 기본적인 보편적인 가치나 도덕 규범을 조금이라도 생각하여 받아들이려는 자세가 필요한 것이다.

사주팔자	시	일	월	년
	庚	壬	戊	庚
	戌	申	寅	戌

대 운							
庚	辛	壬	癸	甲	乙	丙	丁
午	未	申	酉	戌	亥	子	丑
76	66	56	46	36	26	16	06

오행비율 金星:2.00 土星:1.60 木星:1.20
水星:0.00 火星:0.00

음양비율 음기:2 양기:1.2 중성:1.6

일주강약 2.00 (身强)

공식설명

금성이 목성을 억제, 수성과 화성이 구제오행, 그러나 두 오행이 없어 목성 스스로 지킴(일차공식의 끝).

오신육친
병 신 : 木星 食傷
1약신 : 火星 財星
2약신 : 水星 比劫
기 신 : 金星 印星
한 신 : 土星 官星

격 국 食傷用食傷格

사주팔자	시	일	월	년
	癸	丁	乙	癸
	卯	未	卯	丑

대　운								
	丁	戊	己	庚	辛	壬	癸	甲
	未	申	酉	戌	亥	子	丑	寅
	72	62	52	42	32	22	12	02

오행비율　木星:2.40　土星:1.00　水星:0.90
火星:0.50　金星:0.00

음양비율　음기:1.4　양기:3.4　중성:0

일주강약　2.90 (身强)

공식설명

목성이 토성을 억제, 화성과 금성이 구제오행, 그러나 두 오행이 다 없어 토성 스스로 지킴(일차공식의 끝).

오신육친			
	병　신 :	土星	食傷
	1약신 :	金星	財星
	2약신 :	火星	比劫
	기　신 :	木星	印星
	한　신 :	水星	官星

격　국　食傷用食傷格

財星用財星格(재성용재성격)

조건 : 비겁이 재성을 억제하고 있을 때 관성이나 식상이 없어 재성을 구제할 수 없는 모양.

성격 : 금전적인 계산이 빠르며 현실적으로 어느 것이 이득인가를 생각하나 방법에 있어서는 같은 격이라 해도 많은 차이를 느낄 수 있다. 가령 어느 한 쪽은 사회가 요구하는 기본 양식에 충실하면서 살아가다 원하는 만큼 이루어지면 기존의 사고나 틀을 다 깨버리는 사고로 인생을 살며, 다른 한 쪽은 기존에 있는 것들을 터부시하면서 자신만의 색깔을 강하게 표출하면서 목표를 이루려고 한다.

그러다 원하는 만큼 이루어졌다면 그동안 터부시했던 사회질서나 규범에 맞추어가면서 출세를 하고자 애쓰는 스타일의 사람들인 것이다. 타고 나길 적당한 변화와 유쾌한 분위기를 원하고 있는 사람이기에 안정과 이상만을 생각하다가는 평생 자신이 목마르게 원하는 진정한 행복을 맛보기 어렵다.

그러니 과감하게 실행에 옮기려는 의지력과 모험심으로 자신이 설정한 목표를 달성하기 위해서는 가끔 체면도 벗어 던지겠다는 강한 의지와 결단력이 필요하다. 어쨌든 실질적으로 이득이 된다면 형식이나 모양에 구애 받지 않고, 어떻게든 실행하려는 의사가 강하여 추진하다가도 자신에게 손해가 된다면 미련없이 버리는 사람들이 많다.

조용하게 살기보다는 외향적이고 사교적이며 낭만과 열정도 지녔고 활동지향적이기에 화려한 차림을 좋아하고 유머감각에도 뛰어나 이성관계에 있어서도 인기를 많이 받는 편이다.

또 유행에 민감하며 그것을 사업으로 연결시키려는 수완도 뛰어나고 소유욕도 무척 강하다. 무모한 삶이나 그 반대인 안락한 삶도 원치 않으며 재물이 뒷받침된다면 향략과 사랑 그리고 얽매지 않는 자유와 적당한 모험을 즐기면서 일평생을 보내고 싶은 사람에게서 볼 수 있다.

그리고 분위기와 사람에 따라 언행이 자주 변하는 일면도 있으며 모든 문제를 신중하고 이성적으로 판단하여 처리하기보다는 그때 그때의 감정에 따라 좌지우지되므로 믿음이 가지 않고 가벼운 인상만을 심어줄 때도 많다.

사주팔자	시	일	월	년
	乙	甲	乙	甲
	亥	戌	亥	辰

대　운								
	癸	壬	辛	庚	己	戊	丁	丙
	未	午	巳	辰	卯	寅	丑	子
	75	65	55	45	35	25	15	05

오행비율　水星:2.20　木星:1.10　土星:1.00
金星:0.50　火星:0.00

음양비율　음기:2.7　양기:1.1　중성:1

일주강약　3.30 (身强)

공식설명

수성이 화성을 억제, 목성과 토성이 구제오행, 토성을 선택(일차공식의 끝).

목성이 토성을 억제, 화성과 금성이 구제오행, 그러나 두 오행이 없어 토성 스스로 지킴(이차공식의 끝).

오신육친	병 신 : 土星	財星
	1약신 : 火星	食傷
	2약신 : 金星	官星
	기 신 : 木星	比劫
	한 신 : 水星	印星
격 국	財星用財星格	

사주팔자	시	일	월	년
	甲	庚	甲	己
	申	申	戌	酉

대 운								
	壬	辛	庚	己	戊	丁	丙	乙
	午	巳	辰	卯	寅	丑	子	亥
	79	69	59	49	39	29	19	09

오행비율	金星:3.84	土星:0.56	木星:0.40
	水星:0.00	火星:0.00	
음양비율	음기:3.84	양기:0.4	중성:0.56
일주강약	4.40 (身强)		

공식설명

금성이 목성을 억제, 수성과 화성이 구제오행, 그러나 두 오행이 없어 목성 스스로 지킴(일차공식의 끝).

오신육친	병 신 :	木星	財星
	1약신 :	火星	官星
	2약신 :	水星	食傷
	기 신 :	金星	比劫
	한 신 :	土星	印星
격 국	財星用財星格		

[官星用官星格(관성용관성격)]

조건 : 식상이 관성을 억제하고 있을 때 재성이나 인성이 없어 관성을 구제할 수 없는 모양.

성격 : 도덕심과 책임감은 철저할 만큼 강하고 성실하나 이 격에도 두 가지의 유형이 있다. 하나는 인간이 지향하는 양심과 인내심을 바탕으로 자신이 맡은 일들을 착실하게 해가며 인생의 마무리를 가족과 함께 재미있게 더러는 환상적으로 지내고 싶다면, 다른 한 쪽은 감성적이면서도 즐겁고 재미있는 일들을 하면서 맡은 바 책임을 완수해서 명예를 얻은 뒤 안락하고 조용한 삶을 살고 싶은 것이다.

이렇듯 양면성은 있으나 맡은 바 소임이 있다면 원칙과 법칙을 준수하면서 사사로운 것에 얽매이지 않고 냉정하게 잘 처리하여 많은 사람들에게 신임과 믿음을 얻는다.

계획되고 조직화된 방식으로 생활하기를 원하며 부도덕한 행동을 아주 싫어하며 일을 시작하게 되면 중도에서 그만두지를 못하는 성질을 지녔으나, 그러한 것들이 뜻밖의 사건으로 인하여 어긋나는 경우가 발생하니 본의아니게 중도 포기하는 쪽으로 결정이 내려질 때도 많다는 점이 이 격의 특징이다.

변화를 거부하면서도 아주 사소한 변화에도 민감한 반응을 보이고 누군가 고의로 자신의 명예를 훼손하려고 하면 대응하는 방법이 매끄럽지 못하여 영원히 적으로 만드는 경우가 발생하니 이는 융통성과 이해심이 부족한 것에서 나오는 것이라 할 수 있다.

따라서 소심한 편이 많으나 자신이 맡은 책임에 대해서는 철저할 만큼 처리를 하므로 관리형의 스타일을 지닌 전형적인 가부장적인 성격의 사람들이다.

사주팔자	시	일	월	년
	甲	癸	甲	甲
	寅	未	戌	寅

대 운							
丙	丁	戊	己	庚	辛	壬	癸
寅	卯	辰	巳	午	未	申	酉
71	61	51	41	31	21	11	01

오행비율 木星:2.60 土星:0.86 金星:0.84
火星:0.50 水星:0.00

음양비율 음기:0.84 양기:3.6 중성:0.36

일주강약 0.84 (身弱)

공식설명

목성이 토성을 억제, 화성과 금성이 구제오행, 그러나 두 오행이 없어 토성 스스로 지킴(일차공식의 끝).

오신육친
병 신 : 土星 官星
1약신 : 金星 印星
2약신 : 火星 財星
기 신 : 木星 食傷
한 신 : 水星 比劫

격 국 官星用官星格

사주팔자	시	일	월	년
	丙	庚	丙	辛
	子	午	申	亥

대 운								
	甲	癸	壬	辛	庚	己	戊	丁
	辰	卯	寅	丑	子	亥	戌	酉
	79	69	59	49	39	29	19	09

오행비율 水星:2.00 金星:1.40 火星:1.40
土星:0.00 木星:0.00

음양비율 음기:3.4 양기:1.4 중성:0

일주강약 1.40 (身强)

공식설명

수성이 화성을 억제, 목성과 토성이 구제오행, 그러나 두 오행이 다 없어 화성 스스로 지킴(일차공식의 끝).

오신육친	병 신 : 火星	官星
	1약신 : 木星	財星
	2약신 : 土星	印星
	기 신 : 水星	食傷
	한 신 : 金星	比劫

격 국 官星用官星格

一般的(일반적)인 四柱(사주) 풀이法(법)

앞서 일반적인 사주를 설명할 때 말했듯이 녹현방정식을 적용함에 있어 일간이 진정 사용하고픈 구제오행이 사주상에 나타나 있어 그것으로 피해오행을 구제한다고 했다. 진가사주나 병약신사주로 이루어진 형식이 아니므로 일반적인 사주는 무엇인가 이용한다고 했다.

이용한다는 것의 의미를 곰곰히 생각해보자. 도대체 무엇을 위해서 이용한다고 했을까? 그것은 바로 꿈을 이루기 위해서이다. 꿈을 이루기 위해서 일반적인 사주는 원하지는 않았지만 그렇게 할 수 있는 능력을 타고난 것이다.

이것에 대한 이해를 높일 수 있도록 동물들의 삶을 예로 든다. 동물들은 태어나면서부터 보호본능을 발휘한다. 약육강식의 법칙이 존재하는 동물의 세계라서 조금이라도 틈을 보이면 살아남기 힘들기 때문이다.

먹이사슬의 맨 위를 점령하고 있는 동물들은 그냥 겉으로 보기론 귀엽고 장난꾸러기 같고 날카로운 이빨이나 발톱도 없는 것 같다. 훈련만 잘 시키면 사람하고도 금방 친해지기도 하며, 야생의 세계에서도 배만 고프지 않으면 더할 나위없이 순하게 보인다.

반대로 먹이사슬의 맨 아래에 있는 동물들은 겉보기에 뿔도 나 있어 무시무시하게 보이기도 하며, 항상 경계태세를 해야 하므로 긴장된 모습을 띠며, 발굽도 강하게 보이고, 털 색깔도 강인한 색으로 덮어있는 동물들이 많다.

즉, 강한 동물은 약하게 보여야만 살아남을 수 있고, 약한 동물은 강하게 보여야만 살아남을 수 있기 때문이다. 그러한 형태를 곤충의 세계를 보면 더욱 극명하게 알 수 있다. 화려한 색으로 위장하고, 독이 들어 있다고 몸으로 표시하며, 주변의 색으로 변할 수 있으며, 죽은 척하여 먹이감이 가까이 오기만을 기다리고, 소리까지 흉내내어 경계를 풀게 하는 등, 이루 헤아릴 수 없는 만큼 변화를 주면서 살아남기 위해서 애를 쓰고 있는 것이다.

동물들은 어찌 되었든 살아 남아 자기의 새끼들이 여기저기로 널리 퍼뜨리는 것이 꿈이라 할 수 있다. 그렇기 위해선 자기보호에 철저할 수밖에 없다. 그러려면 밖으로 보여지는 겉모습과 실제로 살아가는 모습은 180도 다를 수밖에는 없음을 인정하지 않을 수 없다.

사람도 이와 같다고 할 수 있다.

그래서 원하지는 않았지만 자신의 꿈을 이루기 위해서 무엇인가 이용하려고 한다는 것이다. 이용하려는 모습이 겉으로 적나라하게 나타나므로 실제 무엇을 바라고 있었는지는 남들은 알기가 어렵다. 이렇게 무엇인가 이용하려는 운명들은 열에 대 여섯명은 된다.

무엇을 어떻게 이용하는지에 대해서 알아보자.

녹현방정식에 의하면 피해오행을 구하기 위해서 구제오행이 나왔다. 그 말은 곧 희신을 구하기 위해서 용신이 필요했다는 것과 같은 맥락이다. 그렇다면 희신을 위해서 살아간다면 용신에는 조금만 기대하고 희신에다 큰 기대를 걸면서 살아가는 것이 현명하지 않겠는가?

그러나 그러한 생각은 큰 오산이다. 용신이란 방패와 같고 희신은 몸과 같으며, 또 용신이란 총알과 같고 희신이란 총과 같다. 몸(희신)이 아무리 중요하다고 해도 방패(용신)가 없이는 아무런 쓸모 없기 때문이다.

비유하면 방패를 준비하지 않고 전쟁터에 나가면 몸에 상처를 입고 다칠 수 있으나, 방패를 튼튼한 것으로 준비하고 나가면 보잘 것 없는 몸이라 해도 상처 하나 없이 싸울 수 있다.

즉, 방패라는 것은 몸을 지키기 위한 방편이나 그 방패가 일을 하지 않으면 몸을 지킬 수 없는 것과 같은 이치이다. 실제의 삶에 있어 중심은 희신에게 있으나 쓰임에 있어서만큼은 용신에게 더 큰 역할을 맡기지 않으면 안 되는 것과 같은 것이다.

비중이 더 무거운 것은 희신이지만 실제 쓰임의 용도에서는 비중이 가벼운 용신에게 더 많은 가치를 부여한다. 따라서 우리가 추구하는 것은 희신이지만 그 목표를 이루기 위해서는 용신이라는 것을 최대한 활용하여야 한다는 말이 된다.

그러나 용신을 겉으로 드러내놓고 마구 활용하면 자신이 무엇을 추구하며 살고 있는지 남들이 쉽게 짐작하고 자신을 경계의 대상으로 지켜보므로 겉으로는 전혀 희신의 냄새가 나지 않도록 해야 한다.

그것은 용신은 희신과 친한 관계이므로 용신의 행동만 보면 무엇을 원하고 있는지를 미루어 짐작할 수 있기 때문이다. 따라서 희신을 숨기기 위해서 전혀 엉뚱한 것을 앞에 내세워야만 자신을 경쟁자나 적으로 인식하지 않고 스스럼 없이 대해주어 순탄하게 자신의 꿈을 이룰 수 있는 것이다.

대원군을 예로 들자. 정권을 잡는 그날까지 그는 바보나 멍청이 행세를 하며 전혀 정치에는 뜻이 없는 사람처럼 살아왔으므로 남들의 경계 대상에서 벗어날 수가 있었으며, 큰 뜻이 없는 사람으로 인식되어 조종하기가 쉽다고 판단해서 그의 아들이 왕으로 추대될 수가 있었다.

현재에도 그러한 예들은 주위에서 볼 수 있는데 가장 많이 느낄 수 있는 곳이 바로 현재의 정치판이다. 자신은 큰 뜻이 없고 오로지 고향의 발전을 위해서, 또는 국민에게 봉사하겠다고 국회의원이나 대통령 선거에 나서는 정치인들을 보라.

그렇다. 자신이 살아남기 위해서 그리고 출세를 하고자 또는 돈을 많이 벌고자 자신의 계획이나 의도를 의도적으로 숨기려고 하는 것이 본능이다. 사람도 동물이기에 말이다.

흔히들 넌 너무 돈을 밝혀! 또는 넌 사랑밖에 몰라! 넌 항상 의리만 찾어! 등의 말들을 많이 한다. 그러나 당사자의 내면을 보면 그런 말들이 얼마나 공허하게 들리는가를 알아야 한다. 자신의 진실을 숨기기 위해서 자신이 추구하는 것과 정반대의 모습을 띠는 것이 당연한 것이다.

열에 대 여섯명은 이렇게 겉과 속이 다른데 그것을 사주에서 어떻게 찾을 수 있는가 살펴보자. 기본이 되는 것은 우선 격국이 무엇인지를 알아야 한다. 그런 다음 희신과 반대되는 성향의 육친을 찾는다.

만약 격국이 재성생관성격이라고 한다면 용신은 재성, 희신은 관성이다. 그렇다면 희신과 반대되는 육친은 비겁과 식상이다. 그 둘 중에 하나를 겉으로 내세우면 자신의 꿈이 관성(출세, 권력)인 줄을 아무도 모른다.

다만 둘 중에 누구를 이용할 것인가는 용신의 뜻에 달렸다. 용신과 친하지 않으면 인생의 흐름이 원활하지 않으므로 반드시 둘 중에 용신과 친한 육친을 겉으로 내세우는 것이다. 여기선 용신이 재성이므로 그와 친한 육친인 식상을 희신인 관성이 이용하고자 한다.

따라서 재성생관성격이라면 희신인 관성을 이루기 위해서 용신인 재성을 앞에 내세웠고, 용신인 재성은 희신인 관성을 숨기기 위해서 식상을 이용한다는 것이 되고 만다. 물론 자신이 좋아하지는 않지만 꿈을 이루기 위해서 식상의 성향을 보일 수밖에 없는 것이다.

마음 속으로는 관성의 성향을 꿈꾸면서도 겉으로는 식상의 성향을 보인다는 것은 아이러니 하지만 사람도 동물과 다를 바가 없으므로 자기보호를 위해선 어쩔 수 없는 일인 것이다.

그래서 관성의 성향은 나타나지 않고 식상의 성향만 나타나므로 남들은 자신이 관성을 꿈꾸고 있는 줄을 알지 못하므로 자신의 꿈을 이루는데 있어 좀더 수월하게 진행시킬 수 있다. 오히려 도움을 받는 상황도 생긴다.

관성에 대한 미련이 겉으로 전혀 나타나지 않으므로 관성에 대한 꿈을 가진 사람들은 자신을 경쟁자로 보지 않고, 스스럼 없이 중요한 정보를 공유 내지는 제공하거나 도움을 요청해 다가오기 때문이다.

진가사주나 병약사주가 아닌 일반적인 사주들은 이렇게 자신의 꿈을 이루기 위해서 용신 앞에 희신과 반대되는 육친을 이용한다는 점을 잊지 말고 있기를 바란다.

사주팔자 (여자)	시	일	월	년
	庚	甲	丙	甲
	午	辰	寅	午

대 운								
	戊	己	庚	辛	壬	癸	甲	乙
	午	未	申	酉	戌	亥	子	丑
	74	64	54	44	34	24	14	04

오행비율	火星:2.20 木星:2.10 土星:0.30 金星:0.20 水星:0.00
음양비율	음기:0.2 양기:4.3 중성:0.3
일주강약	2.10 (身强)
오신육친	용 신 : 金星 官星 희 신 : 土星 財星 기 신 : 火星 食傷 구 신 : 木星 比劫 한 신 : 水星 印星
격 국	印星生比劫格

사주 풀이법

녹현방정식을 대입한 결과 이차공식까지 진행되어 일반적인 사주가 되었고 용신은 금성으로 관성이며 희신은 토성으로 재성이 되어 격국은 관성보재성격이 되었다.

일반적인 사주라서 희신은 용신을 활용할 것이고 용신은 희신과 반대되는 육친을 이용하리라. 희신인 재성과 반대되는 육친은 비겁과 인성이다. 그러나 그 둘 중에 용신과 친한 육친을 이용한다고 했으니 용신인 관성은 인성을 이용한다.

이 말은 남에게는 인성의 모습으로 보이면서 관성 쪽으로 나아가며 어느 정도 관성이 이루어지면 진정 추구하려 했던 희신인 재성이 원하는 방향으로 인생을 끌어간다는 것이다. 과연 이 사람이 그렇게 살고 있는가?

이 사람은 필자의 제자로써 누구보다 필자가 이 사람의 대해서 많이 알고 있다고 할 수 있다. 이 사람은 현재 사업을 하면서도 항상 무엇인가 공부하려는 자세를 남에게 보이려고 수지침도 공부하고 있으며 어려운 학문인 기문둔갑도 공부하고 있으며 명리도 수년간 공부했지만 정답을 찾기가 어렵다고 한창 헤매일 때인 98년 필자의 제자가 되었다.

그리고 주위 사람들의 자문에 적극적으로 응해주며 감정보다는 이성적으로 고상한 면을 보이고 항상 인내하고 인자한 모습으로 비치기를 바라며, 돈보다는 인간적인 순수한 정을 느끼게 해주려는 겉모습을 지녔다. 그리고 자식에게도 사랑보다는 의무감이나 인간적인 윤리의식으로 잘 대해주고 있다(인성의 모습).

그러나 남에게 그러한 모습은 보인 것은 결국 자신의 명예나 위상을 위해서 보였다는 것이다. 누구보다 완벽한 가정을 원했고, 그러기 위해서 감정에 휘둘리지 않는 현모양처의 모습을 보였고, 자신이 맡은 것에 대해서는 철저할 만큼의 책임을 지녔으며, 사랑하는 남편을 위해서 최선을 다했고, 질서와 관습에 철저할 만큼 어긋남 없이 살아왔으므로 모범적으로 살아왔다. 조금은 융통성이 없고 인간적인 면이 없을지라도 말이다(관성의 모습).

그러나 이 사람과 벽을 허물고 진솔한 대화를 하다보면 겉으로 보여주었던 모습과는 정반대인 마음을 지니고 살고 있음을 알 수 있다. 중년의 여인이라면 당연히 남편의 뒷바라지를 해주고 아이들의 교육에 신경을 쓰면서 생활의 안정을 바래야 하는데, 이 사람은 상당한 모험을 감수하고라도 재산증식에 도움이 된다면 여자로서 하기 힘든 투기나 투자에 적극적으로 대응했다.

그래서 재산상의 사건 사고가 많이 일어나기도 하며, 인생을 조금이라도 재미있고 즐겁게 보내려고 애쓰며 감상적인 분위기에 젖어들기를 좋아하며 옛 규범이나 예의만 고집하는 것이 아니라 현실적으로 자신이 편하다면 예의나 인습을 터부시하려는 마음도 아주 강함을 느낄 수 있었다(재성의 모습).

지금까지의 얘기를 종합한다면 "관성보재성격"이지만 희신인 재성의 성질은 쉽사리 보이지 않고 용신인 관성이 이용하려는 인성의 성질이 남에게는 많이 보였다는 점이다. 그 인성의 성질을 최대한 발휘하여 관성의 방향으로 이끌어 나가려고 애쓰고 있었으며 그렇게 하는 것은 바로 희신인 재성이 원하는 방향의 삶을 살아가려고 했다는 것이다.

사주팔자 (남자)	시	일	월	년
	壬	甲	癸	丙
	申	申	巳	申

대 운								
	辛	庚	己	戊	丁	丙	乙	甲
	丑	子	亥	戌	酉	申	未	午
	77	67	57	47	37	27	17	07

오행비율 金星:3.00 火星:1.40 水星:0.40 土星:0.00 木星:0.00

음양비율 음기:3.4 양기:1.4 중성:0

일주강약 0.40 (身弱)

오신육친
용 신 : 水星 印星
희 신 : 木星 比劫
기 신 : 土星 財星
구 신 : 金星 官星
한 신 : 火星 食傷

격 국 (官星)印星生比劫格

녹현방정식을 대입한 결과, 용신은 수성으로 인성이며 희신은 목성으로 비겁이 나왔다. 그래서 격국은 인성생비겁격이 되었으며, 희신인 비겁은 용신인 인성을 활용하게 되었다. 그리고 희신인 비겁의 성향과 반대의 성향을 지닌 재성과 관성 중에서 용신인 인성과 친한 관성을 앞으로 내세웠다.

즉, 이 사람은 희신인 비겁을 숨기기 위해 용신인 인성과 친한 관성의 모습으로 치장해 남들에게 보이고, 정작 자신의 꿈인 비겁은 감춘다는 것이다.

이 사람의 삶을 알아보자.

현재 미국에서 사업을 하고 있으면서도 역학공부를 꾸준히 하고 있는 친구이다. 그의 사무실에 갔을 때 역학서적 뿐아니라 건강에 관한 책 등 역학가인 필자보다 더 많은 책을 갖추고 있었다.

이 친구를 알게 된 것은 98년에 한국에 왔을 때 필자가 사주프로그램을 개발했다는 소식을 듣고 프로그램을 구입하기 위해 사무실을 방문하여 며칠 동안이지만 녹현역을 배웠으며, 그 다음 해 여름 필자가 미국에 강의와 상담을 하러 갔을 때 개인적으로 상당한 도움을 주었으며, 그 후 급격하게 가까워져 현재는 친구가 되었다.

참으로 호탕한 기질이 있는 친구이며 중년의 나이인데도 요즘 우리나라에서 유행하는 신세대의 노래들을 못 부르는 곡이 없을 만큼 신세대적 사고방식을 지닌 친구이다. 필자도 현재 유행하고 있는 곡들을 많이 부르곤 하지만 이 친구를 만나면 맥을 출 수가 없으니 어느 정도인지는 가히 짐작이 갈 것이다.

자, 진단으로 들어가자. 이 사람은 희신이 비겁이고 용신이 인성이다. 그렇다면 비겁을 위해서 인성을 활용한다는 것이며, 용신인 인성은 관성을 이용한다고 했다. 비겁과 관성하고는 전혀 반대의 기질이 있음은 누구나 알고 있다.

어떻게 자신이 추구하는 것이 비겁인데, 비겁의 기질이 겉으로 드러나지 않고 관성의 기질이 나올 수 있을까 생각하는 사람들도 많을 것이다.

그러나 이 친구의 겉모습을 보고 난 후, 과연 비겁의 성향이 나타났는가라고 묻고 싶다. 남들에게 보여주는 모습은 행동이 똑바르며 성실하고 항상 의젓한 태도를 취하고 쓸데없는 말 함부로 하지 않으며, 가정에 충실하며 교통법규나 규범을 어기려고 하지 않으며, 어느 누가 보아도 빈틈 없이 모든 일들을 챙기는 즉, 맡은 바 소임을 다하는 모습으로 비치기 때문이다(관성의 모습).

왜 그렇게 절도 있는 행동을 하고 법을 준수하려고 하는가? 그것은 용신인 인성으로 가기 위해서다. 인성의 성향은 생활의 안정과 평화를 지키는 것이고, 남의 이목에 신경을 써야하므로 항상 예의바르고 직업을 가져도 돈이 될 수 있는 쪽보다는 명분이 있는 쪽을 택하기에 재물하고는 거리가 있으며, 자신의 인품을 높이고자 항상 무엇인가는 배우려고 하여 늦게나마 현지의 대학에서 식품계통의 박사학위까지 받았고, 현재는 한의사공부까지 하고 있으며, 삶의 모습도 품위를 찾는 생활방식을 보여주고 있었으며, 처나 아이들에게도 철저하게 의무와 도리에 최선을 다하려는 모습으로 살고 있다(인성의 모습).

이렇게 인성의 모습으로 사는 것은 오로지 비겁을 위해서인데, 실제 이 친구의 진정한 소망이 무엇인지 들어다보면 겉모습인 관성하고는 아주 다른 꿈을 꾸고 있음을 알 수 있다.

자신이 바라는 삶은 누구에게도 간섭받지 않는 삶이라고 했으며, 책임감이나 도덕적인 삶보다는 자유스러운 삶을 원했으며, 자신과 마음에 맞는 친구가 있다면 속에 담아 두었던 깊은 애기를 했는데, 그 중에 하나가 노후엔 홀로 살고 싶다는 애기까지 했다(비겁의 모습).

누가 이 친구를 보고 속에 그런 마음이 있는 줄을 알겠는가? 그저 올바르고 성실한 중년 남자라고 볼 뿐이다. 그것은 자신의 꿈인 비겁의 모습을 숨기기 위해서 겉으로 관성의 모습을 보일 뿐인데, 남들은 이 친구를 평가하길 관성의 모습으로 평가할 수밖에 없는 것이다.

사주팔자 (남자)	시	일	월	년
	丙	甲	丁	甲
	寅	戌	丑	辰

대 운								
	乙	甲	癸	壬	辛	庚	己	戊
	酉	申	未	午	巳	辰	卯	寅
	75	65	55	45	35	25	15	05

오행비율	木星:1.70 土星:1.36 水星:0.84 金星:0.50 火星:0.40
음양비율	음기:1.7 양기:2.1 중성:1
일주강약	2.54 (身强)
오신육친	용 신 : 火星 食傷 희 신 : 土星 財星 기 신 : 水星 印星 구 신 : 木星 比劫 한 신 : 金星 官星
격 국	(比劫)食傷生財星格

사주 풀이법

공식에 의해 나온 용신은 화성으로 식상이며 희신은 토성으로 재성이므로 격국은 "식상생재성격"이라 부른다. 이 뜻은 희신인 재성은 용신인 식상을 활용한다는 것이며, 용신인 식상은 희신과 반대되는 육친 즉, 인성과 비겁 중에서 용신과 친한 비겁을 이용하여 자신의 삶을 살아간다는 것이다. 다시 말하면 비겁을 이용하여 식상을 이루고 식상을 이룬 뒤, 재성을 향해서 살아간다는 말이 된다.

이 친구의 삶을 살펴보자.

필자가 사무실을 사당동으로 옮긴지 얼마 안되어 만났으므로 알고 지낸지가 벌써 15년은 지났고, 만난지 얼마 안 되어 의형제를 맺어 지금까지 친형제 이상으로 친하게 지내고 있다. 그렇게 오랜 세월을 알고 지냈으므로 이 친구의 잠버릇까지 알고 있다고 해도 과언이 아니다. 그래서 검증할 수 있는 사주로는 더없이 좋은 자료라 생각되어 소개한다.

우선 격국이 식상생재성격으로 남들에게는 비겁의 모습으로 보인다는 것인데, 비겁이란 친구, 형제, 의리, 무책임, 이성보다 동성, 무질서, 자기만의 생각, 남자는 하늘, 외고집 등을 의미한다.

그래서 그런지는 몰라도 이 친구는 유달리 친구의 부탁이나 형제들의 부탁 그리고 필자의 부탁도 거절하지 못하고 다 들어주는 스타일이며, 의리를 빼면 시체라는 소리까지 들으며 놀고 쉬면서도 여자에게 끌려가지 않고 오히려 여자를 자신에게 끌려오게 했고 흔히 말하는 금전이나 출세 등에는 초연한 모습을 보였었다.

차를 몰 때도 교통규칙을 다 지키는 것은 손해라는 사고방식을 지녔기에 함께 어디를 가면 아주 흔하게 교통질서를 어겼고, 무모하다 싶은 일도 주위에서 부추기면 이것저것 생각지 않고 과감하게 행동으로 옮기는 친구였다.

그런 이 친구의 행동이나 모습들은 영락없이 비겁의 영향을 받은 것이라 아니할 수 없다. 왜 그런 모습들을 보여주어야 했는가? 그것은 용신인 식상이 원하는 방향으로 가기 위해서이며 희신인 재성의 의도를 숨기기 위해서이다.

남들에게 비겁의 모습을 보이다가 결국은 용신인 식상이 원하는 삶으로 변화하는 것인데, 식상이란 남의 밑에 있기를 거부하고 자신만의 공간을 가지고 싶은 것이며, 남들이 잘 하지 않으려는 것을 과감하게 해내는 것이며, 남들을 위해 봉사하는 것이며 남에게 완벽하다는 것을 증명해 보고 싶은 것이며, 관성보다도 더 강한 야망을 지니며 작든 크든 자신이 오너가 되어야 하는 등을 내포하고 있다.

그래서 이 친구는 사업에 관한 아이디어를 남들에게 제공하기도 하였으며, 상하의 구별이 심한 직장에서는 잘 견디지 못하고 새로운 것에 대한 동경심이 강해 간간이 모험도 불사하였으며, 끝내는 외국에 나가 자신의 사업을 하고 있다. 즉 도전과 모험 등도 마다하지 않기 때문이다.

이러한 식상의 모습도 결국에는 희신인 재성을 위해서 사용하고 있는 것인데, 재성이란 돈이며 인생의 즐거움과 낭만 그리고 여자이면서 가정을 뜻한다. 보기와는 다르게 부인이 해야할 일도 부끄러워하지 않고 잘하며, 친구들과 어울리면서도 여자에 관해서는 철저하게 챙기며 돈을 벌어 세계일주를 하겠다고 늘 얘기를 했었으며 도박 등에도 소질이 무척이나 많은 친구였던 것이다.

필자는 친한 동생이 미국에 가 있어 자주 만나지 못하는 것이 안타깝지만 그 곳에서 아주 열심히 돈을 벌고 있으며, 고국에 들어오면 거의 매일 만나 살다시피 하고, 필자가 미국에 가도 이 친구의 집에서 며칠씩 머물기도 해 만나지 못한 회포를 풀곤 한다.

한국에 있을 때는 형제들이나 친구들의 뒷바라지만 하다가 미국에 이민 가서 스스로 자립하여 사업까지 하고 있으니 어느 때는 대견스럽기까지 하다.

사주팔자 (여자)	시	일	월	년
	丙	丙	壬	丁
	申	辰	寅	未

대 운								
	庚	己	戊	丁	丙	乙	甲	癸
	戌	酉	申	未	午	巳	辰	卯
	74	64	54	44	34	24	14	04

오행비율 木星:1.90 金星:1.00 火星:0.90
土星:0.80 水星:0.20

음양비율 음기:1.2 양기:3.3 중성:0.3

일주강약 2.80 (身强)

오신육친
용 신 : 金星 財星
희 신 : 水星 官星
기 신 : 火星 比劫
구 신 : 土星 食傷
한 신 : 木星 印星

격 국 (食傷)財星生官星格

사주 풀이법

이 사주는 삼차공식까지 나아가 용신은 금성으로 재성이며, 희신은 수성으로 관성이 나와 격국은 재성생관성격이라 부른다. 희신인 관성이 활용하는 용신은 관성이고, 용신인 관성은 희신과 정반대의 뜻을 지닌 육친 중에서 용신과 친한 식상을 이용하고자 한다. 그래서 식상을 이용하여 재성으로 몰아가고 훗날 관성을 추구한다는 것이 이 사주의 흐름인 것이다.

필자가 이 사람을 처음 본 것은 97년도 겨울이었다. 그 때가 처음이자 아마 마지막이라 생각한다. 그 당시 나이가 31살인데도 결혼을 하지 않았고, 누가 보더라도 20대 중반밖에는 보이지 않은 얼굴을 지녔으며, 미스 코리아가 무색할 정도의 미인이었다.

뒷날 이 사람의 친구에게 들은 이야기지만 남자들이 보기만 하면 사족을 못 쓴다고 할 정도였으며, 결혼 후에도 남자들이 주변에 들끓어 퇴근할 때면 밖에서 기다리는 남자들 때문에 도망가다시피 퇴근했다고 한다.

이 사람의 삶을 살펴보자.

용신인 재성이 이용하는 것이 식상이라 상당히 자존심이 강했으며 남자들이 접근해도 이 사람은 냉정하게 대했으며, 오히려 도도한 남자를 꺾으려고 일부러 접근했었다고도 한다. 그만큼 자신은 남자들을 우습게 보는 경향이 있으나, 그 역시 이용하는 것으로 오히려 남자들이 사족을 못쓰게 하는 한 원인이 된 것 같기도 하다.

그리고 식상이라는 작용력은 섹시하다는 말과도 일맥상통해서인지 겉으로 보기에 끼가 철철 넘쳐보이기에 아주 젊은 나이에 유부남을 만나 현재까지도 관계를 맺고 있다고 한다. 물론 재정적인 도움을 받으면서 말이다. 그렇게 도움을 주는 남자들이 비공식적으로 한,두 남자가 아닌 것으로 알고 있다.

즉, 이 사람은 직업을 가지고 있으면서도 큰 수입은 있는 남자들의 재정적인 도움으로 자신의 삶을 풍부하게 여유롭게 그리고 즐겁게 만끽하면서 상류층들이 생활하는 모습으로 살고 있었다고 단언할 수 있다.

식상을 이용하여 용신인 재성으로 가는 것인데, 단적인 예가 결혼까지도 남자(사랑)보다는 그 집안의 돈을 보고 선택하겠다는 것이었다. 그래서 결국에는 연하의 남자랑 애정도 없이 남자 집안만 보고 98년에 결혼을 하고 말았다. 이 사람이 진정 사랑하는 사람은 애초에 만났던 그 유부남이었기 때문이다.

그리고 결혼 후에도 그 집안의 돈을 받고자 자기의 사업을 시작했다. 살림은 전혀 할 생각도 안하고 말이다. 필자는 그 당시 이런 말을 했었다. "당신은 연하의 남자와 결혼하여 살림은 안하고 바깥일을 할 것이고, 그 남자의 이용가치가 없어지면 과감하게 헤어질 것이라고…"말이다.

그랬더니 결국에는 99년 가을에 끝내 이별하고 말았다. 물론 잠자리도 자주 하지 않아 임신도 하지 않았다고 한다. 결국은 재성 때문에 결혼을 했으나 그 집안에서 재정적으로 넉넉하게 도와주지 않으니까 연하의 남편이 거추장스러웠을 것이다.

지금 이 사람은 이별하고도 사업을 하고 있으며 그 유부남의 애인으로써 만족하면서도 다른 남자들의 시선을 받으며 살고 있을 것이다. 그리고 마지막으로 희신인 관성을 추구하고 있다고 느끼는 것은 학생 때 만난 유부남을 진정으로 사랑했다고 한다.

따라서 어떠한 남자를 만나더라도 자신의 사랑은 오직 그 사람이었다는데 그 누구도 이의를 제기하지 않는다고 한다. 그저 다른 남자들을 만나는 것은 그 사람을 만나지 못하는 동안 심심풀이로 만나고 있는 것이거나, 아니면 재정적인 도움을 받고자 만난 것이라고 친구는 전한다.

그리고 이 사람의 마지막 꿈은 여자지만 예전 집안의 영광(부친이 국회의원 출신)을 되살리기 위해 애쓰고 있다는 것은 무엇보다도 희신인 관성에 대한 집념이 얼마나 강함을 알 수 있는 대목이다.

眞假(진가) 四柱(사주) 풀이法(법)

녹현방정식을 대입했을 때, 일간이 진정 사용하고픈 구제오행이 없어 할 수 없이 다른 구제오행을 사용하여 피해오행을 구제하는 방식의 사주로 열에 서,넛명은 여기에 속한다. 따라서 필요에 의해 사용하고 있으면서도 마음 한 구석에 항상 진정으로 필요했던 오행을 꿈꾸고 있는 사주로서 일반적인 사주하고는 전혀 다른 해석을 해야만 한다.

즉, 일반적인 사주처럼 희신을 숨기기 위해서 용신이 무엇인가 이용하려는 그런 의도는 지니지 못하고, 그저 가용신의 모습으로 살면서도 간간이 진용신의 모습이 그리운 그런 삶을 살게 된다.

사람이라고 누구나 다 의도적으로 무엇인가 이용하자는 삶은 살지 않을 것이다. 그렇다. 일반적인 사주는 무엇인가 이용하는데, 진가사주는 전혀 그럴 마음의 여유가 없는 것은 진정 사용하고자 했던 육친이 없어 원하지 않았지만 다른 육친을 용신으로 사용하므로 진용신을 숨기는데 마음이 가 있기 때문이다.

그것은 가용신과 진용신이 서로 대립하는 육친들로 이루어져 있어 가용신의 성향을 나타내면 진용신의 성향을 나타낼 수 없고, 진용신의 성향을 나타내면 가용신의 성향은 나타나지 못하므로 어느 용신을 취하든, 나타나지 않는 한 용신 때문에 편한 마음을 지닐 수 없다.

또한, 진용신을 숨기는데 총력을 기우리고자 가용신의 성향을 더욱 강하게 나타내고, 만약 진용신을 틀키면 비밀이 탄로가 난 것으로 인식하고 있다. 그래서 실제의 삶에서는 가용신의 성향이 90%가 나오고, 진용신의 성향은 10% 정도만 나타나는데 진용신의 성향은 자신을 많이 아는 사람의 앞이 아니라면 거의 나타내지 않는다.

중요한 것은 그렇게 삶의 모습이 달라지는 것은 오로지 희신을 이루기 위한 몸부림이다. 진가사주의 희신과 일반적인 사주의 희신과 똑같이 역할을 하고 있으므로 바로 자신의 진정한 꿈이 희신이기 때문이다. 간혹 진용신이 원하는 삶이 꿈인 줄 착각하는 사람들이 있지만 그것은 절대 아님을 명심하라.

그리고 진가사주를 타고난 사람들은 모든 사람들이 자기들처럼 진정 하고 싶은 것을 못하면서 살고 있다고 생각하고 있다. 그리고 행동하고 나서도 일반적인 사주는 후회를 잘 하지 않지만, 진가사주는 후회하는 경향이 매우 많은 것이 특징이다.

따라서 진가사주는 평소에 자신의 행동에 불만을 많이 지니거나 최선을 다하지 못해 만족스러운 삶을 살 수가 없어 항상 허전한 마음을 지니는 것이 특징이다. 그것은 운의 흐름에 관계없이 말이다.

예를 들면 관성생인성격에 진용신이 비겁인 사주라면 평상시에 보여주는 모습은 관성의 모습이다. 직장생활에 충실할 것이며, 누구보다도 정직하고 올바르며 모가 나지 않는 생활태도를 보여줄 것이며, 맡은 바 책임은 끝까지 완수하고 충성심이 매우 강하다고 할 수 있다.

그러한 모습으로 한달이면 26~7일을 살 것이나 진용신이 비겁이라서 3~4일 정도는 그렇게 빠듯한 생활에서 벗어나고 싶고, 규칙이나 법이 필요없는 곳에서 부담 없는 친구들과 어울려 푹 쉬고 싶으며, 어디엔가 얽매이지 않은 환경 속에서 가족이 아닌 자신만 아주 편하게 지내고자 한다.

그렇게 편하게 지내다가도 시간이 조금만 흐르면 현실은 다시 가용신인 관성의 모습을 원하므로 일상의 생활로 돌아올 수밖에 없으며, 그런 일상 생활을 하면서도 마음 속에서는 항상 편히 지내고 싶은 욕망을 지니게 된다. 그래서 만족스러운 삶을 살지 못하는 것이다.

사주팔자 (남자)	시	일	월	년
	庚	己	戊	戊
	午	未	午	戌

대 운								
	丙	乙	甲	癸	壬	辛	庚	己
	寅	丑	子	亥	戌	酉	申	未
	79	69	59	49	39	29	19	09

오행비율	火星:2.90 土星:1.20 金星:0.70 木星:0.00 水星:0.00
음양비율	음기:0.7 양기:3.2 중성:0.9
일주강약	4.10 (身强)
오신육친	용 신 : 土星 比劫 (가용신) 희 신 : 金星 食傷 기 신 : 木星 官星 구 신 : 火星 印星 한 신 : 水星 財星 (진용신)
격 국	比劫生食傷格(財星)

사주 풀이법

이 사주를 녹현방정식에 대입하면 가장 강한 오행은 화성으로 금성이 피해보고 있다. 금성을 구제할 수 오행은 토성과 수성이 나오는데 일간이 신강이라서 수성에게 부탁하고 싶었으나 수성이 없어 할 수 없이 토성에게 부탁을 하면서 끝난다.

따라서 가용신은 토성으로 비겁이고 희신은 금성으로 식상이 되므로 격국은 비겁생식상격이라 하며 진용신은 수성인 재성이 된다.

그렇다면 이 사람은 가용신인 비겁의 성향으로 살다가 간혹 진용신인 재성의 성향을 보인다고 할 수 있다. 그렇게 할 수밖에 없는 것은 오로지 희신을 위해서 한 것임은 말할 필요가 없다.

풀이에 들어가 보자. 먼저 가용신이 비겁이므로 평소 이 사람이 살아가는 삶의 모습은 속박 받기를 거부하고 독립을 좋아하며 무정한 듯한 면도 있고 냉정하기까지 하며 대인관계를 중시하여 가정에는 소홀하며, 상하관계보다는 수평관계에 치중하며 자기중심적이라 이상주의에 빠질 경향이 크며 인간적인 정과 의리에 죽고 살기에 금전적인 손해도 감수한다.

이러한 모습으로 남들에게 보이고 자신 또한 그 모습이 자신의 삶이라고 생각하며 열심히 살아가지만, 진용신이 재성이므로 간간이 그와는 정반대의 삶의 모습을 그리며 살아가게 된다.

진정 이 사람이 바라는 삶이란 무조건 속박을 거부하기보다 자신에게 재미나 이익이 따라준다면 거부하지 않고, 감정적이고 감상적이라 누구보다도 우수에 잘 젖으며, 남자면서도 분위기에 약한 모습을 보일 것이며, 동성친구보다는 이성친구에게 관심이 더 있으며 맹목적인 의리나 정보다는 현실적으로 어느 쪽이 유리한가를 가려서 행동하며 멋이나 유행에도 민감하고 싶은 충동도 생기며 가정에도 충실하려고 하는 것이 진용신인 재성의 바람이다.

이러한 바람은 남들이 쉽사리 눈치채기가 쉽지 않다. 그것은 가용신이 뜻하는 삶과는 180도 다른 삶을 그리워 하고 있으니 말이다. 만약 가용신과 유사한 삶의 모습을 꿈꾼다면 남들이 보는 모습과 그리 크게 다르지 않지만, 남에게 보여주는 모습과 정반대의 모습을 그리워 하고 있으니 막상 실천하기란 그리 쉬운 일은 아니다.

이 사람이 살아가고 있는 현재의 삶을 살펴보면 위에 추론한 것과 거의 비슷한 삶을 살아가고 있다. 보습학원을 운영하면서 많은 돈을 벌었으나 영리 목적이 아닌 진정 순수한 마음으로 종교생활을 하는 목사 형님의 가족생계를 위해서 매년 큰 돈을 도와주었고, 주변의 동료나 친구들이 동업으로 학원을 운영하자고 하는 바람에 몇 번씩이나 큰 돈을 투자했다가 결국 손해만 보고 말았다.

형님의 생계까지 책임지었으므로 고등학교 선생님의 봉급으로는 현실적으로 부족함을 느끼고 학원강사로 나섰다고 한다. 자신이 번 돈만 여기저기에 쓰지 않고 모았으면 빌딩 몇 채는 지닐 수 있었다고 한다.

그리고 남들은 이 사람을 남자 중에 남자로 인정하여 술과 여자의 세계로 많이 유혹 당했다고 한다. 그러나 부인을 누구보다 사랑했으므로 가정적으로 피해가 되는 행동은 하지 않았으며, 밖의 친구들에게 많은 시간을 빼앗기는 바람에 부인과 자식들과 오손도손 지낼 시간이 그리 많지 않아 지금도 미안한 마음을 가지고 있다.

98년부터 필자와 인연이 닿아 지금까지 알고 지내고 있는데, 일 때문에 만나는 사람들 앞에서는 돈에 초월한 듯한 태도로 일관하나 유독 필자를 만나면 돈에 대한 얘기를 많이 하는 편이다. 그것은 이 사람의 마음을 알기 때문이기도 하지만, 필자의 앞에서는 자신의 속에 있는 모든 얘기를 해도 전혀 이상하거나 부담스럽지가 않아서라고 한다.

마지막으로 이 사람이 꿈꾸고 있는 삶은 바쁘지 않으면서 일을 하지 않아도 생활이 될 수 있는 상황을 만들어놓고 누구의 눈치도 보지 않고 세계 이곳 저곳을 돌아다니면서 아름다운 여자들과 만나 밤을 지새우며 재미있게 지내고 상황이 허락되면 사회를 위해 무엇인가 봉사하고 싶은 그런 것이다.

이는 바로 희신인 식상의 삶을 꿈꾸고 살고 있는 것이 틀림없다고 할 수 있다.

사주팔자	시	일	월	년
(여자)	庚	己	甲	甲
	午	酉	戌	午

대 운							
丙	丁	戊	己	庚	辛	壬	癸
寅	卯	辰	巳	午	未	申	酉
74	64	54	44	34	24	14	04

오행비율	金星:2.04 火星:2.00 木星:0.40 土星:0.36 水星:0.00
음양비율	음기:2.04 양기:2.4 중성:0.36
일주강약	2.36 (身强)
오신육친	용 신 : 火星 印星 (가용신) 희 신 : 木星 官星 기 신 : 水星 財星 (진용신) 구 신 : 金星 食傷 한 신 : 土星 比劫
격 국	印星保官星格(財星)

사주 풀이법

녹현방정식에 대입한 결과, 공식이 끝났을 때 일간이 꼭 사용하고픈 오행이 있었으므로 이 사주는 진가의 사주가 되었다. 가용신은 화성으로 인성이며, 희신은 목성으로 관성이며, 진용신은 수성으로 재성이 되어 격국은 인성보관성격이 되었다.

진가의 사주에서는 이용하는 것이 없다고 했다. 가용신일지라도 가용신이 의미하는 삶의 성향이 자신의 전부라고 생각하면서 살아가기 때문이다. 진정 그러한지 이 사람의 삶을 살펴보면서 알아보자.

가용신이 인성이므로 이날까지 인간적인 모습과 측은지심 그리고 인내하는 삶과 안정적인 삶을 지향해 왔다. 그래서 그랬을까? 처녀의 몸인데도 미래의 생활이 보장되었던 즉, 사회적으로 안정된 그것도 아이가 둘이나 딸린 나이가 지긋한 이혼남을 택해 결혼을 했다.

남편이 무엇 하나 부족하지 않는 상황이었으므로 주위의 반대에도 불구하고 결혼을 감행했으며, 남편의 아이들을 자신의 친자식처럼 키우려고 한번도 임신을 하지 않았다. 이것 하나만 보아도 이 사람이 얼마나 착한 마음을 지녔는지 쉽게 알 수 있는 대목이다.

그러한 삶의 모습을 지켜본 바람기 많은 남편도 십여년간은 이 사람의 속을 썩이지 않고 가정에만 충실한 채 열심히 아기자기하게 살았다고 한다. 그래서 자신이 낳은 아이는 아니지만 아이들도 곱게 자랐으며, 훗날 헤어졌을 때 아이들과 함께 많이 울었다고 한다.

이 사람이 이렇게 할 수 있었던 것은 가용신인 인성의 성향이 아니고서는 도저히 짐작할 수 없는 것이다. 왜 이러한 삶의 모습을 보였는가? 그것은 바로 희신인 관성을 위해서이다. 관성은 무엇을 의미하는가? 바로 남자이며 사랑이며 가정의 울타리이며 또 책임감과 성실 그리고 정직한 삶이다.

이 사람은 진정으로 나이가 많은 남편을 사랑했기에 그토록 자신의 아이는 낳지 않고, 오로지 남편의 아이들을 훌륭하게 키워냈고, 한눈조차 팔지 않고 가정(남편)을 지키려고 무단히 노력을 했다고 할 수 있다. 그랬으므로 진정으로 나이 많은 남편과 그의 아이들을 위해서 십여년을 희생하고 온 것이다. 바로 자신의 꿈인 관성을 이루기 위해서 말이다.

그렇다면 진용신인 재성은 어느 때 발휘하는가? 이 사람은 남편과 아이들을 돌보면서도 집에서 틈틈이 남의 아이들을 가르치며 돈을 벌었고, 간혹 학원 강사로도 나갔으며, 남편이 사업을 하는 관계로 시간이 많이 남는 날이면 둘이서 여행도 많이 다녔으며, 남편이 사업상 출장으로 집을 비울 때는 친구들과 간간이 어울리며 밖에서 스트레스를 풀곤 했었다.

평소 모든 감정을 자제하는 현모양처의 모습으로 살면서도 간간이 있는 그대로의 감정을 드러내보이고 싶고, 삶을 나름대로 재미있게 꾸며가고 싶은 욕망으로 남편과 여행을, 친구들과 만나면서 재미있게 지내고, 아이들을 가르쳐 돈을 벌면서 진용신인 재성의 성향을 표출했던 것이다.

그런데 바람기 많은 남편이 자신의 못된 버릇을 끝내 버리지 못하고 결혼생활 십여년이 지나면서부터 그 끼가 다시 발동하면서 행복한 가정에 금이 가기 시작했다. 나이가 한참이나 어린 처녀들과 바람을 피다가 끝내는 한 여자와 같이 살겠다고 이 사람에게 이혼을 요구하기 시작했고, 견디다 못해 아이들과 눈물의 작별을 하고 남편의 요구를 들어주었다.

자신의 아이는 아니었지만 친엄마 이상으로 정성을 다하여 키워주었기 때문에 아이들과 헤어지는 아픔은 이루 말할 수가 없었다고 한다. 아이들도 그런 마음은 마찬가지였으므로 어디를 가더라도 연락만을 하고 지내기로 남편 몰래 약속을 하고, 메마른 서울을 떠나 지방으로 내려가 살고 있다.

자신의 피붙이라고는 하나도 없어 고독한 생활을 하면서도 유아원에서 오늘도 열심히 아이들과 어울리면서 외로움을 달래고 있다. 만약 대운의 흐름만 좋았다면 이 사람이 이러한 삶을 살지 않았을 것이나, 그렇지 못한 것이 한스럽기까지 하다.

지금은 노후를 걱정하고 있다. 혼자 살아가고 있으므로 행여 아프면 누가 보살펴줄까와 나이가 많아 언제까지 유아원에서 아이들과 함께 지낼 수 있을지 그것이 이 사람에게는 당면한 문제라고 한다.

이럴 때가 가장 마음이 아프며, 아무 것도 해줄 수 없는 현실이 그지 없이 밉기만 할 뿐이다.

사주팔자 (여자)	시	일	월	년
	甲	癸	乙	乙
	寅	未	酉	巳

대 운								
	癸	壬	辛	庚	己	戊	丁	丙
	巳	辰	卯	寅	丑	子	亥	戌
	74	64	54	44	34	24	14	04

오행비율 木星:1.60 火星:1.50 金星:1.20 土星:0.50 水星:0.00

음양비율 음기:1.2 양기:3.6 중성:0

일주강약 1.20 (身弱)

오신육친	용 신 : 土星	官星 (가용신)
	희 신 : 金星	印星
	기 신 : 木星	食傷
	구 신 : 火星	財星
	한 신 : 水星	比劫 (진용신)
격 국	官星生印星格(比劫)	

사주 풀이법

공식에 대입하여 나온 결과는 가용신으로 토성과 희신은 금성이며, 진용신은 수성이 되어 격국은 가용신과 희신의 조합에 따라 관성생인성격이 되었으며 진용신은 비겁이다. 진가의 사주가 된 이 사람의 삶을 살펴보자.

이 사람이 살아온 환경이나 성격 그리고 남편이나 자식을 대하는 태도 등에 대해 끝없는 의문을 품고 있던 사람이 있었다. 다름 아닌 필자의 제자였는데, 그 이유는 제자하고는 무척 친한 친구였으면서도 도저히 속을 알 수 없었으며, 간혹 생각지도 못했던 언행을 아무 거림낌없이 저지르고 살아왔기 때문이다.

특히 제자가 특이하게 생각했던 부분은 사랑 때문에 부모에게 불효를 저지르면서까지 쟁취한 남편이면서도 간혹 남편에게서 벗어나고 싶어한다는 것이며, 그러면서도 부부간의 성생활을 위해선 순간일지라도 자식조차 내팽개치는 냉정한 면도 보였으며, 다른 남자들의 시선을 의식해 멋도 내며 간간이 가벼운 데이트도 마다하지 않는다는 것에 있었다. 그러니 이 사람이 도대체 무엇을 생각하면서 살아가고 있는지 친한 친구인 제자조차 혼돈이 되는 모양이었다. 과연 이 사람이 왜 그런가를 격국을 풀어보면서 찾아보자.

먼저 가용신을 사용하는데 여자에게 있어 관성이란 남자이며 사랑 그리고 책임감과 성실함이다. 집안도 무척 부유해 중매로 들어오는 남자들도 모두 상류층의 자제들이라고 한다. 그런데 학교 다닐 때부터 만난 선배와 사랑에 빠지면서 어떤 조건의 중매가 들어와도 퇴짜를 놓았고, 오로지 선배라는 남자만 사랑했다고 한다.

그러나 선배의 집안은 보잘 것이 없었으므로 부모는 결혼에 적극적으로 반대했다고 한다. 얼마나 반대가 심했으면 이 사람 스스로 선배를 잊기 위해 외국으로 나가 선배와의 사랑에서 빠져 나오려고 발버둥을 쳤다고 한다.

그러나 사랑의 힘이 얼마나 끈질긴지 끝내 잊지 못하고 귀국해 온갖 반대에도 무릅쓰고 사랑하는 선배와 결혼을 하게 되었다. 그리고 외국으로 나가 직장도 다니고 공부도 하면서 아이들도 낳았다. 물론 친정의 도움을 많이 받으면서 말이다.

여기까지는 가용신인 관성의 작용이다. 그 다음은 희신인 인성의 성향이 나타나야 한다. 그래서 그랬을까 편안하고 안락한 생활을 좋아했으며, 조금은 게으른 생활을 하고 있었으며, 남들보다는 다른 신분상승을 꿈꾸었으며, 고생하는 것이 싫어 시댁보다는 친정에 가까이 살면서 물질적으로 많은 도움을 엄마로부터 받았다고 한다.

더구나 아이들의 성적에도 관심이 많아 학교에서도 많은 활동을 맡았고, 덕분에 어느 정도 치맛바람을 일으킨 전력도 있으며, 과외를 시키더라도 학원을 보내는 것이 아니라, 선생님을 집으로 모셔서 하는 특별과외를 시켰다고 한다. 이러한 모습은 인성의 성향을 잘 나타내주고 있다.

그럼 진용신인 비겁은 이 사람에게 어떻게 작용하고 있을까? 몇 년 전부터 동창모임을 하면서 이 사람이 간간이 제자에게 털어놓는 자신의 생활을 종합하여 꾸미면 이러한 얘기가 된다.

남편을 싫어하거나 멀리하는 것은 아니지만 너무 자신을 좋아하는 남편이 어느 때는 거북하다는 것이며, 퇴근을 일찍하여 집에 오는 것이 귀찮을 때가 있고, 친구들과 만나서 수다 떠는 것을 좋아하며, 간간이 자신의 모습에 넋이 빠진 남자들과 데이트도 한다는 것이었다.

그리고 남편에게 벗어나 훨훨 날아가고 싶을 때도 많다는 것이다. 이것은 무엇을 의미하는가? 바로 진용신이 비겁이기에 간섭받기를 거부하고 책임감에서 벗어나고 싶은 것이며, 그래서 연하의 남자들과 가볍게 데이트도 할 수 있는 것이다.

전혀 속박받지 않는 관계(삶)를 유지하고 싶다는 것인데, 막상 그렇게 하라고 하면 절대 못하지만 간간이 그런 생활을 하고 싶다는 것은 바로 진용신인 비겁의 성향이 나오는 것이다. 그것도 간간이 말이다.

이 사람이 왜 그렇게 살아가야만 하는가를 안 제자는 그제서야 이 사람의 삶을 이해하는 것 같았다. 더구나 진가용신이 나오는 운명이라서 항상 허전함을 느끼며 살아갈 수밖에 없다는 사실을 알면서는 동정심마저 느끼는 것 같았다.

사주팔자	시	일	월	년
	乙	丙	丙	戊
	未	寅	辰	戌

대　운	甲	癸	壬	辛	庚	己	戊	丁
	子	亥	戌	酉	申	未	午	巳
	76	66	56	46	36	26	16	06

오행비율　木星:2.04　土星:1.76　火星:0.70
金星:0.30　水星:0.00

음양비율　음기:0.3　양기:3.24　중성:1.26

일주강약　2.74 (身强)

오신육친
용 신 : 火星　比劫 (가용신)
희 신 : 土星　食傷
기 신 : 水星　官星
구 신 : 木星　印星
한 신 : 金星　財星 (진용신)

격　국　比劫生食傷格(財星)

사주 풀이법

녹현방정식에 대입한 결과 이 사주도 진가용신이 나오는 운명이 되었다. 가용신은 비겁이며 희신인 식상이므로 격국은 비겁생식상격이며 진용신은 재성이다. 과연 격국대로 살아가는지 이 사람의 삶을 살펴보자.

먼저 가용신인 비겁의 성향이 강하게 나타나야 하는데, 누가 보더라도 이 사람은 의리와 우정을 빼면 시체라고 할 정도로 불린다. 평소에 사용하는 말투도 거칠고 투박하며 행동 역시 즉흥적으로 움직이며 특히 여자를 우습게 여기려는 모습이 아주 강하게 나타난다.

계획적으로 진행하는 것이 아니라 그때 그때에 따라 임기응변식의 방식으로 사업도 꾸려가고 있으며, 친구들과 술자리를 가지면 술값지출은 당연히 이 사람의 몫이 되며, 주변에 조금이라도 어려운 친구가 있으면 그 꼴을 그냥 보고 넘기지 못하고 주머니에 있는 돈을 다 주어야 한다. 심할 때는 이 사람이 입었던 잠바나 코트까지 친구의 허름한 것과 바꾸곤 한다.

또한 자신의 일이나 대외적인 이미지 관리에 신경을 더 쓰는 바람에 가정에는 거의 무관심 내지는 방치하다시피 하여 가장의 역할을 거의 해본 적이 없다. 여기까지의 삶을 보면 전형적인 비겁의 모습이다.

그렇게 행동한 것은 바로 희신인 식상을 위해서다. 사회생활을 할 때부터 남의 밑에 들어가지 않았으며, 중국과 무역업을 하면서도 흔한 편법을 한번도 쓰지 않고 20년간을 올바르게 해왔으며, 자신의 가정은 잘 돌보지 못하면서도 장인과 장모에 대해서는 끊임없이 관심을 가지고 생활비를 대주었다.

중요한 것은 여자에게 잘 대해주지를 못해 애인은 없으면서도 성적인 욕구는 풀어야만 했으며, 친한 친구에게만 털어놓는 것으로 강서구의 한 지역에서 출마를 할 계획까지 갖고 있다. 썩어빠진 것들을 바꾸기 위해서는 자신 같은 사람들이 많이 진출해야 한다고 하면서 말이다.

2002 월드컵 때는 응원복을 대량으로 구입해 여기저기에 나누어 주었고, 직원들과 함께 일년에 서너차례는 고아원을 방문해 도움을 준다. 이것은 식상의 성향이 아니고서는 나올 수 없는 것이다.

그렇다면 진용신인 재성은 어느 때 나타나는가? 그렇게 호인이고 의리와 우정을 빼면 살 수 없을 것 같았던 이 사람도 금전적인 유혹에는 약했다. 아마 그 사실은 필자를 빼놓고는 거의 모르고 있는 것 같다.

국내에서는 허허실실 보이면서도 중국에 들어가 작업을 하게 되면 한푼이라도 아끼려고 쓸데 없는 곳에 낭비하지 않으려고 그 흔한 한국 음식점을 거의 가보지 않았다고 한다. 물건을 구입하러 갔다가 때가 되면 기름기 많은 중국음식이나 시장에서 파는 간단한 음식으로 끼니를 때웠다.

그리고 다른 곳에 시간을 낭비하지 않으려고 항상 빠듯하게 일정을 잡는 방법으로 중국을 다녀오곤 했으며, 술에 취해 성적인 욕구를 풀 때도 돈을 들이지 않는 자기만의 방식을 사용한다고 필자에게 자랑까지 했다.

어느 정도 생활이 안정되어 남들처럼 애인을 사귀어보고 싶은데도 돈이 들어가는 것이 못마땅해 지금까지도 망설이고 있다. 이러한 모습은 가용신인 비겁하고는 완전히 다른 모습이다. 즉, 진용신인 재성의 성향을 극명하게 나타내주고 있는 것이다.

자신의 입으로 말하길 국내에 있을 때는 그래도 재성의 성향이 적게 나타나는데 유독 중국에게 가면 심하게 나타나는데, 그 이유를 잘 모르고 있다고 필자의 말을 듣고는 이제는 이해가 된다고 했다.

病藥(병약) 四柱(사주) 풀이法(법)

오행의 수치를 뽑고 공식에 대입하면 병약사주는 일반적인 사주나 진가사주보다 특이한 점을 발견할 수 있는데, 그것은 구제오행이 사주상에 없거나 활동하지 못하고 있다. 피해오행은 존재하지만 구제오행이 없어 구제할 수 없는 경우를 말함이며 그런 사주들이 열에 하나 내지는 둘은 된다.

이러한 구조로 되어 있으므로 해석하는 방법도 다를 수밖에 없는데 진가사주도 그렇지만 무엇인가를 이용하려는 의도도 지니지 못한 채, 그저 2약신을 활용하면서 병신을 이루고 1약신을 꿈꾸며 살아가는 모습만 보일 뿐이다.

따라서 1약신을 찾을 때까지 2약신을 활용하는 것인데, 문제는 1약신과 2약신은 서로 대립하는 육친으로 이루어져 있다는 것이다. 자신의 꿈은 1약신이 뜻하는 삶이지만 살아가기 위해선 성향이 다른 2약신의 모습을 띠지 않으면 안 된다는 것이다.

1약신이 뜻하는 삶의 목적을 의도적으로 숨기고자는 것은 절대 아니다. 그렇게 여유가 있는 운명구조가 아니기 때문이며, 그저 자신이 살아가고자 2약신의 성향을 나타내어 병신이 뜻하는 삶 쪽으로 이끈 뒤, 마지막으로 1약신이 바라는 삶으로 마무리한다.

삶에 있어 2약신의 성향을 강하게 나타내지만 결코 2약신을 좋아하는 것은 아니다. 1약신의 꿈을 이루기 위해서 2약신의 성향을 보이는 것인데도, 정작 자신은 왜 그랬는지 모르고 사는 사람들이 많은 것도 특징 중에 하나이다.

진가사주처럼 가용신의 성향을 보이면서 간간이 진용신의 성향을 나타내는 그런 삶도 아니다. 평소엔 1약신의 성향은 쉽사리 나타나지 않는다. 누구 말대로 대운이 좋아서 뜻대로 삶이 이루어지면 삶의 마무리 시점에서 나타나는 것이기 때문이다.

그리고 공식을 살펴보면 알 수 있지만 다른 사주들하고는 다른 점이 있다. 그것은 피해오행만 있지 구제오행이 없는 관계로 삶에 있어 유난히 자신감이 떨어지고 결단력이 약한 것이 흠이다.

예를 들자. 재성용재성격에 1약신은 관성이고 2약신은 식상이다. 이렇게 되면 병신의 앞에 2약신인 식상이 오고, 병신의 뒤에 1약신인 관성이 온다. 따라서 식상의 모습을 먼저 보인 뒤, 다음으로 병신인 재성의 성향을 보이고, 훗날 1약신인 관성의 삶으로 마무리를 하는 것이다.

즉, 남들이 보기에는 개혁적이며 모험을 좋아하고 자존심도 강하면서 사교성도 많고 융통성도 많으며, 있는 그대로를 받아들이기보단 변화를 꾀하고, 삶에 이롭도록 구태의연한 것에서부터 편리하도록 개선시키려는 의지가 강하며, 자신의 아이디어를 살려 독단적으로 일을 하려 하고 안에서 근무하기보다는 밖으로 직접 뛰어다니면서 무엇인가 하려는 스타일을 지닌다.

그렇게 보이는 것은 바로 병신인 재성을 이루기 위함이다. 자신의 삶이 누구보다도 즐겁고 재미있으며, 물질적으로도 풍요로운 상태를 바라며 되도록 화려하고 멋진 그러면서도 인기를 누릴 수 있는 환경을 좋아하고, 항상 변화 있는 삶을 펼친다.

그런데 막상 위의 것들이 다 이루어지면 1약신인 관성이 바라는 삶으로 마무리하려고 한다. 즉, 누구보다도 높은 명예와 권력 그리고 사회가 어떤 사회가 되었던 그곳에서의 출세도 하고 싶고, 되도록 어긋나 보이지 않으려는 삶과 전통과 관습을 중요시하는 삶을 살고자 누구보다도 보수적인 성향으로 슬그머니 바뀌는 것이다.

사주팔자 (남자)	시	일	월	년
	甲	乙	乙	乙
	申	未	酉	未

대 운								
	丁	戊	己	庚	辛	壬	癸	甲
	丑	寅	卯	辰	巳	午	未	申
	78	68	58	48	38	28	18	08

오행비율	金星:2.20 火星:1.00 土星:1.00 木星:0.60 水星:0.00
음양비율	음기:2.2 양기:2.6 중성:0
일주강약	0.60 (身弱)
오신육친	병 신 : 木星 比劫 1약신 : 水星 印星 2약신 : 火星 食傷 기 신 : 金星 官星 한 신 : 土星 財星
격 국	(食傷)比劫用比劫格(印星)

사주 풀이법

녹현방정식에 대입한 결과, 이 사주의 격국은 비겁용비겁격에 1약신은 인성이고 2약신은 식상이 되었다. 현재까지 어떠한 삶을 살고 왔는지를 살펴보자.

이 친구는 필자의 초등학교 동창으로 고향에 가면 가끔씩 만나기도 하고, 만나지 못해도 친구들에게 소식을 들어 어떻게 살고 있는지 훤히 알고 있다. 그래서 참고자료로 활용하기에는 더할 나위없이 좋다.

먼저 2약신인 식상의 모습이 나온다고 했다. 이 친구는 어릴 때부터 위험스러운 장난이나 놀이를 유난히 잘했고, 주위에서 잘한다고 칭찬하면 기고만장해 하지 말아야 하는 일까지 했었으며, 어린 나이인데도 선생님에게 반항아적인 기질도 보였으며, 조용히 앉아 있는 것보다는 움직이는 것을 더 좋아했다.

학교를 졸업하고 사회에 나와서의 모습은 더욱 괴팍했다. 이상하게도 술만 마시면 남과 싸움을 하게 되고, 자신의 몸을 학대하는 것처럼 행동하기도 하고, 군대를 가도 사서 고생하겠다고 해병대를 지원했고, 휴가를 나오면 이상하게도 헌병들하고 싸움을 하여 오히려 헌병들을 혼내주기도 했었다.

제대 후 일반회사가 아닌 미군부대에 취직하여 어깨에 힘을 주고 다녔으며 그것도 적성에 맞지 않다고 하여 결국 군청의 일을 도와주는 하청회사를 설립하게 되었다. 결단코 남의 밑에는 있지 않으려고 애를 쓴 덕분인지는 몰라도 친구 중에서는 제일 먼저 독립한 친구이다.

이러한 모습을 보면 이 친구는 틀림없는 식상의 성향을 100% 나타내면서 살아왔던 것이라고 할 수 있다. 그렇다고 이 친구가 심각하게 고민하거나 괴로워하는 모습을 본 적은 거의 없다.

그렇게 강한 색깔을 지니면서 살아온 것은 바로 병신인 비겁을 위해서이다. 친구와의 우정을 무엇과도 바꿀 수 없을 만큼 중요시했다. 친구의 집이건 동네의 일이건 궂은 일이 생기면 이 친구는 모든 것을 마다하고 마치 자기의 일인 양 발벗고 나서서 도와주며, 설령 자신에게 손해가 되더라도 친구를 위해서라면 못하는 것이 없을 정도로 의리가 강한 친구이다.

특히 형제간의 의리는 동네에서 소문이 날 만큼 두텁다. 형님에게 멋모르고 까불다간 훗날 이 친구가 복수를 하는데 그것도 항상 술에 취했을 때 시비를 걸어 싸움을 시작하여 혼내주곤 한다. 그래서 얌전한 형님은 동생의 덕을 톡톡히 보고 있는 셈이다.

그리고 이 친구는 현실적으로 계산(수치)이 빠른 삶을 살고 있지 않다. 주위에서 누가 돈을 벌었던, 출세를 했던 부러워하지 않았으며, 그런 친구들과 술자리를 하게 되더라도 이 친구가 술값을 지불하는 경우가 다반사다.

동성끼리의 우정이 강한 탓인지는 모르지만 총각 때 그 흔한 이성친구도 없어 변변한 데이트도 하지 못한 채, 나이가 들어 중매로 결혼을 했는데, 아내의 말에 의하면 짧은 연애기간이었지만 둘만의 아기자기하고 애틋한 데이트 기억이 없었다고 한다. 현재도 가정보다는 바깥의 일에 너무 많은 시간을 빼앗기는 바람에 간혹 자기의 남편이 맞나 의심스러울 때도 있다고 한다.

이러한 삶의 모습은 전형적인 비겁의 성향을 나타내고 있는 것이다. 이렇게 해야만 1약신인 인성으로의 전환을 할 수 있기 때문이다.

인성이란 어떠한 삶인가? 누구보다도 양심적이라 괴팍한 성격을 지녔으면서도 남에게 욕을 듣지 않았고, 부모에게는 어느 형제 못지않게 효도했지만 특히 홀로 사시는 할머니한테는 얼마나 극진하게 아끼고 보살폈는지, 결혼한 이후에 분가했음에도 할머니만은 이 친구가 모시고 살았었다.

그리고 이 친구의 꿈은 그저 전원주택 같은 곳에서 밭이나 일구고 시간이 나면 낚시나 하고, 동네의 힘든 일이 생기면 그런 일을 맡아 처리해주면서 노후를 보내고 싶다고 늘 말을 하곤 했다. 아마 필자가 살펴보건대 이 친구는 조금 더 나이가 들면 동네의 통장 역할이 적격이지 않을까 추측한다.

길지 않은 이 친구의 삶을 살펴보면 2약신인 식상을 활용해서 병신인 비겁을 이루고, 훗날 1약신인 인성 성향의 삶으로 마무리하려는 것임을 우리는 알 수 있다.

사주팔자 (여자)	시		일		월		년	
	癸		庚		甲		癸	
	未		子		子		卯	
대 운	壬	辛	庚	己	戊	丁	丙	乙
	申	未	午	巳	辰	卯	寅	丑
	75	65	55	45	35	25	15	05

오행비율: 水星:2.60 木星:1.20 土星:0.70 火星:0.30 金星:0.00

음양비율: 음기:2.6 양기:2.2 중성:0

일주강약: 0.70 (身弱)

오신육친	병 신 : 土星	印星
	1약신 : 金星	比劫
	2약신 : 火星	官星
	기 신 : 木星	財星
	한 신 : 水星	食傷
격 국	(官星)印星用印星格(比劫)	

사주 풀이법

오행의 수치를 뽑고 녹현방정식에 대입한 결과, 구제의 오행이 없는 형식의 사주로 병신은 인성이며 1약신은 비겁, 그리고 2약신은 관성이 되어 격국인 인성용인성격이 되었다.

이 사람이 살아온 삶을 살펴보자. 필자가 사당동에서 터를 잡은 해가 1987년 가을이었다. 그 뒤 얼마 안 있어 사무실 옆에 조그마한 아동복 가게가 생겼는데, 신혼부부가 결혼하여 신혼살림을 사당동에서 시작했는데 남편은 대기업에 다니고 신부인 새댁이 차린 것이었다.

그때부터 필자의 가족과 서로 친하게 지내면서 지금까지 왔으니 속된 말로 서로의 집에 숟가락이 몇 개가 있는지 알 만큼 친하게 지내고 있으면서도 이 사람에 대해서만큼은 아마 남편보다 필자가 더 많이 알고 있다고 할 수 있다.

우선 이 사람에 대한 동네의 소문을 얘기한다. 남편을 누구보다 사랑하고 시댁이나 친정에 최선을 다하는 모습을 보이고, 아이들을 훌륭하게 키우고 공부시키고자 아이들 학교생활에도 열심이며, 항상 감정을 드러내는 모습을 별로 보지 못하고, 화가 나거나 기분이 나빠도 고상한 이미지를 관리하고자 인내심을 발휘하여 평상심을 유지하며, 나이에 맞지 않는 신세대의 옷을 잘 입어 동네 아이들에게는 신세대 아줌마로 통하며, 항상 남들과는 다른 차원의 생활을 하려고 노력하므로 사당동에 살면서도 문화생활을 즐기는 아줌마로 정평이 나 있다.

과연 그렇게 보이는 모든 모습이 이 사람의 진정한 모습인지 알아보자. 병약사주에서는 2약신인 관성을 활용하면서 병신인 인성의 모습으로 살며, 훗날 1약신인 비겁의 삶으로 생을 마무리한다고 했다.

관성이란 무엇인가? 바로 여자에게 있어서는 사랑이며 남편이며 가정이라 남편을 매우 사랑하며 가정을 철저하게 책임지며, 누구보다도 모범적으로 살고자 성실과 정직을 다 할 것이며, 옛부터 내려오는 관습이나 규칙 등을 철저하게 지키며, 요즘의 주부들과는 달리 보수적인 언행을 보인다.

그러나 그러한 행동이나 생활방식 그리고 의식구조는 병신인 인성을 위해서 하는 것임을 알아야 한다. 그렇다면 병신인 인성이란 무엇인가? 인성이란 아무리 경제적으로 힘이 들어도 자신의 삶을 물질적으로 타락시키지 않는 모습을 보이고 감정에 휩쓸리기보다는 이성적인 판단을 하며 남보다 신중하며 인내심이 많은 것이며, 생활의 안정이나 자신의 건강을 지키려고 모험적이고 변화가 많은 삶에는 본능적인 거부감을 지니고 있고, 어른에게 효도하려는 기본정신을 지니고 있고 아이들에게도 합리적이고 순리적인 방식의 삶을 살기를 바라며,

인간으로서의 기본적인 의무와 도리만은 지키려는 전형적인 현모양처의 모습을 띈다.

그러한 삶을 지향하면서도 병약사주라서 마음 속 깊은 곳에서는 약신인 비겁이 지향하는 삶을 꿈꾸며 살고 있다. 비겁이 뜻하는 삶이란 무엇일까? 누구에게 간섭받지 않는 자유스러운 삶이며, 의리와 우정을 무엇보다 강하게 생각하므로 친구나 형제를 위해서가 먼저이며, 전통이나 관습을 회피하는 것이 아니라 자신의 행동습관에 맞는 것들만 받아들이려고 하고, 현실적인 삶보다는 이상적이면서 정신적인 안정을 우선시 하려는 모습 때문에 조금은 방관자적인 자세를 취하여 생활전반이 느슨해진다.

어찌보면 2약신을 이용하는 듯한 모습을 보인다고 할지 모르지만 그것은 그렇지가 않다. 자신이 살기 위해서 2약신을 사용한 것이지, 일반적인 사주처럼 이용하려는 모습은 절대 아니다. 그저 살기 위한 몸부림이라고 이해해야 한다.

사주팔자 (여자)	시	일	월	년
	辛	己	庚	戊
	未	卯	申	戌

대 운								
	壬	癸	甲	乙	丙	丁	戊	己
	子	丑	寅	卯	辰	巳	午	未
	77	67	57	47	37	27	17	07

오행비율	金星:2.30 土星:1.00 木星:1.00 火星:0.50 水星:0.00
음양비율	음기:2.3 양기:2 중성:0.5
일주강약	1.50 (身强)
오신육친	병 신 : 木星 官星 1약신 : 水星 財星 2약신 : 火星 印星 기 신 : 金星 食傷 한 신 : 土星 比劫
격 국	(印星)官星用官星格(財星)

사주 풀이법

녹현방정식을 대입한 결과, 용신은 피해받고 있는 목성으로 관성이며, 1약신은 수성으로 재성이며, 2약신은 화성으로 인성이 되어 격국은 관성용관성격이 된다. 병신은 관성이지만 2약신인 인성을 앞에 내세우므로 인성의 모습을 띠며 살아가다가 병신인 관성이 원하는 삶으로 전환하며, 마음속으로는 항상 1약신인 재성이 뜻하는 방향으로 삶을 마무리하고 싶은 것이다.

이 사람이 필자를 만난 것이 약 10여 년은 훨씬 넘는다. 결혼할 나이가 지났는데도 배필감이 나타나지 않아 항상 그런 문제로 상담을 했었다. 어느 땐 필자가 위로의 술도 대접하기도 했었다.

이 사람이 실제 어떠한 삶을 살고 있었는지 알아보기로 하자. 우선 2약신인 인성이 의미하는 형태로 남에게 보인다. 그렇다. 형제가 많은 집안의 막내딸로 태어났으면서도 홀로 된 어머니를 위하는 마음이 극진해 사회생활을 하면서도 몸이 불편한 어머니를 모셨다.

아마 어머니 때문에 결혼에 약간은 소홀한 면도 있지 않았나 생각될 정도다. 어머니가 움직일 수 없는 병환이 들어 형제들 집에 모셨는데도 마음이 놓이지 않아 다시 이 사람의 집으로 모시고 와 홀로 뒷바라지를 하고 있으니 이는 인성의 성향이 아니고 무엇이랴?

그렇다면 인성을 왜 사용했는가는 바로 병신인 관성을 위해서다. 관성이란 여자에게 있어서 남자이며 사랑이며 가정이다. 사주 원국에 문제가 있어 유부남과 근 20여 년간 사랑을 나누고 왔다. 만약 그 남자와 진정한 사랑으로 이어지지 않았다면 주위의 눈들도 있는데 사십이 넘을 때까지 가정을 꾸미지 않고 홀로 살 수 있었을까를 생각해보라.

이 사람은 사랑이라는 단어를 사용하지는 않았지만 필자와의 상담에서 무의식적으로 그 남자를 의식하고 있음을 느꼈고, 같이 살 수 없다는 것을 만나는 순간부터 인식하고 있었으므로 상당 부분 초월한 듯한 태도를 보이고 있었다.

다른 남자와 결혼 말이 오고가도 끝내 거부하고 원점으로 돌리는 것은 무엇을 의미하겠는가? 그것은 사랑이라는 믿음이 아니고서는 할 수 없는 것이라 필자는 생각한다. 그러면서도 이 사람은 1약신인 재성을 꿈꾸고 살고 있음을 많은 대화에서 찾을 수 있었다.

언제나 물질적으로 풍부한 삶을 그리워 했으며, 여유가 있으면서도 낭만적인 삶을 살고 싶다는 말을 자주 했으며, 감정도 풍부해 눈물도 많았으며 분위기에도 약했다. 그래서 필자와의 술자리나 노래방에서 어머니에 관한 말이나 감정을 복받치게 하는 노래 등을 부르면 금방 눈가에 눈물이 맺히곤 했다.

1약신이 재성이라서 오로지 자신의 윤택한 삶의 재미를 추구했으면서도 2약신이 인성이라서 그런지 남들은 둘도 없는 효녀로 보고 있었으며, 병신이 관성이라서 무수한 많은 남자들과 맞선도 보고 데이트를 하면서도 진정한 사랑은 오직 그 남자한테만 느꼈고, 그럼에도 결혼에 목을 맨 것처럼 보이면서 10여년 이상의 시간을 허비했다.

필자가 항상 하는 말이 하루라도 빨리 그 남자와 헤어져야 한다. 그렇지 않으면 결혼하기 힘들다고 얘기했건만, 그 말들이 이 사람에게는 공염불에 지나지 않아 역학자의 역부족과 안타까움을 크게 느끼게 하는 상담이었다.

사주팔자 (남자)	시		일		월		년	
	己		己		丙		癸	
	巳		丑		辰		巳	
대 운	戊	己	庚	辛	壬	癸	甲	乙
	申	酉	戌	亥	子	丑	寅	卯
	71	61	51	41	31	21	11	01

오행비율	火星:2.20 土星:1.06 木星:0.84 水星:0.70 金星:0.00
음양비율	음기:1.2 양기:3.04 중성:0.56
일주강약	3.26 (身强)
오신육친	병 신 : 水星 財星 1약신 : 金星 食傷 2약신 : 木星 官星 기 신 : 土星 比劫 한 신 : 火星 印星
격 국	(官星)財星用財星格(食傷)

사주 풀이법

오행의 수치를 뽑고 녹현공식에 대입한 결과, 피해보고 있는 수성이 용신으로 재성이 되고 1약신은 금성으로 식상이 되며 2약신은 목성으로 관성이 되어 격국은 재성용재성격이 되었다.

이 사람은 부인과 함께 찾아와 상담을 하였다. 의사의 직업을 가지고 있으면서도 부인의 의견에 이끌려 의사를 그만두고 부인의 사업에 동참하여 관리자의 역할을 하면 어떠한지를 알고자 했다.

관리에는 뛰어난 수완을 가지고 있음을 부인이 알고 있으므로 자신의 사업에 남편이 도와주면 편히 믿고 맡길 수 있을 것이라 생각한 모양이다. 부부 다 욕심이 많은 관계로 취향에 맞고 돈을 벌 수 있다면 의사를 그만둘 수도 있다고 하면서 말이다.

먼저 격국대로 추론해 살아가는 모습을 연상해보자. 2약신이 관성이므로 남들이 볼 때는 관성의 성향이 강하게 나타나리라 본다. 그래서 그랬는지 학교 다닐 때나 병원에 근무할 때 매우 성실하며 정직하고 책임감도 강하며 한치의 오차도 없이 열심히 공부하였고 근무도 했다고 한다. 따라서 윗사람한테 상당할 정도로 신임을 받았으며 총각 때에는 그런 철저한 모습에 주변 처녀들의 결혼 신랑감 영순위에 올라 있었다고 한다.

예전에 대학병원에 근무할 때 퇴근하는 시간이 일정치 않았다고 한다. 그래서 부인의 바램은 일주일에 한번이라도 같이 저녁 식사를 했으면 하는 것이지만, 얼마나 병원생활을 철저하게 했는지 맡은 책임을 완수하기 위해서 남들보다 늦게 퇴근하며 다 챙겼다고 하니, 이는 바로 2약신인 관성의 절대적인 영향이라 아니할 수 없다.

그렇게 보여서 병신인 재성의 영향으로 넘어간다. 자기의 말에 의하면 돈을 더 많이 벌기 위해 병원을 개업했다고 한다. 그렇게 바쁘게 열심히 대학병원에 근무했지만 큰 돈이 되지 않았고, 자신의 시간만 뺏기는 결과만 가져와 늘 안타까워하다가 계약기간이 끝나는 시점에 재빠르게 독립했다는 것이다.

더구나 부인도 예술계에 종사하고 있다. 자타가 인정하는 예술인이라서 이 사람 못지 않게 바쁜 나날을 보내고 있어 부부지만 자주 만나지 못한다. 그 와중에 틈틈이 메일이나 쪽지 등을 남겨 "당신 없으면 난 못살아!" 라는 메시지를 남기는 것은 부인을 사랑하고 있다는 증거가 되는 것으로 이는 바로 병신인 재성의 영향인 것이다.

마지막으로 1약신인 식상의 성향은 어떻게 나타날까? 믿어야 할지 안 믿어야 할지는 모르지만, 어느 정도의 재력이 되면 가난한 사람이나 노약자들을 위해 무료로 치료를 해줄 수 있는 큰 병원을 차리는 것이 꿈이라고 한다.

그러한 꿈은 1약신이 식상이 아니고서는 쉽사리 결심할 수 있는 일이 아니라고 필자는 본다.

사주팔자 (여자)	시	일	월	년
	甲	戊	庚	甲
	寅	申	午	午

대 운								
	壬	癸	甲	乙	丙	丁	戊	己
	戌	亥	子	丑	寅	卯	辰	巳
	75	65	55	45	35	25	15	05

오행비율 火星:2.20 木星:1.40 金星:1.20 土星:0.00 水星:0.00

음양비율 음기:1.2 양기:3.6 중성:0

일주강약 2.20 (身强)

오신육친	병 신 : 金星	食傷
	1약신 : 水星	財星
	2약신 : 土星	比劫
	기 신 : 火星	印星
	한 신 : 木星	官星
격 국	(比劫)食傷用食傷格(財星)	

사주 풀이법

이 사주를 녹현방정식에 대입한 결과, 병약의 사주가 되었으며 1약신은 수성으로 재성이며 2약신은 토성으로 비겁이고 병신은 금성으로 식상이 되어 격국은 식상용식상격이 되었다.

결혼하여 20여년이 지나도록 집안에서 살림만 한 사람이 1999년 봄에 필자를 찾아온 까닭은 몇 개월 전에 동생하고 장사를 시작하고 있을 때였다. 상담의 내용은 사업을 할 때의 기대치가 미치지 못하므로 여기서 장사를 그만 두어야만 하는지, 아니면 미래를 보고 밀고 나가야 하는지를 결정하고자 해서였다.

그 전에 이 사람의 운명이 어떠한가를 먼저 알아보자. 2약신이 비겁이므로 남들에게는 비겁의 성향이 크게 보일 것이다. 그래서 그랬는지 결혼 후에도 형제들간의 빈번한 왕래가 있어 자신의 일이 아닌 형제들의 일 때문에 웃고 운 적도 한,두번이 아니었다고 하며, 결국에는 형제 때문에 진정 원하지 않았던 사업도 하게 되었다.

더구나 동네에서는 의리가 강한 아줌마로 통했고, 남들의 고민을 특히 부부문제(남편의 학대)에 있어서 일가견을 지녀 많은 집안의 문제를 해결해주는 해결사 역할까지 했다고 한다. 그 덕분에 사업을 하기 전까지 아무 일도 하지 않았으면서도 집안에 있는 시간이 그리 없었다고 한다.

그리고 무슨 일이든 남편에게 의지하기보다는 자신이 직접 나서서 처리하는 식으로 살아왔으며, 동생이 사업을 시작하려고 부탁하자 자신도 돈을 투자해 동업으로 일을 하고만 것이었다.

여기까지는 전형적인 2약신인 비겁의 성향이 나타났다고 할 수 있다. 그래야만 병신인 식상의 성향으로 넘어갈 수 있기 때문이다. 그렇다. 이 사람이 남편과 정도 없이 20여년을 산 것은 오로지 자식들 때문이라고 하며, 남편과 함께 하는 공간보다는 자기만의 공간을 갖기를 무척 원했다.

그래서 그랬는지는 모르지만 남편이 자신의 살을 닿는 것조차 싫어 각 방을 쓴 적도 있었으며(덕분에 남편은 바람을 피었음), 한 때는 그런 자신의 결벽증 때문에 우울증에 빠지기도 하였으며, 자신만이 완벽하다는 착각에 빠지기도 하였고, 집안에서 살림만 하는 자신의 모습이 너무 나태해보여 헬스나 에어로빅 같은 운동을 하였고, 정신적인 안정을 찾기 위해서 단전호흡수련까지 배웠다고 한다.

현재는 남편의 통제에서 벗어나 밖에서 활동을 하니 기분은 너무 좋지만, 돈을 벌지는 못하여 이것이 빌미가 되어 남편이 밖에서의 활동을 영원히 제한할까봐 두려운 마음이 든다고 했다.

아무튼 몇 개월이지만 밖에 나와 사업을 하고 있는 자신과 몇 개월

전의 자신과는 너무도 다른 삶을 살고 있음을 이 사람은 물론 동생까지 느끼고 있는데, 그것은 바로 병신인 식상의 영향을 강력하게 받고 살고 있다는 것을 암시하는 대목이다.

그리고 이 사람이 마지막으로 꿈꾸고 있는 삶은 1약신인 재성의 삶이다. 현재는 병신인 식상의 삶으로 살면서도 결국에는 재성이 뜻하는 삶의 방향으로 나가고자 하는데, 재성이란 어떠한 삶을 뜻할까? 집에서 살림만 했을 때는 항상 아기자기하면서도 재미있는 생활을 하고 싶었다고 하며, 공주처럼 화려한 생활도 꿈꾸었다고 하며, 많은 남자들의 인기를 독차지하고 싶었으며, 훌쩍 어디로 놀려가고도 싶었으며, 남들처럼 분위기 있는 곳에서 데이트도 하고 싶었고, 인물은 빠지지만 미인들 못지 않게 멋이나 사치도 하고 싶었다고 한다.

그러나 지금은 사업을 하는 바람에 돈을 많이 벌고 싶다며 없는 돈에 가게 터를 더 얻어 멋지게 꾸민 다음 즉시 되파는 방식으로 사업을 전개해도 되는가를 묻기도 했다. 그 만큼 재성의 영향을 예전보다는 직접적으로 느끼고 있다고 보아야 한다.

전에는 활동할 수 있는 것으로 만족했었는데 요즘은 어떻게 하면 조금이라도 돈을 더 벌 수 있는가에 혈안이 되어 있다고 동생은 말했다. 이는 1약신인 재성에 대한 강한 애착을 지니는 것으로 해석이 된다.

여기까지는 2약신인 비겁을 활용하여 병신인 식상으로 살고, 1약신인 재성으로 마무리하고자 하려는 이 사람의 강한 의지를 읽을 수 있다. 그리고 필자를 찾아올 때까지의 사업상 명의는 동생의 이름이었는데 동생의 운이 나쁘게 흘러 이 사람의 명의로 바꾸고 계속 장사하라고 했다.

몇 년이 흐른 지금은 방배동 쪽에 가게를 한 곳도 아니고 두,서네개를 하고 있다고 하니 아마 완전히 사업꾼으로 탈바꿈하여 열심히 돈을 벌고 있다.

無格(무격) 풀이法(법)

앞서 설명한 것이 있지만, 조금 더 부연한다면 일반적인 사주는 설령 피해오행이 없어도 일간이 원했던 구제오행이 있었고, 진가사주 역시 피해오행이 사주상에 없어도 구제오행은 있었다. 다만 일간이 진정으로 원했던 것이 아니었을 뿐이었다. 그리고 병약사주는 구제오행이 없어도 피해오행은 반드시 있었다.

그런데 무격사주란 피해오행과 구제오행이 없는 경우이다. 있다면 억제오행과 그것을 생하는 오행만 사주상에 있을 뿐, 다른 그 어떤 오행도 찾아볼 수 없는 상황으로 일차방정식조차 이루어지지 않는 사주이다.

그렇다면 길신(용, 희신)이라고는 찾아볼 수 없는 운명이 되고, 길신이 없다는 것은 덕을 기대할 수도 없는 경우를 말함으로 스스로 살아가야 하는 고달픈 운명이 되는 것과 같다고 할 수 있다.

그런데 이러한 운명을 타고나는 사람들도 간간이 있음을 알아야 하나, 길신이 없다고 하더라도 동물이 아닌 사람인 이상 꿈은 있게 마련이다. 따라서 무격의 사주도 꿈을 이루기 위해서 나름대로 노력하고 열심히 살아갈 텐데, 문제는 그 꿈(격국)이 무엇인지를 알아야 한다.

그것을 알기 위해서는 피해오행과 구제오행이 사주상에는 없지만, 다 있다고 생각해야 한다. 억제오행에 의해 피해오행이 당하고 있는데, 구제오행이 다 있어 일간이 선택한다고 생각해야 한다는 것이다. 그래서 선택한 구제오행이 용신이 되고, 피해오행은 희신이 되어 가칭 격국이 이루어진다.

격국이 이루어지면 그 격국이 의미하는 삶이 바로 추구하는 삶이 되고, 그 용신과 희신에 해당하는 육친을 좋아하게 되며, 기신과 구신에 해당하는 육친은 미워하게 된다. 그리고 일반적인 사주는 용신 앞에 무엇인가 이용하는 육친의 성향이 나타나지만, 무격의 사주에서도 용신 앞에 무엇인가 나서지만 그것은 이용한다는 차원이 아니라 살기 위해서 활용한다는 차원임을 알아야 한다.

따라서 무격사주도 가칭 격국을 이루기에 일반적인 사주와 다를 바가 없다고 인정할지 몰라도, 가장 큰 문제는 사주상에 길신이 없는 관계로 주위의 도움을 전혀 받지 못하고 스스로 살아가야만 한다는 점이 크게 다르다.

사주팔자	시	일	월	년
(남자)	己	丙	戊	丙
	丑	辰	戌	午

대　　운								
	丙	乙	甲	癸	壬	辛	庚	己
	午	巳	辰	卯	寅	丑	子	亥
	75	65	55	45	35	25	15	05

오행비율　土星:1.96　火星:1.20　金星:0.84
水星:0.50　木星:0.30

음양비율　음기:1.84　양기:1.5　중성:1.46

일주강약　1.50 (身强)

오신육친
용 신 : 金星　財星
희 신 : 水星　官星
기 신 : 火星　比劫
구 신 : 土星　食傷
한 신 : 木星　印星

격　　국　無格[(食傷)財星生官星]

사주 풀이법

녹현방정식을 대입한 결과, 사주상에 길신이 없어 무격이 되었지만, 가칭 격국은 잡으면용신은 금성으로 재성이 되고, 희신은 수성으로 관성이 되어 재성생관성격이 되었다. 그리고 용신인 재성의 앞에 식상을 활용하고자 할 것이다. 일반적인 사주처럼 이용하자는 마음을 지니지 않는다.

그렇다면 식상을 먼저 활용한 뒤, 용신인 재성으로 갈 것이며, 뒤에는 희신인 관성의 성향으로 생을 마치리라 본다. 과연 이 사람의 삶이 어떠했는지 알아보자.

필자에게 오기까지 역학 사이트를 통해 여기저기에서 상담을 받아 본 모양이었다. 앉자마자 하는 말이 사주타임의 홈페이지에서 올해의 운을 보았는데, 데이터의 내용이 올해 자신이 겪은 것을 본 것이라도 한 듯 거의 똑같이 나타나 있어, 놀란 나머지 필자에게 상담을 받으러 왔다는 것이었다.

이 사람은 연봉 4,000만원을 받으며 증권회사에 잘 다녔다고 한다. 나름대로는 성공했다고 자부까지 했다니 말이다. 그런데 98년 이후 이상하게도 종교에 깊이 빠지면서 영적으로 주식의 등락을 미리 파악할 수 있는 능력이 생기어 잘만하면 떼돈을 벌 수 있다는 생각에 몇 년동안 착실히 모은 돈 몇 억을 주식에 전부 투자했으며, 종교를 이용하여 주식으로 돈을 벌 수 있는 방법이라는 책까지 출판했다고 한다.

얼마나 깊이있게 빠졌으면 그런 책까지 냈으며, 평생 모은 돈을 오로지 영적인 감각 하나만 믿고 몽땅 한 곳에 투자했는가 미루어 짐작할 수 있다. 그러나 얼마 지나지 않아 종교적인 영험이나 영적인 느낌도 신통하지 못함을 알았다고 한다.

자신이 투자한 주식이 오르기는커녕 완전히 깡통계좌로 변해버렸고, 그 바람에 증권회사까지 그만 두는 신세가 되었단다. 이것 저것 사업도 해보았지만 하는 것마다 실패했고, 현재는 인터넷 경매로 해외에서 오디오를 사서 국내의 소비자에게 판매하는 사업을 하고 있다.

그나마 조금이나마 수입이 있어 생활은 해나가지만, 더 큰 문제는 가정문제였다. 여자를 대함에 있어서 한 여자를 책임지고 사랑하여 가정을 꾸미기보다는 여러 여자들과의 가벼운 만남을 좋아해 애초부터 결혼에 큰 뜻을 가지고 있지 않았다고 한다.

그런데 98년에 가볍게 시작한 이혼녀와의 동거가 이 사람의 운명에 결정적인 타격을 줄 것이라고는 꿈에도 생각하지 않았다. 그 당시에는 돈도 있었고 해서 여자들에게 인기가 많았다고 한다.

그래서 동거하자는 여자들이 꽤나 많았던 것 같았다. 그래도 부담이 적었던 이혼녀, 그것도 연상의 여인하고의 동거가 시작됐는데, 얼마 안 있어 임신을 하게 되었고, 임신을 하는 바람에 어쩔 수 없이 결혼까지 하게 되었단다.

문제는 처도 이 사람이 좋아서 결혼한 것이 아니라 돈을 보고 왔다는 것이었다. 결혼할 때쯤은 그래도 얼마 정도는 돈이 남아 있었는데, 그 뒤부터 점차적으로 줄어드는 바람에 툭하면 의견충돌이 일어났고, 특히 성적으로 너무 맞지 않아 항상 다투다가 그나마 살고 있는 아파트를 처의 명의로 넘겨주자, 처가 이혼을 강력하게 요구했다고 한다.

결국에는 2002년 깨끗하게 호적을 정리했지만, 갈 곳이 없는 관계로 현재 처의 아파트에서 눈치밥 먹으면 살고 있고, 자식을 너무 사랑한 나머지 별거도 하기 싫다고 우기지만, 워낙 처의 주장이 강력해 결국에는 쫓겨날 것이라 본다.

그리고 예전에 동업자와 사업할 때 잘못되어 현재 사기죄로 소송 중에 있으며, 필자를 찾아왔을 때의 심정은 이판사판공사판의 심정이라고 했다. 결국은 식상(자유로운 삶과 이성적인 삶)을 활용해 재성(주식투자와 결혼)으로 갔으며, 희신인 관성(자식)에 대한 사랑으로 마무리하고 싶어하지만, 무격이라서 스스로 처리하지 않으면 누구의 도움도 받을 수 없는 운명임을 짧지 않는 이 사람의 삶에서 느낄 수 있다.

사주팔자 (남자)	시		일		월		년	
	戊		丙		己		戊	
	戌		戌		未		申	
대 운	丁	丙	乙	甲	癸	壬	辛	庚
	卯	寅	丑	子	亥	戌	酉	申
	78	68	58	48	38	28	18	08

오행비율: 金星:2.00 土星:1.96 火星:0.84 木星:0.00 水星:0.00

음양비율: 음기:2 양기:1.2 중성:1.6

일주강약: 0.84 (身弱)

오신육친	용 신 : 火星	比劫
	희 신 : 木星	印星
	기 신 : 水星	官星
	구 신 : 金星	財星
	한 신 : 土星	食傷
격 국	無格[(食傷)比劫保印星]	

사주 풀이법

이 사주를 녹현방정식에 대입한 결과, 피해오행과 구제오행이 없어 무격의 사주가 되었다. 그러나 동물이 아닌 사람이므로 반드시 자신이 꿈꾸는 삶이 있을 것이다. 그것이 무엇인가를 알자면 격국을 필히 잡아야만 한다. 사주상에 피해오행과 구제오행이 다 있다고 생각하면 용신은 화성으로 비겁이 되고, 희신인 목성으로 인성이 되어 가칭 격국은 비겁보인성격이 되며 용신인 비겁의 앞에 식상이라는 육친을 활용하고자 한다.

먼저 이 사람의 삶을 살펴보면 한 마디로 무격의 운명임을 확인할 수 있는데, 30대 중반이 넘도록 그 흔한 연애다운 연애도 못하고, 오로지 일에만 매달리면서 돈을 벌어도 자신이 넉넉하게 쓰기보다는 부모와 형제 때문에 날리기 일쑤이며, 쉬는 날에도 특별히 취미도 없어 항상 고독하게 지내는 딱한 사람이다.

학교를 졸업하자마자 집안이 가난해 일찍감치 돈벌이에 나섰으며, 특별한 기술도 없어 가구를 만드는 공장에 취직해 박봉으로 10여년을 넘게 일을 했다. 남하고 잘 어울리는 성격이 아니어서 남들처럼 돈을 낭비하지 않아 저절로 모으게 되었는데, 어느 정도 돈이 모아지면 이상하게도 집안에서 쓸 일이 생기거나, 형제들이 빌려가는 바람에 모을 사이가 없이 나가곤 했다.

그러한 삶이 10여년간 반복되자, 국내에서 아무리 열심히 일을 하여 돈을 모으자고 해도 힘들다고 보고 98년 미국으로 이주를 했다. 그곳에서 집수리 공사를 하게 되었고, 쓸 곳도 생기지 않아 남들보다 훨씬 많은 돈을 벌고 모으고 있다고 한다.

그런데 이상하게도 국내에 있는 형제들이 미국으로 건너오기 시작했고, 이 사람에게 손을 벌리는 것이었다. 결과는 미국에 있는 형제들의 뒷바라지와 한국에 있는 부모의 생활비 등으로 예전보다 훨씬 많은 돈이 들어가 건너간지 수 년이 다 되었지만 지금까지 모아진 돈은 별로 없다고 한다.

미국에 간지 벌써 6년째로 아직 결혼도 못하고 집도 사지 못한 상태로 미국의 전역을 돌아다니면서 집수리 공사를 하고 있으며, 유일한 취미는 휴일에 골프를 치는 것이라 한다.

그리고 결혼하려면 여자에게 따뜻하게 대해주어야 하나, 천성이 그렇지 못해 여자와 만나 데이트 할 기회도 별로 없으며, 만난다 하더라도 무뚝뚝하게 대하는 바람에 몇 번 만나면 여자 쪽에서 다시는 만나지 않는다고 한다.

이 사람의 소원은 단 하나인데, 육체적인 고생을 많이 한 탓인지는 모르지만, 나이가 들면 한국에 들어와 시골에다가 논하고 밭을 장만

하고 농사를 지으며, 아담한 집을 지어 안락한 전원생활을 하고 싶다고 한다.

무격이지만 가칭 격국이 비겁보인성격에 활용하는 것은 식상이니 어디에 취직해도 사무를 보거나 내근을 하기보다는 몸으로 직접 때우거나, 기술을 활용하고자 할 것이며, 아무리 돈을 벌어도 비겁이 용신이라서 형제들의 요구를 거부하지 못하고 들어주는 것이며, 희신이 인성이라서 노후에는 안락한 전원생활을 하고 싶다고 한 것이다.

필자가 이 사람의 운명을 보고 있노라면 무격이라도 해도 그렇게 주위에서 뜯어가는 사람들만 있고, 어찌 도와주는 사람들은 없는가에 화가 치밀기도 하고 삶이 측은하기도 하다.

사주팔자 (여자)	시	일	월	년
	庚	戊	戊	辛
	申	戌	戌	丑

대 운							
丙	乙	甲	癸	壬	辛	庚	己
午	巳	辰	卯	寅	丑	子	亥
72	62	52	42	32	22	12	02

오행비율 金星:2.94 土星:1.36 水星:0.50 火星:0.00 木星:0.00

음양비율 음기:3.94 양기:0 중성:0.86

일주강약 1.36 (身强)

오신육친	용 신 :	水星	財星
	희 신 :	木星	官星
	기 신 :	土星	比劫
	구 신 :	金星	食傷
	한 신 :	火星	印星
격 국	無格[(食傷)財星生官星]		

사주 풀이법

녹현방정식에 대입한 결과, 이 사주는 피해오행도 구제오행도 없는 무격의 사주가 되었다. 그래도 격국이 있어야만 이 사람이 꿈꾸는 삶이 무엇인지 알 수 있으며, 가족간의 친밀감을 밝힐 수 있으니 잡아야 한다.

따라서 피해오행과 구제오행이 다 있다고 생각하면 용신은 수성으로 재성이 되고, 희신은 목성으로 관성이 되어 가칭 격국은 재성생관성격이 되며, 용신인 재성이 활용하고자 하는 육친은 식상이 된다.

그렇다면 식상을 활용하여 재성을 이루고, 그것이 어느 정도 이루어지면 희신인 관성으로의 삶으로 마무리하겠다는 것이다. 40대 중반이 되었는데, 어떠한 삶을 살고 있나 살펴보자.

이 사람이 직접 온 것이 아니라 남편되는 사람이 필자를 찾아와 자신의 미래에 대해서 상담하다가 자기부인은 다른 부인들과는 다른 점들이 많아 도대체 어떤 사주를 타고났는지 궁금해 보게 된 것이다.

이 사람의 운명에 대해서 말하기 전에 남편의 생활을 먼저 얘기하는 것이 이해하는데 도움이 되리라 본다. 남편은 대기업의 중견간부로 근무하면서 타사의 여러 사람들을 많이 만나는데 그들과의 교류나 접대비용으로 엄청난 금액을 사용할 수 있는 권한까지 가졌다고 한다.

그러다보니 한달이면 한달을 꼬박 술을 마시지 않는 날이 없고, 퇴근시간은 항상 새벽녘이 아니면 아침이며, 술을 마셔도 상식을 뛰어넘는 술자리 즉, 일차는 가볍게 마시다가도 이차나 삼차는 항상 북창동의 싸롱이나 강남의 유명한 룸싸롱에서 아가씨를 끼고 마시며, 마지막으론 접대했던 아가씨와 함께 밤을 지새는 방식으로 하루도 빠짐없이 지냈다고 한다.

그런 남편이고 보니 어느 부인이라도 곱게 보겠는가 말이다. 따라서 당연히 바가지를 긁든지, 하다못해 잔소리라도 해야 하는 어떤 식으로든 부부간의 갈등이 생겼어야 하는데, 부인은 그런 내색 한번도 하지 않고 그저 받아주고 건강이나 챙기라고 한다는 것이다.

그저 집안 살림이나 하고 아이들 뒷바라지나 하는 등 자신이 맡은 일에나 전념할 뿐, 남편의 바깥 일에 대해선 일언반구가 없으니 남편 자신이 생각해도 이상하기는 했던 모양이다.

그렇다고 남편을 사랑하지 않는 것은 아니라고 한다. 이 세상에서 누구보다 남편을 사랑하고 믿으며 남편의 말이라면 무엇이든 잘 따라온다고 한다. 남편을 사랑하는 부인이 남편이 항상 다른 여자와 외도를 하는 것을 왜 모르겠는가?

그렇게 자신의 욕심을 내지 않고 오로지 가정과 아이들 그리고 남편의 뒷바라지에 전념하는 것은 바로 무격의 사주가 되었기 때문이다. 어쩌면 부인은 자신도 모르게 덕도 복도 없음을 알고 있을지도 모르며, 현재의 삶이 자신에게는 너무 행복하다고 여기고 있을지를 모른다.

남편이 밖에서 그렇게 생활할지라도 자신에게는 그 남편조차 과분하다고 여기고 살고 있지 않을까 필자는 생각해 본다. 이렇게 무격의 사주가 남에게 도움을 받으면 작은 것일지라도 그것을 엄청 크게 생각해 나머지 나쁜 부분들을 감싸주거나, 고마움에 다 덮어버리려고 노력하는 모습을 이 사람의 삶에서 찾아볼 수 있다.

부 록

六親(육친)의 中庸(중용)과 執着(집착)

중용과 집착을 알지 못하면 대운의 순위에 따라 격국(추구하는 삶)과 심성체질(끌려가는 삶)로 왔다갔다하여 어떤 삶이 자신이 원했던 삶인지 아닌지를 전혀 알 수가 없다.

돈을 벌고 싶다는 욕망은 누구나 있게 마련이다. 사람으로 태어나 해야 할 의무나 도리를 하지 못하고 오로지 돈밖에 모르는 사람들이 있는가 하면 해야 할 의무와 책임을 다 하면서 돈을 버는 사람들이 있다.

돈에 집착하는 것과 돈을 벌되 인간성을 잃지 않는 것과는 다르다. 따라서 이 장이 왜 중요한가를 알 수 있다. 六親(육친)이란 인성과 관성, 식상과 재성, 그리고 비겁을 의미한다.

인간이면 누구나 印星(인성=부모), 比劫(비겁=형제), 財星(재성=남자 : 처, 여자 : 시부모), 官星(관성=남자 : 자식, 여자 : 남편), 食傷(식상=남자 : 장인장모, 여자 : 자식)이 있다.

사람으로 태어나면 누구나 연관되는 가장 기본적인 인적구성이기 때문이다. 과거의 대가족시대에는 할아버지, 할머니까지 보았으나 현재의 생활구도가 핵가족으로 단출해졌으므로 육친의 의미도 시대상황에 맞춰 바뀌야 한다.

기존의 이론은 재성도 편재와 정재로, 관성도 정관과 편관으로, 식상도 식신과 상관으로, 인성을 편인과 정인으로, 비겁을 비견과 겁재로 갈라 운명을 추론하였으나 그것 역시 시대상황에 뒤떨어진 이론이다. 오히려 명리를 공부하는 사람들을 헷갈리게 한다는 것이 중론이다.

다가오는 시대에 맞는 이론이 필요한 것일 뿐, 옛날의 풍습이나 사고에 맞는 이론은 이미 흘러갔음을 우리는 알아야 한다. 따라서 필자는 편재와 정재를 하나로 묶어 財星(재성)으로, 정인과 편인을 하나로 묶어 印星(인성)으로, 비견과 겁재를 하나로 묶어 比劫(비겁)으로, 편관과 정관을 하나로 묶어 官星(관성)으로, 식신과 상관을 하나로 묶어 食傷(식상)으로 부르는 것이다.

육친의 의미는 누구나 알고 있을 것이다. 인성이라 하면 인정을 베풀고 인내심이 많으며 지성과 이성을 겸비하고 학구적이며 모험이나 개척을 싫어하는 성향으로 평화롭고 안정된 생활을 하며 어른에게는 효도하는 등의 의미를 내포한다.

그렇다고 '무조건 인정이 많아야 된다', '무조건 공부를 잘해야 한다', '무조건 참아야 한다'는 식으로 인성을 추론해서는 안 된다. 인성이든 재성이든 모든 육친들의 중용은 다 같다. 즉, 인성이든 또는 그와 반대인 식상이든 이들이 뜻하는 중용은 일치한다.

육친의 중용이란 무엇인가? 사람으로 태어난 이상 어릴 때는 부모의 도움을 받아 자란 뒤 홀로 설 수 있는 능력을 키워 자립한 뒤에 자신과 뜻이 맞는 배우자를 찾아 가정을 이룬 뒤 자식을 낳고 키우며 자식이 독립해 생활해나갈 수 있도록 하면서 일생을 살아간다.

그 과정에서 배우자와 부모 그리고 자식과 인연이 된 그 외의 사람들에게 좋아하지 않더라도 사람으로서 해야 할 의무와 도리 또는 사랑과 인내 그리고 무책임과 방종 등이 섞이면서 자신이 싫어하든 좋아하든 감정에 치우치지 않고, 당연히 해야 할 관계로서의 내 임무에 충실하는 것이 바로 중용이다.

남에게 해를 주지 않으면서 사람으로서 일생을 올바르게 사는 것이 모든 육친의 중용이다. 용신이 식상이라고 해서 무조건 기존의 모든 것들을 거부하고 반발해야 한다든지 용신이 재성이니까 무조건 돈을 벌어야 한다는 것은 잘못된 인식이다. 식상이 용신이 되어도 인성의 영향과 관성의 영향, 그리고 재성의 영향과 비겁의 영향을 골고루 발휘한다.

단지 식상의 특성이 조금 더 강하게 나타날 뿐 전적으로 식상의 특성만을 발휘하는 것이 아니다. 이렇듯 모든 육친들은 각자의 고유한

특성을 지니고 있으면서 모든 육친들이 지니고 있는 좋은 점들을 공통적으로 내재하는데, 이것이 바로 육친의 중용이다.

이와 같은 중용과는 달리 집착이라는 모습은 육친의 한 면만을 나타나는데 말 그대로 육친의 편중성이다. 여기서 우리가 생각해야 할 점은 사람이 어느 하나에 매달려 일생을 산다는 게 매우 안타까운 일이라는 것이다. 어느 일부분만의 삶으로만 살아간다면 얻는 것보다는 잃는 것이 더 많아지고 행복한 삶보다는 불행을 자초하는 삶을 살기 때문이다.

자신이 원하는 것으로 긍정적이고 생산적이며 창조적이라면 모르지만 그렇지 않고 어쩔 수 없어서 어느 하나에 집착하는 삶을 산다면 참으로 어리석은 일이라 아니 할 수 없다. 사람은 누구나 중용의 삶을 모르지는 않는다. 그러나 어쩔 수 없는 것이 우리의 운명이다.

육친의 집착으로 나타나는 삶의 양상을 보자.?

먼저 인성이라는 육친의 작용은 앞에서 설명했듯이 인정을 베풀고 인내심이 많으며 지성과 이성을 겸비하고 학구적이며 모험이나 개척을 싫어하는 성향으로 평화롭고 안정된 생활을 하며 어른에게는 효도하는 긍정적인 의미를 내포하고 있다는 것은 누구나 알고 있다.

그러나 집착하게 되면 그런 좋은 점들은 다 사라지고 인성이 지닌 특성의 부정적인 요인만 작용하게 된다. 그런 의미를 잘 파악하기 위해서는 무엇보다 먼저 인성과 반대되는 육친들을 알 필요가 있다. 인성과 반대되는 육친은 둘이 있는데 하나는 인성이 싫어하는 식상이고, 하나는 인성을 싫어하는 재성이다.

다시 말하면 인성과 반대되는 이 둘의 장점들이 아예 사라지는 것을 의미한다. 즉 식상의 장점인 창작심과 모험심 그리고 개혁정신과 독립심 등이 없어지고, 재성의 좋은 점인 돈을 벌 수 있는 능력이나 즐거운 삶 그리고 여유롭고 풍요로운 삶과 이성과의 즐거움 등이 사라진다.

그리고 오로지 인성의 단점인 지지부진하고 소극적이며 침체된 생활을 하고 남의 이목을 의식하여 할 일을 제대로 못한다. 나아가 건강에 지나치게 신경을 써서 오히려 병에 걸리기도 하며 현실을 직시하는 힘이 부족하여 자신이 가진 능력을 상실하고 적극적으로 돈을 벌려는 마음도 없어진다.

그러므로 남들에게는 현실과는 동떨어진 비틀어진 이상 속에 사는 사람이라고 비칠 수 있다. 그러나 무엇이든지 배우려는 열성은 있다. 그러나 그 역시 소득이 있는 공부는 아니다.

이러한 것이 바로 육친의 집착이다. 어느 하나의 육친에 집착하게 되면 그 육친이 지니고 있는 특성 중에서 안 좋은 점들만 나타나지만 본인들은 그것을 모르고 사는 경우가 많다. 그러한 삶이 자신에게 해롭다고 말을 하면 그것마저도 순수하게 받아들이지 못하고 말한 상대방을 오히려 정상이 아닌 것처럼 생각하기도 한다.

이처럼 집착이란 삶의 부정적인 한 면으로 나타난다. 또 다른 예로 어떤 사람이 재성에 집착했다고 하자. 재성이 싫어하는 인성과 재성을 싫어하는 비겁들의 장점들이 전부 사라지고 재성의 나쁜 영향만 나타나 결국 집착하게 된다.

사람이 재성에 집착하게 되면 어떤 일들이 일어날까? 오로지 돈만을 좇으므로 악착같이 돈을 벌고 재미나 쾌락만을 찾아 살아가므로 유흥이나 오락 등에 혼을 빼며 동성간에 의리나 우정보다는 이성과의 환락만을 즐긴다.

그리고 안정이나 도리 그리고 윤리의식이나 의리를 찾기보다는 돈이 된다면 모든 것을 팽개치므로 인간성이 상실될 것이며, 주위에서 욕을 해도 나만 즐거우면 된다는 식으로 살며 투기나 도박 등에도 강한 승부욕을 갖는다.

이렇게 집착이라는 것은 중용의 삶을 상실한 채 오로지 그 하나에만 인생의 목표를 삼는 좁고 어리석은 일생을 살아가므로 동물의 본성에 가깝게 타고난 대로 주어진 대로 살아가는? 딱하기 그지 없는 삶이라고 할 수 있다.

따라서 우리는 치우치지 않고 넘치지 않으며 모자라지 않도록 살기 위해 인생을 나 하나로 보기보다는 국가와 지구 그리고 별들이 모인 은하단까지 보는 의식세계를 키우도록 하려는 노력을 해야만 어느 하나에 집착하지 않고 사주에 담긴 육친의 하나하나에 담긴 의미를 이해하고 사주의 진정한 육친의 중용을 행하게 될 것이다.

심성체질(心性體質)이란?

체질이란 무엇인가? 간단하게 말하면 사람마다 무의식에 잠재되어 있는 본능적인 성향이다. 즉 이성이 개입되지 않은 채 있는 그대로 나타나는 동물적인 본능이라고 할 수 있다.

사람에게는 감정과 이성이 있는데 그것이 적절히 조화를 이루면 인간다운 인간으로 살 수 있다. 그런데 둘 중 어느 하나의 비중이 커지면 삶에 문제가 발생한다. 그 중에서도 특히 감정적으로 치우치면 극히 주관적이고 비합리적이 돼 어려운 일들이 발생하는 빈도가 높아지게 마련이다.

만약 잠재해 있는 욕구가 무엇인지 그리고 그러한 충동적인 것이 어느 시기에 강하게 일어나는가를 알 수 있다면, 우리는 미래에 일어날 수 있는 사건, 사고를 미연에 방지할 수 있다.

심성체질의 종류는 25가지가 있으며 심성체질이 전혀 나타나지 않는 무체질까지 합치면 모두 26가지의 심성체질로 분류할 수 있다.

26가지의 체질로 대별되어 나타나는 감정(喜怒哀樂)이라는 것이 우리의 삶에 있어서 얼마나 많은 영향을 끼치는지 평소에는 심각하게 느끼지 못하지만, 사람의 이성이 마비되는 순간(화가 났을 때, 술에 취했을 때, 흥분하였을 때, 싸움했을 때, 기쁠 때, 외로워졌을 때, 아주 슬플 때, 사랑에 깊이 빠졌을 때, 복수심에 불탈 때 등)에 우리는 격한 감정을 거리낌없이 드러낸다.

다만 사람마다 심성체질이 무엇인가에 따라 나타나는 방식이 달라 누구는 펑펑 울거나, 펄펄 날뛰거나, 싸움을 걸거나, 잔소리가 심해지거나, 아예 말이 없거나, 쓸데없는 곳에 집착하는 등의 모습을 보인다.

그렇다면 이러한 일들이 일어나는 이유는 무엇일까? 그것은 바로 욕심 때문이다. 남보다 더 출세하고 싶고, 물질적으로 풍요롭고 싶고, 남보다 더 인간적으로 살고 싶고, 사랑을 더 많이 받고 싶고, 남보다 더 개성이 있어야 하고, 공부를 더 많이 하고 싶고, 그저 유쾌하고 즐거운 삶을 살고 싶은 등의 욕망으로 인해 이성적인 판단이 흐려지는 순간 감정의 동물로 바뀌게 된다.

사람이므로 욕심이 없을 수는 없다. 다만 도가 지나치지 않은 정도라면 삶에 활력소가 된다. 그러나 그 역시 체질의 등급에 따라 집착이 강하고 약함이 다르게 나타나며, 심성체질이 없는 사람의 경우에는 심성체질이 있는 사람보다 욕심이 훨씬 적게 나타난다.

따라서 심성체질인 사람은 자신의 욕심을 버리는 조절을 하고, 심성체질이 나타나지 않는 무체질인 사람은 현재보다 욕심을 조금 더 가지려는 조절을 한다면 중용의 상태를 유지할 수 있는 삶을 살 수 있는 것이다.

심성체질은 한 가지로 나타나는 5 종류와 두 가지로 나타나는 10 종류 그리고 세 가지로 나타나는 10 종류와 전혀 체질이 없는 1 종류로 나누는데 이 장에서는 한 가지의 체질만 소개한다.

그리고 같은 심성체질이라도 남녀에 따라 삶에 다르게 나타나는

체질들이 몇 종류가 있으므로 그 차이점까지 이 장에서 다루기로 한다.(심성체질에 대한 부분을 이해하는 데 도움을 줄 수 있는 서적으로는 『맛있는 사주, 행복한 인생…녹현이야기』이다.)

비겁체질(比劫體質)

비겁체질은 무모함과 저돌성, 의리와 우정, 아전인수적인 성향과 강한 자의식, 끈기부족과 강박관념, 형제애와 개인주의, 현실부적응과 개인주의, 철학적 사고와 이상주의, 동료와 친정 식구들, 남성스러움(여자)과 황소고집, 게으름과 무거운 어깨의 짐 등을 뜻하며 가장 큰 특징은 수면욕을 들 수 있다.

남녀 공히 형이상학적으로 정신적인 문제나 심리적인 세계에 빠져들기 쉽고 사람답게 사는 데 관심이 많아 도나 역학, 명상, 단전호흡, 요가 등을 좋아하며 무예, 에어로빅, 스포츠마사지 등 운동을 좋아하기도 한다.

그리고 의리와 우정에 유난히 강하여 동료나 친구 혹은 형제의 부탁을 거절하지 못하여 물질적인 피해를 자주 당한다. 그런데 문제는 몇번 당하고 나면 그 뒤의 부탁은 당연히 거절해야 함에도 또 끌려가게 되는데, 무리 중에서 자신이 맏형이나 우두머리의 위치에 서 있다는 것을 인정받고 싶고 한편으로는 누구보다도 자신이 인간적임을 보여주고 싶어하기 때문이다.

또한 있는 그대로를 거부하지 않으면서도 자신에게 유리한 것들만 지키며 불리한 것은 무시해버리려는 마음이 강하여 언행불일치의 모습을 보이는 경우가 허다하다. 말은 그럴싸하게 해서 사람들을 이해시키고 설득하는 능력은 뛰어나나 정작 자신은 그렇게 행동하지 못하는 경우가 많다.

더구나 강한 자의식으로 자유로움을 추구하므로 가능한 한 어느 집단에도 속하지 않으려고 한다. 그런데 문제는 현실적으로 생활할 수 있는 능력이 있느냐에 있다. 왜냐하면 다른 사람들은 살기 위해서 열심히 현실에 적응하는데, 그렇게 사는 것은 속물이라고 여겨 탐탁하지 않게 생각한다.

그리고 어떤 일에 있어서 무계획적으로 저돌적으로 밀어붙이는 힘은 아주 강하나 끝은 희미한 경우가 많으며, 아무리 명분이 좋고 이득이 된다고 하더라도 행동으로 옮길 땐 다수가 참여하지 않는다면 슬그머니 뒤로 빠져 간혹 흉이 되기도 한다.

남자의 경우 남자로서 책임과 의무를 다하지 못하여 가정을 지녔으면서도 책임과 의무에 소홀하기도 하며, 더러는 생활의 절반 이상을 부인이나 자식에게 의지하여 무능한 남편 혹은 이기적인 아버지라는 소리를 듣기도 한다.

따라서 이 체질의 남자는 현실적인 문제들을 회피하려고 하지 말고 당당히 맞서 해결하려는 노력이 필요하며, 자신의 자유와 안위만을 가치로 둘 것이 아니라 그 자유에 따르는 책임과 의무를 다했을 때 더 가치가 있다는 사실을 명심해야 한다.

여자의 경우 부드러움과 유연성이 우선인데 그런 여성성은 나타나지 않고 의리와 우정을 중시하여 같은 동성친구 사이에서는 발이 넓고 인기가 좋은 편이나 사랑하는 남자와 사랑을 하는 데에는 문제가 있을 수 있다.

특히 결혼을 했어도 친정에서 벗어나지 못하는 사람들이 많다. 늘 친정 일에 신경을 쓰며 마치 아들인 것처럼 친정 일에 발벗고나서 딸임에도 불구하고 친정의 경제를 책임지는 경우가 많다.

나이가 들거나 크게 한번 친정식구에게 당하고 나면 그때는 조금이나마 친정에서 벗어나려고 노력하나 그래도 다른 여성에 비해서 냉정하게 연을 끊지 못하는 경우가 많다. 남녀 공히 가족간의 아기자기한 삶보다는 대외적인 활동에 비중을 많이 두어 본의 아니게 오해를 받는 경우도 생기고 가족과 아무런 상의 없이 밖의 말에 홀리어 중요한 일을 결정하여 가정의 화목을 깨는 사람들도 많다.

식상체질(食傷體質)

식상체질을 한마디로 표현하면 기존의 있는 그대로보다는 변화의 추구이다. 그래서 감수성과 자유 그리고 아이디어와 창의력, 관찰과 변화, 개혁과 모험, 자부심과 완벽성, 상상력과 성욕, 부하나 제자, 그리고 남자에게는 장인, 장모를 뜻하는 처갓집으로, 여자에게는 자식과 강한 독립을 의미한다.

그래서 남녀 공히 현 사회체제의 모든 것들을 거부하고 새로운 체제를 동경하며, 구태의연한 방식보다는 편리하면서 생활에 이로운 쪽으로의 발전을 추구하며 있는 그대로보다는 새로운 변화를 꾀하는 사람들이 많다.

그리고 남에게 귀속되기보다는 독립적이므로 자신의 개성과 끼를 마음껏 발산할 수 있는 직장에 근무하거나 또는 전문성을 갖춘 프리랜서를 희망하며, 기회가 오면 자신이 오너가 되려고 한다.

가장 큰 특징 중의 하나는 완벽성이다. 이로 인한 자존심의 문제로 감정이 비화된다. 예를 들어 어떠한 주제를 가지고 토론할 때 자신의 논리에 맞지 않음에도 불구하고 모든 지식이나 방법을 총동원하여 자신의 주장을 끝까지 관철시키는 강한 의지를 행사한다.

이런 성향 때문에 주위에서 의논하거나 토론하려고 하지 않아 고독해질 수 있으며, 그로 인해 완벽한 겉모습과는 달리 내면의 섬세한 감수성이 상처를 받게 되어 의욕상실이나 대인기피증 혹은 상실감에 빠지기도 한다.

그리고 자신을 잘 아는 사람들에게는 관대하지 못하지만 모르는 사람들에게는 무척 관대한 것도 특징인데, 이는 자신의 단점을 많이 알고 있는 사람들에게 아무리 잘해야 인정받기가 어려우므로 차라리 아무것도 모르는 사람에게 시간을 할애한다면 한 만큼 인정을 받을 수 있기 때문이다. 그러다 어느 정도의 시간이 흐르면 또 다른 낯선 사람에게 최선을 다하는 모습을 보인다.

톡톡 튀는 생각과 혁신적인 아이디어로 새로움을 창조해내는 능력이 뛰어나 그런 업종에 근무하면 능력의 최대한 발휘해 타의 추종을 불허하기도 한다. 더구나 강한 카리스마를 지니고 있어 윗사람보다는 아랫사람들의 추앙을 받는 경우가 매우 많다.

그리고 유난히 성적인 호기심이 강한데 그것은 어릴 때든 어른이

돼서든 마찬가지다. 그래서 어릴 땐 나이보다 훨씬 조숙한 경우가 많으며, 섹스와 관련된 것들을 일찍 접하게 되고 자위행위나 성 경험도 일찍 하게 된다.

어른이 되어서도 한 사람하고의 섹스에 얽매이지 않으려고 하며, 섹스를 할 때도 다양한 방식의 체위를 사용하며 심할 경우엔 변태적인 행위까지 갈 수 있으므로 조심해야 한다.

그리고 이 체질의 사람들은 규칙이나 질서 또는 관습 중에서도 불합리한 점들이 나타나면 과감하게 개선하려고 하므로 악법이라면 어떻게 해서든지 고치려고 한다. 그러므로 학창 시절에는 데모를 하고, 회사에서는 노동조합에 관여해 거대한 힘에 맞서 투쟁하는 의식이 강한 것도 특징이다.

이 체질의 남자는 여자를 선택함에 있어서도 처갓집의 조건 등을 따져 은근히 도움받길 바라며, 만에 하나 다른 여자에게서 상당 부분 물질적으로 도움을 받는다면 이중생활도 서슴지 않고 할 수 있다.

여자의 경우는 남편을 사랑하면서도 자아를 잃지 않기 위해 자신의 능력을 키우는 데 게을리하지 않고 자신의 개성을 드러내보이길 좋아하며, 남편과 동등하기를 원하므로 남편의 성공을 자신의 성공으로 대리만족하지 않는다.

그런 반면에 자식에 대한 집착이 유난히 강해 남편과 사이가 안 좋아지더라도 자식 때문에 참고 사는 경우가 많으며 간혹 자식을 위해서 독수공방으로 인생을 마치는 사람들도 있다. 심한 경우 자식을 차지하기 위하여 며느리하고 사이에서 말 못할 고민을 하는 어머니가 되기도 한다.

간혹 성적으로 깊이 빠져 오로지 그것만을 생각하며 사는 여자들도 있으므로 인생을 크고 넓게 보아 중용을 취하기를 진정 바란다.

재성체질(財星體質)

재성체질은 물질적인 풍요로움과 화려한 삶, 즉흥성과 분위기, 감수성과 감정, 사교성과 외향성, 그리고 정열적이라 인기를 얻고 싶어하고, 항상 즐겁고 유머를 즐기며, 예술적인 감각이 강하다. 이런 성향으로 인해 변덕을 자주 부리기도 하고 자칫하면 환락이나 유흥에 빠지기 쉽고 간혹 도박성이 짙어져 한탕주의를 좇기도 한다.

남자에게는 부인이나 여자를 뜻하고 여자에게는 남편의 집 즉 시부모를 의미하기도 한다. 남녀 모두 이 체질의 사람들은 누구보다도 감수성이 예민하고 감정적이며 열정적이므로 겉으로 드러나지 않을지라도 마음에는 내재해 있다. 그러므로 아주 작은 일에도 객관적인 판단을 못하고 스스로 흥분해 대인관계에서 단점을 보이는 경우가 많다.

분위기에 유난히 약하고 감정의 변화가 커서 기분에 따라 180도 다른 모습이나 생각을 할 수 있으며, 분위기가 만들어지고 자신의 취향과 맞는다면 순간을 영원으로 착각하여 간혹 원하지 않는 행동을 하는 것으로 보아 자제력과 절제력이 부족함을 알 수 있다.

그래서 상대에게 갖은 애교를 부리고 아양도 떨며 모든 것을 맡기는 듯한 태도를 취하다가 상대가 뭔가 자신에게 맞지 않는 심기를 건드리면 언제 그랬냐는 듯 즉각 돌변해 감정을 폭발하여 하지 말아야 할 말이나 행동을 하여 상대를 질리게 한다. 덧붙여 말하면 어느 장단에 춤을 추어야 할지 몰라 당황하는 행동을 하기도 하여 주위의 분위기를 어색하게 만들기도 한다.

또 한 가지에 빠지면 몰입하는 편이라서 게임이든 도박이든 재미가 있다고 생각되면 누가 뭐라고 해도 자신이 싫증나서 빠져나올 때까지 말을 듣지 않는다. 그렇지만 인내력과 끈기가 없는 편이라 재미가 없으면 쉽게 포기한다.

이 체질의 가장 큰 특징은 재물욕심이 유난히 많다는 것이다. 현실적으로 이득이 된다면 의무나 의리 그리고 인간적인 정이나 도리하고는 담을 쌓을 정도로 냉정하게 챙기는데, 그 이유는 화려하고 풍요롭고 즐겁게 인기를 누리면서 살고 싶은 욕심에 남보다 재물을 많이 가지려는 욕심 때문이다.

그래서 한번에 떼돈을 벌 수 있는 기회를 잡으려고 하며, 모험이 따르는 투기나 투자에도 손을 대는데 아무튼 금전과 연관이 많은 곳을 좋아한다. 특히 연예계나 예술계에 종사하는 사람들이 많다. 또한 남들에게 화려하게 보이고 싶은 욕구가 강해 외형에 신경을 많이 쓴다 설령 집안의 경제가 엉망이 되더라도 외모를 치장하거나 멋을 내는데 많은 시간과 돈, 노력을 아끼지 않는데, 있어 보이고 싶은 마음에 비싼 옷이나 온갖 액세서리로 자신을 포장한다.

그리고 동성보다는 이성에게 관심이 많아 우정보다 사랑을 우선 생각한다. 그런데 이성들과 깊이 있게 사귀기보다는 넓게 사귀므로 진정한 애인이 없는 사람들이 많다. 그럼에도 불구하고 기회가 오면 더 많은 이성 친구들을 사귀려고 유혹인 줄 알면서 혹은 모른 채로 상대에게 맞추고 따라가는 경향을 보인다.

그러다가 분위기가 무르익으면 넘지 말아야 할 선을 가볍게 넘는 사람들이 많으며, 깊은 사이가 되었더라도 그 사람에게만 매달리지 않고 자유롭게 자신의 생을 즐기려고 한다.

남자는 바람둥이라는 소리를 듣기도 한다. 쾌락과 향락을 추구하므로 사랑 없이도 섹스를 나눌 수 있으며, 밖에서 바람을 피우면서도 가정으로 들어가면 부인을 의식하여 가끔은 부인의 일거수일투족에 관심을 갖고 감시를 철저히 하며 설령 부인이 이혼을 원해도 쉽사리 해주지 않으려고 한다.

여자는 유난히 시댁과의 인연이 강해 남편을 사랑하지 않든 사랑하든 시댁에 끌려 다니는 경향이 강하며 정신적인 스트레스로 고생하는 사람들이 많다. 내키지 않으면 하지 말아야 하나 거부하지 못하고 심하면 남편과의 행복이 깨지기도 한다.

관성체질(官星體質)

관성체질의 가장 큰 특징은 현실세계에서 남보다 더 출세하여 명예(권력)를 얻고 싶은 것이다. 그래서 흔히 명예나 권력욕, 권위주의와 명분, 법치주의와 보수주의, 상명하복과 기존의 틀, 성실함과 획일주의, 책임감과 도덕성, 무사안일과 고지식 등으로 나타나며 남자에게는 책임져야 할 자식이나 무거운 짐을, 여자에게는 남편(남자)과 가정 그리고 진정한 사랑을 의미한다.

남녀 모두 출세에 큰 관심을 가지고 있으므로 부하들보다는 직장 상사와의 유대 관계에 더 신경을 쓰는 경향을 보이며, 윗사람으로부터 신뢰받고 인정받기 위해 모든 노력을 아끼지 않는다.

따라서 자존심이 센 사람이라도 직장 상사에게만큼은 허리 굽혀 아부를 한다. 그래서 간혹 부하 직원들이나 동료들에게는 너무 현실적으로 보여 출세밖에 모르는 사람이라는 평을 들을 수도 있고, 자신이 속한 사회(조직)가 잘못된 곳일지라도 출세와 안정을 보장해주면 악법도 법이라고 생각하여 충성을 다하므로 사회에서 매도 당하기도 한다.

그래도 명분이 떳떳하지 않고 도덕적으로 문제가 있는 자리라면 일단 거부하기도 하지만 상사가 끝까지 밀어붙이면 어쩔 수 없이 따르는 사람들이 많다. 따라서 잘못된 것을 개선하고 개척하는 것보다는 삶을 편하게 살기 위해 무사안일주의에 빠져드는 경향이 있다.

조직사회에서는 성실하고 책임감이 강해서 근면한 사람들이 많으나 반면에 융통성이 부족하고 고지식한 면이 많아 꽉 막힌 사람이라는 소리를 자주 들으며, 자기주장이 강해 남이 뭐라고 하든 간에 자기 생각만을 피력하여 대화가 통하지 않는 사람으로 보일 수도 있어? 외곬의 삶을 사는 사람들이 의외로 많다.

따라서 창의력이나 아이디어가 요구되는 일이나 부분이 아닌 전체를 맡아 융통성 있게 진행시키는 일에는 적당하지 않을 수도 있으며, 자신을 잘 모르는 사람들 앞에서는 모범적으로 보이다가도 자기만의 공간이나 자신을 잘 아는 사람들이 많은 곳에선 의외로 법을 완전히 무시하려는 경향도 강하다.

또한 절제된 삶을 살아가려고 애쓰므로 본능적인 욕망이나 욕정을 잘 참고 살아 스트레스를 많이 받는다. 그것을 그때그때 풀어주지 못하면 신경쇠약이나 환청 또는 환각이나 정신분열 등과 같은 정신과적인 병을 앓게 되고 그것이 심할 경우엔 신들림 증상까지 보일 수 있다.

이 체질의 남녀에게 가장 답답함을 느끼게 하는 것은 자신이 직접 본 것이나 느낀 것 그리고 직접 듣고 만지고 배운 것 이외의 것들은 쉽사리 믿지 못한다는 것이다. 예를 들면 정신적인 문제나 심리적인 문제 등 보여지지 않는 진리를 믿는 마음이 부족해, 진솔한 대화(토론)가 안 되는 경우가 많아진다.

집안에서도 보수적이어서 엄격하면서도 권위 있게 생활하려고 하기 때문에 자식들에게 부드럽고 자상하고 자애로운 모습을 보여주지 못하며, 간혹 어른들께도 잘잘못을 지적하려는 사람들이 많음을 볼 수 있다.

그런데 남자는 유난히 자식에게 거는 기대가 크다. 특히 자신이 못다 이룬 꿈을 대신하여 이루어주길 바라 아주 엄격하게 키우며, 아빠로서의 책임은 철저하게 하는 반면 부권에 도전하는 것은 용납하지 않는다.

여자에게도 마찬가지다. 남자는 하늘, 여자는 땅이라는 생각이 뿌리깊게 박혀 있어 전형적인 가부장의 모습을 보인다. 설령 자신은 밖에서 올바르지 못한 행동을 한다 하더라도 부인에게는 끝없이 순종하기만을 바란다. 만약 부인이 그렇게 따르지 않는다면 그 가정은 끊임없이 충돌이 일어나고 급기야는 가정이 붕괴되는 상황에 이르기도 한다.

여자는 남편(남자)에게 집착하기 쉽다. 대개는 사랑하여 결혼하므로 남편이 바라는 대로 원하는 대로 모든 것을 맞추어 주려고 하나, 만약 사랑이 식거나 실망하게 되면 마지못해 맞추게 되며 그 허탈한 마음을 채우려고 다른 사랑을 찾게 된다.

만에 하나 사랑하는 남자를 찾았다 하더라도 가정을 지니고 있으므로 도덕적인 자책감과 책임감 그리고 주위의 이목으로 인해 쉽게 결단을 내리지 못하고 방황하는데 일단 결심이 서면 모든 것을 다 팽개치고 사랑하는 사람을 찾아 훌쩍 떠나기도 한다.

[인성체질(印星體質)]

인성체질의 큰 특징은 삶이 천박하지 않으면서 인격적으로 대접받고 싶어한다는 것이다. 그래서 의무와 도리, 체면과 고상함, 인내와 평화(안정), 기대심리와 신분상승, 이성과 논리, 학구열과 소극성, 그리고 건강에 무척 예민하고 식탐이 많으며 효심이 지극하다. 그리고 변화에 민감하지 못하고 계산적이지 못하고 부모를 의미한다.

남녀 모두 현명하고 고상한 척하려는 사람들이 많으며, 그러한 모습으로 비쳐지기 위해서 모든 욕구나 감정을 포기한 채 살아가므로 정작 삶의 행복을 만끽하기란 그리 쉽지가 않다. 또 자신의 문제도 시원하게 해결하지 못하면서 주위에 있는 친한 사람들의 문제까지 관여해 근심 걱정이 끊일 날이 없는 것도 특징인데 그것은 동정심이 많은 것도 원인이 되겠지만 주위 사람들에게 인정을 받으려는 마음이 강하기 때문이다.

그리고 부모형제나 친구와의 관계에서는 모든 의무와 도리 그리고 신의까지 지키고자 능력의 한계를 뛰어넘는 것을 약속하고 도움을 주려고 하므로 가정에서는 부부싸움의 발단이 되는 경우가 많다.

그러므로 밖에 나가면 마음씨 좋은 이웃집 아줌마나 현모양처로 혹은 호인이면서 학자답게 보이지만 안에서는 엄숙하고 보수적인 기질로 자신의 권위에 도전하지 못하도록 가족들의 행동을 문제 삼으므로 가족들은 긴장하지 않을 수가 없다. 그러다가 자신이 조금이라도 아프면 당장 어떻게 되는 것처럼 야단법석을 떨기도 한다.

또한 고상하게 살고 싶은 내면의 욕구가 강해 아무리 돈이 된다고 하더라도 자신의 체면이나 이미지에 손상이 되는 일은 되도록 하지 않으며, 설령 살림이 어렵다고 해도 선비답게 양반답게 살려는 자세를 잃지 않으므로 천한 일은 마다하는 사람들이 많다.

그러나 누군가에게 의지하려는 특성이 강하여 어릴 때는 부모에게, 성인이 되어서는 배우자에게, 나이가 들어서는 자식에게 의지하려고 한다. 왜냐하면 개혁정신과 모험정신이 남보다 떨어지며 변화에 대한 두려움이 많아 급변하는 현실에 적응하기에 다소 무리가 있기 때문이다.

그래서 변화가 적은 직업에 종사하는 것이 맞으므로 주로 연구직이나 학자 혹은 선생님이나 공무원, 개인사무실 운영자 등이 어울린다. 그러므로 과감한 결단이 필요한 직업이나 독창적인 아이디어가 필요한 직업 그리고 변화가 심한 직업을 택하면 적성에 맞지 않아 능력을 다 발휘하지 못하고 어쩔 수 없어서 근무하게 되는 경우가 많다.

남자들의 경우 밖에서는 호인이라고 불릴 정도로 누구에게나 친절하지만 부인에게는 무척 엄격해서 만약에 가정불화가 일어나면 절대로 폭력은 가하지 않고 부인이 잘못한 것에 대해서 논리적이면서 집요하게 두고두고 풀어 상대방 스스로 질리도록 한다.

또한 자신은 부모형제에게 잘 못하더라도 부인에겐 최선을 다하도록 강요하며, 결혼하여 독립하더라도 부모의 말을 거역하지 못해 마마보이라는 소리를 듣기도 한다.

여자들의 경우 자기만한 효녀가 없다고 할 정도로 친정 일에 깊숙이 간여하는 사람들이 있는데, 그것도 말뿐이지 행동으로까지 옮기지 못하는 경우가 많으며 결혼했으면서도 친정에 의탁해 살림을 꾸려가는 사람들도 있다.

또한 자식들의 교육에선 누구 못지않게 옳은 사고와 행동을 강요하면서 키우고 남편에게도 옳은 일만 하도록 잔소리를 하지만 정작 자신이 살아가는 방식에는 가끔 어긋나는 행동을 하므로 밖에서의 모습과 안에서의 모습이 달라 믿음을 주지 못하는 상황을 연출하기도 한다.

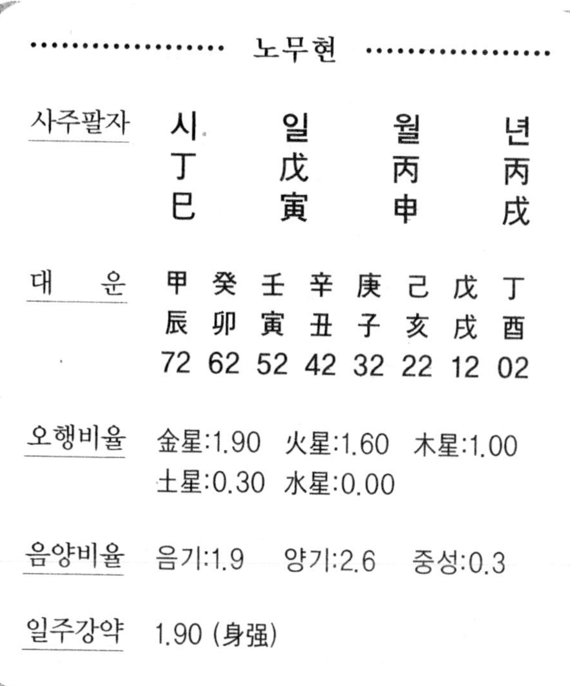

노무현

사주팔자	시	일	월	년
	丁	戊	丙	丙
	巳	寅	申	戌

대 운								
	甲	癸	壬	辛	庚	己	戊	丁
	辰	卯	寅	丑	子	亥	戌	酉
	72	62	52	42	32	22	12	02

오행비율 金星:1.90 火星:1.60 木星:1.00 土星:0.30 水星:0.00

음양비율 음기:1.9 양기:2.6 중성:0.3

일주강약 1.90 (身强)

사주방정식

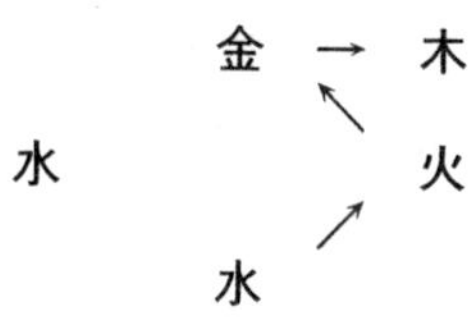

공식설명

금성이 목성을 억제, 수성과 화성이 구제오행, 화성을 선택(일차공식의 끝)

오신육친	용 신 : 火星	印星 (가용신)
	희 신 : 木星	官星
	기 신 : 水星	財星 (진용신)
	구 신 : 金星	食傷
	한 신 : 土星	比劫
격 국	印星保官星格(財星)	
체 질	印星/食傷	
격국의 크기	상중의 하격	

추론

이 사주의 격국(추구하는 삶)은 인성보관성격에 진용신은 재성이며, 심성체질(끌려가는 삶)은 인성과 식상으로 두 가지의 체질로 구성되어 있다. 그리고 운의 흐름(마음의 만족도)은 초반 금성의 시기(1세~21세)는 5등으로 제일 안 좋은 시기였으며, 그 다음으로 다가오는 수성의 시기(22세~51세)는 3등으로 상승하였다가 현재 맞이하고 있는 목성의 시기(52세~81세)는 2등의 운에 있다.

태어나 5등에 있다가 중반에 3등으로 상승되어 어느 정도 자신의 뜻에 맞는 생활을 할 수 있었고, 그러다가 50대 이후 2등으로 올라가니 평생의 꿈을 이룰 수 있을 것이라 생각한다.

더구나 사주의 크기가 상격에 해당하여 치우치지 않는 판단력과 사고력을 지녀 옳고 그름을 정확하게 가렸을 것이고, 불평부당한 것에 대해서도 망설임없이 지적했을 것이며, 자기보다 못난 사람을 위해서 일을 할 수도 있었을 것이다.

그래서 노무현 대통령은 누구보다도 없는 사람의 편에 서서 일을 많이 했다고 할 수 있다. 있는 자들의 편에 서서도 출세는 할 수 있었는데, 상격으로 태어났으므로 국민이 진정으로 바라는 것이 무엇인지를 명확하게 꿰뚫고 다 같이 함께 참여할 수 있는 길을 선택했다고 본다.

그러나 그 이면에는 출세에 대한 강한 야망에서 느낄 수 있는데, 그것은 바로 희신(꿈)이 관성이기 때문이다. 올바른 정치와 정직한 정치 그리고 진정한 권력자의 길을 가고자 뼈를 깎는 노력을 했으며, 대선이 있었던 2002년(壬午년)의 운세도 최고의 해가 되어 뜻한 대로 대권을 쟁취했다고 볼 수 있다.

그러나 문제는 심성체질이 두 가지라는 것에 있는데, 더구나 서로 생하는 것이 아니라 다투고 있기 때문이다. 즉, 인성체질은 의무와 도리, 인내심과 양심, 평화와 안정, 윤리의식과 전통 등을 뜻하고, 식상체질은 예측할 수 없는 언행과 다양한 변화, 모험과 개혁적인 모습, 삶의 간편함과 경솔함 그리고 이기심 등을 뜻한다.

그러한 체질을 지닌 관계로 대통령이 된 후, 간혹 일관성 없는 결정이나 즉흥적인 언행으로 전과는 다른 모습들을 국민에게 보여주었으며, 그로 인해 무게 있고 단호하고 믿음직스러운 대통령의 상을 심어주지 못한 면이 발견되기도 했다.

2003년의 운이 2002년의 좋은 운을 이어 받아 어느 정도 안정된 상황으로 이끌고 갈 수 있었지만, 총선이 있는 2004년의 운은 그렇지가 못해 한편으로는 걱정이 되는 것도 사실이다.

그 이유는 세운이 나빠지면 격국의 성향이 크게 나타나지 못하여 여유 있는 생각이나 올바른 판단을 내리기가 쉽지 않고, 오히려 심성 체질의 성향이 크게 나타나 이성보다는 감정에 호소하려는 측면들이 많아져 강한 신뢰나 믿음을 주지 못할 수 있기 때문이다.

더구나 체질도 두 가지로 상반되므로 어느 때는 이 잣대로, 어느 때는 또 다른 잣대로 판단하고 결정하므로 일관성이나 기준점이 없어 대통령의 임기 중에서 가장 어려운 해가 되리라 예상되기 때문이다.

필자의 소망은 2004년도가 아무 탈없이 무사히 넘어가기만 바랄 뿐이다.

········· 이회창 ·········

사주팔자	시	일	월	년
	庚	己	辛	乙
	午	酉	巳	亥

대 운								
	癸	甲	乙	丙	丁	戊	己	庚
	酉	戌	亥	子	丑	寅	卯	辰
	79	69	59	49	39	29	19	09

오행비율 火星:2.20 金星:1.40 水星:1.00
木星:0.20 土星:0.00

음양비율 음기:2.4 양기:2.4 중성:0

일주강약 2.20 (身强)

사주방정식

```
        火 → 金
           ↖
  土          水
           ↗
        土
```

공식설명

화성이 금성을 억제, 토성과 수성이 구제오행, 수성을 선택(일차공식의 끝)

오신육친	용 신 : 水星 財星
	희 신 : 金星 食傷
	기 신 : 土星 比劫
	구 신 : 火星 印星
	한 신 : 木星 官星
격 국	(官星)財星保食傷格
체 질	印星
격국의 크기	상중의 중격

추론

이 사주의 격국(추구하는 삶)은 재성보식상격이며, 심성체질(끌려가는 삶)은 인성체질이다. 그리고 운의 흐름(마음의 만족도)은 초반 다가온 목성의 시기(9세~38세)는 4등의 위치에 있었다가 그 이후 다가온 수성의 시기(39세~68세)는 가장 좋은 1등의 시기였었다. 그리고 금성의 시기(69세 이후)는 2등으로 조금 하강하는 흐름의 운을 맞이하고 있는 것이다.

이런 흐름이라면 초반은 심성체질인 인성의 성향을 많이 받는데, 그것은 바로 부모의 영향을 뜻한다. 되도록 어긋나지 않고 착한 모습을 띠고 부모의 말에 거역하지 않는 착한 학생의 이미지와 공부에만 전념하는, 요즘으로 말하면 마치 마마보이 같은 삶을 살았다고 할 수 있다.

그러다가 중반 이후 운이 급격히 상승하면서 격국의 영향을 받기 시작하면서 자신의 색깔이나 개성을 나타내기 시작했다고 할 수 있는데, 용신인 재성을 활용하기 위해선 관성이라는 육친을 먼저 이용한다.

따라서 마음은 관성(상사, 조직, 명예)을 능가하려는 식상(유아독존, 야망, 카리스마)에 있다고 하더라도 겉으로 보여지는 면은 철저히 체제에 복종하거나 원리원칙을 따지려는 면이 강하고 상하의 구분이 확연히 지으려는 모습을 보인다.

인성체질에 재성이 용신 그리고 상격의 사주라면 보수적인 바탕 아래에서 되도록 삶을 재미있고 즐거우면서도 다양한 체험의 삶을 살고 싶어하며, 조금은 자유로운 상태에서 흥미진진한 삶을 살기 위해선 자신의 개성이나 특성을 활발히 살리고자 한다.

그러다가 희신인 식상으로 가기 위해서 아무에게나 밝히지 않았던 자신만의 꿈을 펼치고자 한다. 그것은 자신이 최고의 자리에 올라 부하들을 활용하려는 것이며 자신의 구상대로 만인들의 삶을 편하게 살 수 있도록 노력하고자 하는 것이다.

다만 그것이 조금 심해지면 자신만이 고고한 학으로 남거나 참된 선비로 인정받기를 원하므로 남과의 관계에서 융통성이나 원만함 그리고 타협에 있어 문제점을 지니게 된다. 그래서 본의 아니게 적과 동지가 뚜렷하게 갈리는 현상을 자주 발견하게 된다.

그리고 대선이 있었던 97년(丁丑)과 2002년(壬午)은 대운은 길하면서도 그 해의 운들은 대운의 좋은 기운을 뒷받침해주지 못하고 있었다. 97년은 1등의 해에서 98년 4등의 해로 넘어가는 시점이라 하강

곡선을 그렸으며, 2002년의 운은 가장 나쁜 5등의 해에 있었다.

순간 당락을 결정할 때는 대운도 중요하지만, 당해년도의 운이 더 강하게 미치는데 말이다. 어쩌면 가장 운이 나쁜 사나이라고 할 수 있을지도 모른다. 왜냐하면 그 많은 해(年) 중에서 하필이면 선거 때마다 가장 불길한 해가 되는가 말이다.

현재는 정치자금의 문제로 매우 불리한 상황에 처해있지만 2004년의 운세는 그 전의 운세보다 훨씬 좋아졌으므로 자신에게까지 오는 피해는 극히 적으리라 예상한다.

············· 김승연(한화 회장) ·············

사주팔자	시	일	월	년
	辛	癸	壬	壬
	酉	未	寅	辰

대 운								
	庚	己	戊	丁	丙	乙	甲	癸
	戌	酉	申	未	午	巳	辰	卯
	79	69	59	49	39	29	19	09

오행비율 木星:1.90 金星:1.20 土星:0.80
火星:0.50 水星:0.40

음양비율 음기:1.6 양기:2.9 중성:0.3

일주강약 1.60 (身强)

사주방정식

공식설명

목성이 토성을 억제, 화성과 금성이 구제오행, 금성을 선택(일차공식의 끝)

오신육친	용 신 : 金星	印星 (가용신)
	희 신 : 土星	官星
	기 신 : 火星	財星 (진용신)
	구 신 : 木星	食傷
	한 신 : 水星	比劫
격 국	印星保官星格(財星)	
체 질	食傷	
격국의 크기	중중의 하	

추론

이 사주의 격국(추구하는 삶)은 인성보관성격에 진용신은 재성이며, 심성체질(끌려가는 삶)은 식상체질이다. 운의 흐름(마음의 만족도)은 초반 다가온 목성의 시기(9세~28세)는 제일 안 좋은 5등의 운이었다가, 곧바로 이어지는 화성의 시기(29세~58세)는 제일 좋은 1등의 운을 맞이하고 있다. 그 이후 다가오는 금성의 시기(59세~88세)는 3등으로 조금 하강하여 삶을 마무리 한다는 것을 알 수 있다.

그렇다면 초반에는 심성체질인 식상의 성향을 많이 나타내다가 중반 이후 현재까지 격국의 영향을 받고 있다고 보아야 한다. 개혁적인 성향이나 완벽에 가까운 일처리 등으로 부모의 눈에 띠거나 믿음을 주어 이른 나이인 29세부터 격국의 영향을 받았다고 할 수 있다.

필자에게 상담을 의뢰해 온 사람은 당사자가 아니고 대리인이었다. 그때가 2003년 11월 초였는데, 상담의 요지는 지금까지의 운영방식이 아닌 다른 방식으로 회사를 운영하고자 하는데 과연 성공할 수 있는가 그것을 알고 싶어서 온 것이었다.

그런데 문제는 시기를 잘못 선택한 것과 기간에도 있었다. 하필 세운이 조금씩 하락하는 시기에 변화를 준다는 것과 변화가 완성되는 시점이 너무 긴 것이 마음에 들지 않았다. 지금부터는 격국의 영향에서 벗어나 체질의 성향이 나타나기 시작하는 시점이라 올바른 판단보다는 잘못된 선택을 할 수 있었기 때문이었다.

더구나 사주의 크기가 중상격 이상이 되지 않아 마음의 여유도 크지 않은 마당에 변화를 주었다가 자신의 뜻대로 이루어지지 않았을 때는 뒷감당하기가 여간 어려운 일이 아니라고 판단이 되었기 때문이다.

대운과 세운이 조금씩 하락하고 있음을 알려주었다. 격국보다는 식상체질의 성향이 크게 나타나 안정적인 이미지가 깨지며, 신용이 땅에 떨어져 구설을 들을 수도 있으며, 행동이 앞서므로 차분한 계획을 세우기가 힘들고, 재물도 들어오기보다는 나가는 것이 더 많아지며, 심하면 관재수까지 올 수 있다고 했다.

대안으로는 회사의 명의를 운이 좋은 사람에게 넘기고 자신은 2선으로 물러나 조용히 지켜보는 것이며, 절대로 자신의 의사를 반영하지 말라고 했으며, 되도록 멀리 있는 것이 최선의 방법일 것이라 했다.

그래서 그랬는지는 몰라도 새해 들어 불법선거자금에 연루되어 출국금지가 되기 전에 미국으로 떠났다는 보도가 있었는데, 자신의 사무실이나 집을 깨끗하게 치우고 떠났다는 것은 당분간 돌아오지 않을 심정으로 간 것이 아닐까 필자 혼자 생각해 보았다.

만약 대리인이 올바르게 감정결과를 전했다면 앞으로의 삶이 힘들지 모르지만 회사만은 살릴 수 있는 방안이 아닌가 본다. 조사를 받기 위해 귀국한다고 하는데, 그리 말처럼 쉬워 보이지는 않으리라 본다.

이명박

사주팔자	시	일	월	년
	乙	戊	辛	辛
	卯	子	丑	巳

대 운								
	癸	甲	乙	丙	丁	戊	己	庚
	巳	午	未	申	酉	戌	亥	子
	80	70	60	50	40	30	20	10

오행비율 水星:1.84 木星:1.20 火星:1.00 金星:0.40 土星:0.36

음양비율 음기:2.6 양기:2.2 중성:0

일주강약 1.36 (身强)

사주방정식

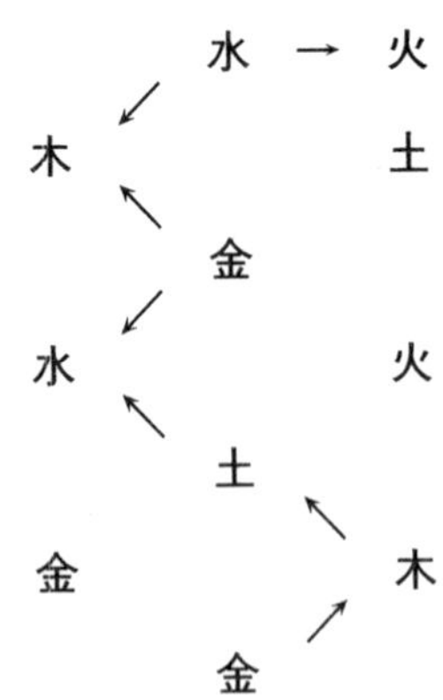

공식설명

수성이 화성을 억제, 목성과 토성이 구제오행, 목성을 선택(일차공식의 끝)

금성이 목성을 억제, 수성과 화성이 구제오행, 수성을 선택(이차공식의 끝)

토성이 수성을 억제, 금성과 목성이 구제오행, 목성을 선택(삼차공식의 끝)

오신육친	용 신 : 木星	官星
	희 신 : 水星	財星
	기 신 : 金星	食傷
	구 신 : 土星	比劫
	한 신 : 火星	印星
격 국	(印星)官星保財星格	
체 질	財星	
격국의 크기	상하의 중	

추론

이 사주의 격국(추구하는 삶)은 관성보재성격이며, 심성체질(끌려가는 삶)은 재성이다. 그리고 운의 흐름(마음의 만족도)은 초반 다가온 수성의 시기(10세~29세)는 제일 안 좋은 5등의 운이었으며, 그 다음으로 오는 금성의 시기(30세~ 59세)는 4등으로 한 단계 상승하였으며, 현재 맞이하고 있는 화성의 시기(60세~89세)는 2등으로 과거보다는 훨씬 나은 운에 있다.

운명의 흐름을 살펴본다면 태어나 50대가 될 때까지 최악의 운으로 흘러 격국을 이루지 못한 삶을 살고 왔다고 볼 수 있다. 그렇다면 어떠한 삶을 살아왔겠는가? 심성체질인 재성의 성향을 강하게 나타내면서 살아왔을 것이다.

체질의 성향이 나타나기 전에 먼저 살펴야 할 것은 용신이 이용하고자 했던 인성이나 용신인 관성의 영향이 사라짐을 알아야 한다. 인성과 관성을 함께 풀이하면 이성적이며 안정적이고 학문에 열중하고 예의가 바르며 질서나 관습을 잘 지키며, 모범적인 모습을 보일 것이며 신중하고 책임감이 강하며 전통적인 유교사상을 이어받는 전형적인 보수의 삶을 살아가야 한다.

그런데 그런 모습들은 사라지고 감정적으로 변하고 명분보다는 실리를 따지며, 기본적인 질서나 관습보다는 개혁적인 이미지를 주며, 생각보다는 행동이 먼저가 되고, 인간애를 찾는 조직보다는 능률이 우선하거나 이득이 나는 조금은 비인간적인 상황에서 일을 할 수 있으며, 보수가 아닌 개혁의 이미지를 풍기면서 살아가게 된다.

그러다가 50대가 넘어서면서부터는 체질의 영향에서 벗어나 격국을 찾아가려는 모습을 읽을 수 있는데, 만약 사주의 크기가 상격이 아니라면 늦게 운이 좋아진다고 하더라도 격국을 제대로 찾기가 힘들 텐데, 이 사주는 그렇지 않아 나이가 들어도 용신인 관성(명예, 권력, 모범적, 책임감, 보수적)으로의 회귀가 가능했다고 볼 수 있는 것이다.

그래서 그랬는지는 몰라도 현대그룹에서 열심히 돈만 벌다가 왕회장이 정치에 뛰어들 때, 갈 길을 달리한 것은 안정되고 기존의 세력이 있는 그러면서도 보수적인 색체가 강한 여당에서 정치를 시작했다고 할 수 있다.

서울시장 선거가 있었던 2002년(壬午)의 운을 보자. 98년부터 2000년까지는 목성의 운으로 가장 좋은 시기인 1등의 운이었고, 2001년부터 시작하여 2003년까지는 화성의 시기로 두 번째로 좋은 운이었다.

운의 영향으로 경쟁자들을 뿌리쳤으며, 격국의 크기도 상격으로 능히 서울시장에 당선될 수 있는 운명이라 아니 할 수 없다. 문제는 2004년부터 한 해의 운이 조금은 하락하는 것에 있다. 물론 대운은 좋으니까 별탈이야 없겠지만, 그래도 우려하는 마음에서 바라본다면 예전처럼 심하게 체질로 끌려가지는 않지만, 2002년이나 2003년도 보다는 좀더 강하게 체질의 성향이 나타나리라 예상된다.

이렇게 되면 조금은 치우친 판단이나 실리를 따지는 정책을 필 가능성이 있어 부익부, 빈익빈의 격차를 더 벌어지는 정책으로 바뀔 가능성이 엿보인다. 따라서 일부에서는 칭찬을 받을 수 있으나, 다수를 차지하는 서울시민들에겐 결코 환영받지 못할 가능성이 아주 많다고 할 수 있다. 그것을 방지하려면 있는 자보다는 없는 자들의 대변인이 되겠다는 각오를 다지고 정책을 그들의 입장에서 펼친다면 훗날 더 큰 야망도 이룰 수 있다고 감히 말하고 싶다.

정몽준

사주팔자	시	일	월	년
	庚	己	己	辛
	午	未	亥	卯

대 운								
	辛	壬	癸	甲	乙	丙	丁	戊
	卯	辰	巳	午	未	申	酉	戌
	72	62	52	42	32	22	12	02

오행비율 火星:1.30 水星:1.20 木星:1.00 土星:0.90 金星:0.40

음양비율 음기:1.6 양기:3 중성:0.2

일주강약 2.20 (身强)

사주방정식

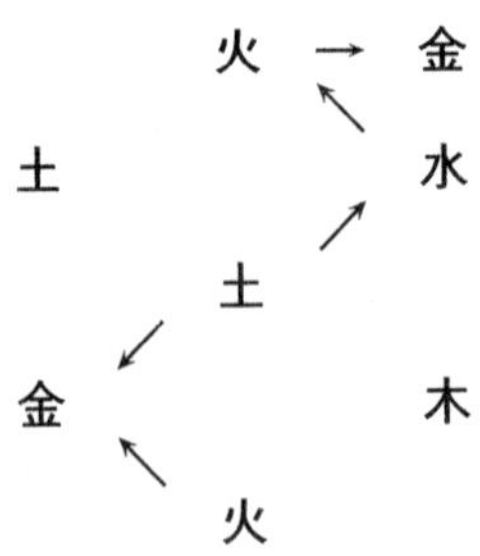

공식설명

화성이 금성을 억제, 토성과 수성이 구제오행, 수성을 선택(일차공식의 끝)

토성이 수성을 억제, 금성과 목성이 구제오행, 금성을 선택(이차공식의 끝)

오신육친	용 신 :	金星	食傷
	희 신 :	水星	財星
	기 신 :	火星	印星
	구 신 :	土星	比劫
	한 신 :	木星	官星
격 국	(比劫)食傷生財星格		
체 질	無		
격국의 크기	중하의 중격		

추론

운명을 추론하기 전에 먼저 개인적으로 사과의 말을 전하고 싶다. 작년 대선이 있을 때, 야당인 이회창 후보를 꺾을 수 있는 여당의 후보로는 노무현 후보보다 더 높은 지지율을 받고 있는 정몽준 후보로 단일화가 되어야만 이길 수 있다는 여론이 팽배할 때이다.

지지율면에서도 노무현 후보보다 정몽준 후보가 많이 앞서 있었으며, 단일화가 되면 당연히 정몽준 후보 쪽으로 되어야만 한다는 여론이 팽배했을 때였지만, 단일화 쪽으로 그다지 무게 중심을 주지 않고 있었다.

그런데 모 신문사에서 대선에 대한 다섯 명의 역학자들의 의견을 실은 적이 있었다. 그 중 필자도 참여했는데, 유일하게 필자만이 단일화가 되고, 단일화가 되면 노무현 후보 쪽으로 된다는 의견을 냈었다.

그 기사가 나간지 얼마 지나지 않아 두 후보간의 전격적으로 단일화에 대한 합의가 이루어져 여론조사를 하기로 합의가 되었고, 조사결과를 발표하기 전까지는 정몽준 후보가 승리할 것으로 모든 국민들은 믿고 있었는데, 결과는 필자가 예측한 대로 노무현 후보의 승리로 끝났기 때문에 정몽준씨에게 미안한 마음을 가지게 되었다.

필자가 그렇게 예측한 것은 정몽준씨의 사주에는 심성체질이 없는 관계로 심성체질이 있는 사람들보다 욕심이 강하지 않으며, 악착 같은 면에서도 부족하며, 2002년 운세에 있어서도 노무현 후보보다 약했기 때문이었다.

심성체질이 의미하는 것은 바로 욕심인데, 그것이 없으면 무슨 일이든 막바지까지 경쟁하게 되면 이기려는 마음보다 양보하려는 마음이 먼저 들기 때문이다. 그러나 대선이 있었던 시기가 2004년이었다면 결과는 정반대로 나왔을 것이다.

이 사주의 격국(추구하는 삶)은 식상생재성격이며, 심성체질(끌려가는 삶)은 무체질이며, 운의 흐름(마음의 만족도)은 초반 금성의 시기(2세~31세)는 제일 좋은 1등의 운이며, 그 후에 다가오는 화성의 시기(32세~61세)는 4등의 운으로 예전보다 많이 하강하였으며 그 다음으로 맞이하는 목성의 시기(62세~91세)는 다소 상승하는 3등의 운으로 마감한다.

이런 흐름이라면 솔직히 얘기해서 자신의 꿈을 이루거나 성공한 삶을 살았다고 할 수가 없는데, 이 사람은 현재 현대중공업의 대표를 하고 있다. 필자가 이 사람을 만나지 못해 현재의 심정을 알 수는 없지만, 추측하건대 어릴 때의 꿈을 이루지 못하고 현재 행복하지 못한 상황에 있다고 볼 수 있다.

그런데도 대표를 하고 있다는 것은 다 부모형제의 도움이라 할 수 있다. 왜냐하면 대운의 흐름이 이렇게 내려가면 자신이 원했던 삶에서 멀어지면서 자신이 좋아하지 않았던 삶으로 끌려가기 때문이다.

이 사람은 바로 인성(부모)과 비겁(형제)의 영향을 받으면서 살아가야 한다. 원래 추구했던 것에서부터는 상당히 거리가 있는 삶이지만 운의 흐름 때문에 그런 인생의 길로 갈 수밖에 없는 것이다.

다행이도 2004년부터 2009년까지의 운세는 지난 6년과는 다르게 너무 좋으므로 인생에 있어 어쩌면 마지막 불꽃을 태울 수 있는 시기가 아닌가 본다. 어디에도 얽매지 않고 하고 싶었던 개혁적인 모습의 삶과 자기만의 공간에서 누구의 간섭도 받지 않고 자기 뜻대로 무엇이든 할 수 있는 그런 시기라는 것이다.

만약 이 기회마저 놓친다면 훗날 다시는 이런 기회는 오지 않으리라 예측한다. 부디 이 시기에 평생의 꿈인 자유를 찾아 훨훨 날아가기를 바랄 뿐이다.

김운용

사주팔자	시	일	월	년
	壬	癸	辛	辛
	子	酉	卯	未

대 운								
	癸	甲	乙	丙	丁	戊	己	庚
	未	申	酉	戌	亥	子	丑	寅
	74	64	54	44	34	24	14	04

오행비율 金星:1.40 木星:1.20 水星:1.20 火星:0.50 土星:0.50

음양비율 음기:2.6 양기:2.2 중성:0

일주강약 2.60 (身强)

사주방정식

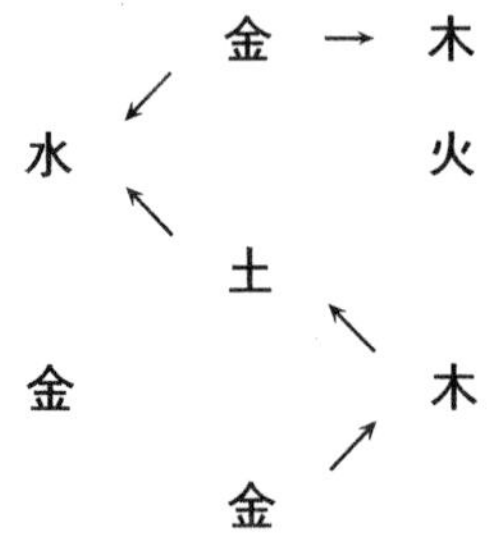

공식설명

금성이 목성을 억제, 수성과 화성이 구제오행, 수성을 선택(일차공식의 끝).

토성이 수성을 억제, 금성과 목성이 구제오행, 목성을 선택(이차공식의 끝).

오신육친	용 신 : 木星	食傷
	희 신 : 水星	比劫
	기 신 : 金星	印星
	구 신 : 土星	官星
	한 신 : 火星	財星
격 국	(財星)食傷保比劫格	
체 질	無	
격국의 크기	상하의 상격	

추론

김운용씨의 대한 사주는 몇 년전 IOC위원장 선거가 있었을 때, 모 신문사의 의뢰를 받고 당선 가능성을 살펴달라고 해서 필자 나름대로 최선을 다해 예측했었다. 다만, 정상적인 방법으로는 승리할 수 없으니 반드시 허허실실 작전으로 나가야만 승리할 수 있다고 알려주었었다.

그런데 신문사에서는 이길 수 없는 내용이라서 기사화가 되지 않는다고 연락이 왔고, 김운용씨에게 직접 보낸 메일에 대해서도 아무런 연락이 오지 않았었다. 아래에 그 당시에 썼던 내용 그대로 다시 실으니 필자가 어떤 마음이었는지 알기 바란다.

우선 격국(추구하는 삶)은 식상보비겁격이며, 심성체질(끌려가는 삶)은 역시 무체질이다. 운의 흐름(마음의 만족도)은 초반 잠시 다가온 목성의 시기(4세~13세)는 제일 좋은 1등의 운이었으며, 그 다음으로 온 수성의 시기(14세~43세)는 2등의 운이었다.

그리고 금성의 시기(44세~73세)는 조금 떨어진 3등의 운이었고, 그 후로 오는 화성의 시기(74세 이후)는 제일 안 좋은 5등의 운이다. 이렇게 되면 나이가 어릴 때가 지금보다 행복했다는 것을 알 수 있는데, 왜 나이가 들면서부터 국제적으로 많은 활동을 하였으며, 감투도 썼고 명예도 오르는가 그리고 마지막으론 국회의원까지 했는가에 의문이 날 것이다.

그렇다. 바로 격국으로 가지 않고 좋아하지 않았던 인성(체면과 명분, 안정감과 의젓함)과 관성(명예와 벼슬)으로 끌려갔기 때문에 원하지 않았던 감투와 지위까지 얻을 수 있었으며, 사주의 크기가 상격이라서 자신은 행복하지 않았어도 남들은 그렇게 인정하지 않았기 때문에 할 수 없이 끌려갔다고 할 수 있다.

문제는 현재 검찰에 의해 조사를 받고 있는데, 대운은 하락할 대로 하락했으며, 거기에 걸맞게 한 해의 운도 2001년부터 2006년까지 가장 힘든 시기를 맞이하고 있으므로 이번의 조사에서 자신의 뜻대로 되지는 않으리라 본다.

누구는 운이 좋아져 출세도 하고 돈을 벌지만, 반대로 누구는 운이 나빠져 출세를 하고 돈도 버는 그런 운명도 있음을 우리는 잊지 말아야 한다.

[2001년 5월 추론]

이 분의 사주를 받고 잠시 망설였었다. 왜냐하면 현재의 위치까지 오른 것도 진정 자신이 원해서 된 것이 아니었기 때문이라고 사주에는 분명히 나오기 때문이었다. 이 분의 운명 흐름을 되돌아보면 명예도 감투도 권력도 명분도 아니고 더욱 더 지도자적인 위치의 삶이 아니었기 때문이라고 나오기에 나로서도 조금 놀랐었다.

이 분의 삶이란 그냥 편한 대로 느끼는 대로 남을 의식하지 않고 간섭도 받지 않으면서 자신의 갈 길(모험이나 도전, 개혁이나 개척, 활발한 활동이나 운동, 인간다운 정이나 의리, 나 혼자가 아닌 더불어 함께 사는 삶)로 가야 하기 때문이었다.

그런데 40대 중반부터 삶의 방향이 달라지기 시작했다. 자신이 추구하는 길이 아닌데도 심성체질이 없으므로 개성이 강하지 않아 누구에게나 좋은 이미지를 주는 친근한 인상으로 된 운명이었고 인덕이 많게 타고 났으므로 자신의 의지와는 달리 주위의 권유에 의해 서서히 명분과 명예 쪽으로 본인도 모르는 사이에 끌려가기 시작했다는 것이다.

본인이 원하지 않은 것은 잘 이루어지지 않는 것인데, 이 분의 사주는 격(그릇)이 상격으로 아주 크기에 원하지 않는 것이 이루어지는 운명이다. 그렇기에 40대 중반 이후의 삶은 자신이 원했던 삶과는 다른 삶이지만, 남들 보기에 그럴 듯하게 보이므로 그냥 받아들이고 현재까지 왔다고 사주에서는 말하고 있다.

그러나 어떠한 운이 오든 자신의 꿈은 잊지 않는 법이다. 이 분의 꿈은 비겁(진솔한 인간애, 소유하지 않는 삶, 명예만 추구하지 않는 삶, 실리보다 의리와 우정을 더 중시여기는 삶, 더불어 함께 살고 싶은 삶 등)의 성향이 어디로 도망가지는 않는 법이다.

어떠한 위치에 있든 그런 정신이 있기에 이 분은 주위의 도움을 많이 받으셨던 것 같다. 왜 남들이 보았을 때 이 분은 자신의 출세나 실리, 명예나 권력을 탐한다는 이미지보다는 진정한 나의 친구 혹은 형이나 동생이라는 이미지를 주었기 때문이었다.

그래서 주위에서는 이 분을 참으로 진솔하고 호탕하며 사나이다운 용기를 갖춘 분이라는 평가를 내렸기에 아시아인이면서도 IOC라는 거대한 집단에서 그렇게 중요한 위치까지 오르게 되었다고 볼 수 있다.

올해는 이 분에게 있어 중요한 해가 되었지만, 이도 역시 주위에 의해서 거절할 수 없는 그런 분위기가 형성된 것이지 이 분이 진정 원했기에 된 것이라고 볼 수 없다. 그렇다고 하더라도 이미 공은 넘어왔다. 결코 좋은 시기도 아닌데 말이다. 이미 30여 년간을 본인이 원했던 원하지 않았던 걸어온 길. 이제는 마지막으로 마무리 할 시간이 다가온 것이다. IOC위원들에게 어떠한 전략으로 다가가야만 승리의 기쁨을 맛볼 수 있는가가 중요한 것이다. 최악의 시기인데도 말이다.

IOC위원장 자리를 탐내지 말자는 것이다. 즉 마음을 비우고 모두에게 자신의 꿈인 더불어 함께 살자는 삶을 주지시키자는 것이다. 경쟁자는 분명 있는 법. IOC위원들에게 그 분이 더 훌륭한 분이다. 나는 그저 친구들과 사이좋게 지내고 누가 위원장이 되든 도와주겠다는 뜻을 전하자는 것이다.

허심탄회한 자리를 만들어 본인의 그런 뜻을 널리 퍼뜨리자는 것이다. 진정 난 자리에 연연하지 않고 일을 하겠다는 굳센 의지를 밝히고… 그러나 친구들이 진정 날 원한다면 친구들을 위해서 더 나아가 세계체육계를 위해서 일은 할 수 있다고 말이다. 겉으로만 그런 뜻이 없음을 나타내는 것이 아니고, 진정으로 그렇다는 뜻을 전하면 의외의 결과가 나온다고 할 수 있다.

그러나 이 분께서 진정 그 자리가 탐나서 꼭 차지하겠다는 작전으로 임한다면 분명코 경쟁자에게 이길 수 없다. 그래서 부탁드린다. 허허실실 작전으로 나가자는 것이다. 가령 공식적인 자리에서는 경쟁자를 자신보다 더 높이 평가하라는 것이며, 위원들의 끈끈한 우정이나 인간적인 면을 더 중시 여기자는 것이며, 세계 체육계를 위해서 어떠한 자리라도 괜찮다는 것을 강조하자는 것이며, 그리고 자신은 전혀 뜻이 없지만 굳이 위원들이 원한다면 모두를 위해서 한 몸 희생할 수 있다는 표현을 간곡하게 하자는 것이다.

제발 그렇게만 하신다면 의외의 결과가 나타나 일차투표에서 무난히 당선할 수 있으리라 본다. 제발 다시 한번 강조합니다만 명분이나 명예에 집착하지 마시기를 부탁드리며, 한국을 위하는 마음에서 이런 글을 보내는 것임을 알아주시기 바란다.

역학, 더 이상의 학문은 없다

초판 인쇄 | 2004년 5월 20일
초판 발행 | 2004년 5월 30일

지은이 | 녹현 이세진
펴낸이 | 소광호
펴낸곳 | 관음출판사

130-070 서울시 동대문구 용두동 751-14 광성빌딩 3층
전화 | 02) 921-8434, 929-3470
팩스 | 02) 929-3470

등록 | 1993. 4. 8. 제1-1504호

값 20,000원

ISBN 89-7711-104-8 04140